金剛三昧經了本
금강삼매경요본

금강삼매경요본

초판인쇄   2023년 11월 20일
초판발행   2023년 11월 30일

저   자 세웅스님
펴 낸 이 소광호
펴 낸 곳 관음출판사

주   소 08730 서울시 관악구 봉천동 1000번지 관악현대상가 지하1층 20호
전   화 02) 921-8434, 929-3470
팩   스 02) 929-3470
홈페이지 www.gubook.co.kr
E - mail gubooks@naver.com

등   록 1993. 4.8 제1-1504호
ⓒ 관음출판사 1993

정가 32,000원

金剛三昧經了本
금강삼매경요본

이 경(經)은
여래장공덕경(如來藏功德經)인
제불지혜상무상경(諸佛智慧上無上經)이며,
여래결정성(如來結定性)인
불성(佛性),
인(印)을 드러내는
일각요의(一覺了義)의 설(說)이니,
이는,
일미진실(一味眞實)
무상무생(無相無生)
결정실제(結定實際)
본각리행(本覺利行)이다.

관음출판사

佛國土는
【부처님 나라】라는 뜻이며

佛國土 法은
法印正道 解脫法이며
無量功德 充滿說로
自性과 因果法에 의한
福德定慧 四性法이며

佛國土人은
三世命根 聖道因緣이라

佛國佛土人은
歡喜 幸福 充滿하리라.

法界山人 世雄

차례

요본(了本)

금강삼매경요본(金剛三昧經了本)은, 금강삼매경(金剛三昧經) 불설(佛說)과 경설(經說)의 뜻[義]을, 불지혜(佛智慧)로 요해(了解)하여 밝힌, 주본(主本)이란 뜻이다.

금강삼매경(金剛三昧經)은, 일체초월(一切超越) 불성(佛性), 여래장(如來藏) 여(如)의 성품인, 불가사의(不可思議) 무생(無生) 결정성(結定性)의 인(印)을 드러내며, 제법(諸法)의 실상(實相)을 깨달은, 무생법인(無生法忍) 수순(隨順)의 공성지혜(空性智慧) 대승(大乘)과 보살승(菩薩乘)의 무위성품, 수순행(無爲性品, 隨順行)의 무위실증지혜자(無爲實證智慧者)들에게, 무생여래장(無生如來藏) 불성수순(佛性隨順)의 이입(理入)과 행입(行入)으로, 불지증입(佛智證入)을 위한 무생불성, 수순행(無生佛性, 隨順行) 가르침의 경(經)이다. 이 경(經)은, 제법실상(諸法實相)인 무생법(無生法)을 깨달아, 무생법인행(無生法忍行)에 증입(證入)한 무위보살(無爲菩薩) 지혜상승과정(智慧上昇過程)의 불성수순, 지혜행(佛性隨順, 智慧行)으로, 불가사의(不可思議) 일체초월(一切超越) 무생결정성품, 수순(無生結定性品, 隨順)의 불성여래장, 공능행(佛性如來藏, 功能行)인 무생본각리행(無生本覺利行)의 불성수순경설(佛性隨順經說)이다.

10

그러므로, 경(經)의 서두(序頭)에 부처님께옵서, 모든 부처님 무상지혜(無上智慧)의 성품은, 무생(無生) 실법상(實法相)에 든[入] 결정성(結定性)인 일각요의(一覺了義)이므로, 모든 2승(二乘)의 차별(差別) 소견(所見)이나 지견(知見)이 아니므로, 2승(二乘)의 지혜(智慧)와 지견(智見)으로는 그 뜻[義]을 이해(理解)하기도 어렵고, 증입(證入)하기도 어려우며, 오직, 부처[佛]와 보살(菩薩)만이 능히 알 수 있다고 했다. 그리고, 여래(如來)는 중생(衆生)을 제도(濟度)함에 모두, 일각요의(一覺了義)의 무생(無生) 여래장(如來藏), 여(如)의 성품 결정성(結定性)인, 일미(一味)의 법(法)을 설(說)한다고 했다.

그러므로, 금강삼매경(金剛三昧經)의 수행법(修行法)은, 다른 경(經)처럼, 무량선근발심수행(無量善根發心修行)으로 업장(業障)과 무명상견(無明相見)을 무르녹이고 소멸(消滅)하여 바라밀(波羅蜜)에 이르는, 무명타파, 중심수행(無明打破, 中心修行)인 중생성불법(衆生成佛法)이 아니다. 본래(本來) 본성(本性)인 무생불성(無生佛生) 여래장(如來藏) 속에 있어, 본래불성(本來佛性)속에 있으므로, 일체초월(一切超越) 불성여래장(佛性如來藏) 불성수순, 중심수행(佛性隨順, 中心修行)인 이입(理入)과 행입(行入)의

11

무생불성, 증입수행(無生佛性, 證入修行)으로, 무생본성, 공능행입(無生本性, 功能行入)의 불지혜설(佛智慧說)이다.

그러므로, 금강삼매경(金剛三昧經)의 전체(全體) 경설(經說)이, 불성여래장(佛性如來藏) 무생일각요의(無生一覺了義)의 일미진실(一味眞實), 무상무생(無相無生) 결정실제(結定實際) 본각리행(本覺利行)인 무생여래장설(無生如來藏說)로써 이루어져있다.

일각요의(一覺了義)는, 일각(一覺)이 곧, 본각(本覺)이다. 일각(一覺)은 일체초월(一切超越) 본성(本性)인 무생불성(無生佛性)이며, 요의(了義)는 일체초월(一切超越) 불성(佛性)을 깨달은 실제(實際)이다. 그러므로 일각요의(一覺了義)는, 본성(本性)인 청정불성(淸淨佛性)을 깨달아 요달(了達)한 실제(實際)이다. 본성(本性)인 청정불성(淸淨佛性)을 깨달은 실제(實際)가 곧, 일미진실(一味眞實) 무상무생(無相無生) 결정실제(結定實際)이며, 본각리행(本覺利行)이다.

일미진실(一味眞實)은, 요의(了義)한 일각(一覺)의 진실(眞實)이니, 이는, 불성여래장(佛性如來藏) 무생결정성(無生結定性) 여(如)의 성품, 무생청정성(無生淸淨性)의 진실(眞實)이다. 이는, 일체차별상(一切差別相)과 일체차별심(一切差別心)과 일체차별법(一切差別法)과 일체차별견(一切差別見)과 일체차별지(一切差別智)가 끊어진, 일체초월(一切超越) 본성(本性)인 무생청정불성(無生淸淨佛性)의 진실(眞實)이다. 이는, 일체차별(一切差別)이 끊어진 청정무생성품(淸淨無生性品)이므로, 동(動)과 정(靜), 유(有)와 무(無), 생(生)과 멸(滅), 유위(有爲)와 무위(無爲)의 일체상(一切相), 일체견(一切見), 일체법(一切法), 일체지(一切智), 그 무엇에도 이끌림 없는 무생결정성(無生結定性)인 무생청정성(無生淸淨性)이므로, 일미(一味)라고 한다. 일미진실(一味眞實)의 그 진실(眞實)이, 무상무생(無相無生) 결정실제(結定實際)이다. 그리고, 그 무생본성(無生本性) 불가사의 여래장(如來藏), 무생공능(無生功能)의 청정불성행(淸淨佛性行)이 곧, 본각리행(本覺利行)이다.

무상무생(無相無生)은, 일체초월(一切超越) 본성(本性)인 무생청정불성(無生淸淨佛性)이므로, 상(相)도 없고, 생(生)도 없다는 뜻이다. 이는, 성품이 생멸(生滅)의 상(相)이 아님일 뿐, 성품이 없음이 아니다. 무상(無相)이며 무생(無生)이, 생(生)이 없어 성품이 없음을 뜻함이 아님은, 왜냐하면, 본성(本性)인 청정불성(淸淨佛性)은 어떤 인연(因緣)에 의해 생성(生成)되었거나 생겨난 것이 아닌 까닭에, 본래(本來) 항상(恒常)하는 여(如)의 성품, 무생본성(無生本性)이기 때문이다. 그러므로, 본성(本性)인 불성(佛性)은, 여(如)의 결정성(結定性)인 무생결정성(無生結定性)이므로, 무생실제(無生實際) 성품이라고 한다. 본성(本性)인 불성(佛性)은 생(生)이 없는 성품이므로, 일체상(一切相)이 끊어진 일체초월(一切超越) 청정절대성(淸淨絶對性)이며, 무생결정성(無生結定性)이므로 무상(無相)이며, 무생(無生)이라고 한다. 무엇에도 동(動)함 없는 무상무생(無相無生)의 본성(本性)은 곧, 불가사의 무생결정실제(無生結定實際)의 성품이다. 결정(結定)은, 무생(無生) 성품이므로, 그 불가사의 청정성(淸淨性)이 일체상(一切相), 일체법(一切法), 일체견(一切見), 일체식(一切識), 일체심(一切心), 일체지(一切智) 그 무엇에도 의지(依支)하지 않으며, 치우치지 않으므로, 변(變)함 없는 일체초월성(一切超越性)인 무생결정성(無

生結定性)임을 뜻한다. 이 일체상(一切相), 일체법(一切法), 일체견(一切見), 일체식(一切識), 일체심(一切心)이 결정성(結定性)이 아님은, 그 일체(一切)가 인연(因緣)에 의한 생기(生起)의 상(相)이며, 인연(因緣)의 생멸상(生滅相)이기 때문이다. 그러므로, 무생결정성(無生結定性)이 아닌 일체상(一切相), 일체법(一切法), 일체견(一切見), 일체심(一切心)은 그 모습, 그 실체(實體)가, 불변무생(不變無生) 청정무자성(淸淨無自性)인, 불변(不變) 청정결정성(淸淨結定性) 여(如)의 성품이 아니다. 결정실제(結定實際)는, 무생성품(無生性品)의 실제(實際)로, 그 성품(性品)은, 어떤 상(相), 견(見), 법(法), 심(心)의 인연(因緣)에도 변함 없는 청정결정(淸淨結定)의 불변(不變) 여(如)의 실제(實際)임을 일컬음이다. 그러므로, 결정실제(結定實際)는 곧, 무상무생(無相無生)의 실체(實體)를 일컫고, 정의(正義)함이다.

본각리행(本覺利行)의 본각(本覺)은 곧, 일각(一覺)으로, 본성(本性)의 무생청정각명성(無生淸淨覺明性)을 일컬음이다. 이는, 무생(無生) 무한 무변제(無限無邊際)의 각명성품(覺明性品)이 항상, 두루 밝게 깨어 있는 무생본성각명성(無生本性覺明性)이므로 그 일각(一覺)을 본각(本覺)이라고 한다. 그 일각(一覺)인 본각(本覺)은 무시무종성(無始無終性)이다. 일각(一覺)인 본각(本覺)의 이행(利行)은, 본성(本性)인 무생청정불성(無生淸淨佛性)의 성품, 무생공능행(無生功能行)이다. 무생청정불성(無生淸淨佛性)이 곧, 무시무종성(無始無終性)인 무생청정본성(無生淸淨本性)이니, 본각리행(本覺利行) 이는, 곧, 무생무상, 청정본성행(無生無相, 淸淨本性行)이다. 무생공능행(無生功能行)의 공능(功能)은, 본성(本性) 본래(本來)

14

의 공덕성(功德性)으로, 일체(一切) 불가사의 만물(萬物) 만심(萬心) 일체(一切)를 창출(創出)하므로, 본성(本性) 공덕성(功德性)을 총지성(總持性) 또는, 총지(總持)라고도 한다. 이는 곧, 여래장(如來藏) 총지성(總持性)이다. 여래장(如來藏) 총지성(總持性)이란, 여래(如來)의 부사의(不思議) 일체지혜(一切智慧)와 여래(如來)의 부사의(不思議) 일체공덕(一切功德)을 유출(流出)하는 근본(根本) 총지(總持)의 공덕장(功德藏)임을 일컬음이다. 공능(功能)의 공(功)은, 일체(一切)를 창출(創出)하는 부사의(不思議) 공덕(功德) 총지성(總持性)을 일컬으며, 공능(功能)의 능(能)은, 인연(因緣)을 따라 무엇에도 걸림 없이 색계(色界)과 심계(心界)의 일체(一切)를 창출(創出)하는 불가사의(不可思議) 능행자재력(能行自在力)이다.

금강삼매경(金剛三昧經)은, 일반지식(一般知識)뿐만 아니라, 불교학(佛教學)의 지식(知識)으로 경설(經說)의 뜻[義]을 해석(解釋)하거나 이해(理解)하려 해도, 경설(經說)의 본뜻[本義]이 난해(難解)하고 어려운 것은, 경설(經說) 전체(全體)가, 어떤 지식(知識)과 학식(學識)으로 분별(分別)하여도 알 수 없는 일체초월(一切超越) 여래장(如來藏), 불가사의(不可思議) 청정불성(淸淨佛性)의 무생본각(無生本覺) 결정성(結定性)인 여(如)의 실제(實際)를 드러내기 때문이다. 그러므로, 금강삼매경(金剛三昧經)은, 불성(佛性) 여래장(如來藏)을 깨달은 불지혜(佛智慧)가 아니면, 경(經)에서 일컫는 주(主) 성품(性品)인, 일체초월(一切超越) 무생(無生) 여래장(如來藏) 불성(佛性)의 특성(特性), 무생결정성(無生結定性)을 유추(類推)하여도 알 수가 없다. 이는, 금강삼매경설(金剛三昧經說)이 일체초월(一切超越) 무생결정성(無生結定性)인, 여래장(如來藏) 여(如)의 성품, 청정불성

(淸淨佛性) 일각요의(一覺了義)의 일미진실(一味眞實), 무상무생(無相無生) 결정실제(結定實際) 본각리행(本覺利行)인 무생청정, 결정성(無生淸淨, 結定性)의 성품, 여래장설(如來藏說)이기 때문이다.

　그리고, 경설(經說)이, 제법(諸法)의 공성실상(空性實相)을 깨달은 지혜대승(智慧大乘)과 보살수행자(菩薩修行者)에게 설(說)하는, 무생불성(無生佛性) 수순(隨順)의 이입(理入)과 행입(行入)의 청정무생결정(淸淨無生結定) 인(印)의 무생무상지혜설(無生無上智慧說)이어서, 경설(經說)이 압축(壓縮)되고 축약(縮約)된 일각요의, 무생설(一覺了義, 無生說)이다 보니, 여래장(如來藏) 불성(佛性)을 깨달은 불지혜(佛智慧)가 아니면, 금강삼매경(金剛三昧經)의 일각요의(一覺了義) 무생결정설(無生結定說)의 부사의(不思議) 뜻[義]을, 명확(明確)히 알기가 어렵다.

　그러나, 여래장(如來藏) 불성(佛性)이나 불지혜(佛智慧)에 증입(證入)하려 하거나, 자기(自己)의 본성(本性)을 깨달아 불지혜(佛智慧)를 얻으려 하거나, 성불(成佛)을 향(向)한 수행자(修行者)는, 금강삼매경(金剛三昧經)의 지혜(智慧)를 얻거나, 금강삼매경(金剛三昧經)의 지혜(智慧)에 의지(依支)하지 않으면, 불지혜(佛智慧) 증입(證入)의 지혜과정(智慧過程)에 어려움이 있다. 성불(成佛)을 향(向)한 지혜과정(智慧過程)은, 제식타파(諸識打破)에 의한 지혜전변, 상승과정(智慧轉變, 上昇過程)이므로, 불지혜증입(佛智慧證入)의 지혜전변상승과정(智慧轉變上昇過程)에, 바른 지혜점검(智慧點檢)의 난해(難解)한 어려움에 직면(直面)하게 된다.

　왜냐하면, 금강삼매경(金剛三昧經)은 어느 경(經)보다, 무명제식타파(無明諸識打破)에 의한 지혜전변상승(智慧轉變上昇)의 성불과정(成佛過程)

16

인 5단계(五段階)의 수행실증과정(修行實證過程)과 그 지혜상승(智慧上昇)의 차별차원,지혜성품세계(差別次元,智慧性品世界)가 명확(明確)히 설(說)해져 있기 때문이다.

이 과정(過程)은, ①6식(六識)이 타파(打破)된 공성지혜(空性智慧)의 대승(大乘) 묘관찰지(妙觀察智)인 신위(信位)와 ②제7식(第七識) 말나식(末那識)인 자아의식(自我意識)이 타파(打破)된 이사무애법계(理事無礙法界)의 청정진여,지혜성품(淸淨眞如,智慧性品)인, 일승(一乘)의 평등성지(平等性智)인 사위(思位)와 ③제8식(第八識) 능소출입식(能所出入識)이 타파(打破)된 사사무애법계(事事無礙法界)의 원융각성,각명성품행(圓融覺性,覺明性品行)인, 쌍차쌍조행(雙遮雙照行)의 일불승(一佛乘) 대원경지(大圓鏡智)인 수위(修位)와 ④무명함장식(無明含藏識)이 타파(打破)된 청정무위,열반부동심(淸淨無爲,涅槃不動心)인, 불승(佛乘)의 부동대열반지(不動大涅槃智)인 행위(行爲)와 ⑤일체초월성(一切超越性) 불성여래장(佛性如來藏)이 열린 여래(如來)의 실상(實相) 불지혜(佛智慧)인 사위(捨位)에 이르기까지, 지혜상승(智慧上昇) 불지증입(佛智證入) 성불과정(成佛過程)인 5등급(五等級) 수행지혜과정(修行智慧過程)이 명확(明確)히 설(說)해져 있기 때문이다.

그러므로, 금강삼매경(金剛三昧經)의 불지증입(佛智證入) 성불과정(成佛過程)인, 제식전변지혜(諸識轉變智慧) 상승과정(上昇過程)을 명확(明確)히 이해(理解)하고, 인지(認知)하고 있다면, 성불수행과정(成佛修行過程)의 지혜점검(智慧點檢)과 불지정입(佛智正入) 수행상승과정(修行上昇過程)의 실증지혜점검(實證智慧點檢) 지혜정로정안(智慧正路正眼)이 열리어, 불지증입(佛智證入) 실증수행정로(實證修行正路)에 있어서 혼란(混亂)과 방황(彷徨)이 끊어질 수가 있으며, 또한, 완전(完全)한 깨달음에 대한 바른 지식(知識)과 지혜정로지견(智慧正路智見)이 열리어, 바른 깨달음에 대한 잘못된 오류(誤謬)와 착각(錯覺), 그리고, 무상(無上)의 깨달음에 대한 왜곡(歪曲)된 지식(知識)과 인식(認識)이 사라질 것이다.

금강삼매경(金剛三昧經)의 불설(佛說) 구절(句節)에 따라, 불지증입(佛智證入) 성불과정(成佛過程)인, 제식전변(諸識轉變) 무위지혜(無爲智慧) 상승과정세계(上昇過程世界)를, 수행실증(修行實證) 무상지혜확립(無上智慧確立)으로 정립(正立)하여, 2018년 4월에 금강삼매경요해(金剛三昧經了解)의 책(册)을 출간(出刊)하였다. 금강삼매경요해(金剛三昧經了解)에는, 무명제식타파(無明諸識打破)의 제식전변, 지혜상승(諸識轉變, 智慧上昇)으로 성불(成佛)에 이르는 불지증입과정(佛智證入過程)을 상세(詳細)히 밝혔다. 이는, 불지증입(佛智證入)의 지혜전변, 상승과정(智慧轉變, 上昇過程)인, 무위지혜(無爲智慧) 차별차원세계(差別次元世界)를 실증지혜(實證智慧)로 정해정립(正解正立)한 것이다.

또, 승(乘)의 무위지혜, 차별세계(無爲智慧, 差別世界)인 대승(大乘), 일승(一乘), 일불승(一佛乘), 불승(佛乘), 불(佛)에 이르는, 불지증입(佛智證入) 실증과정세계(實證過程世界)를 수행실증지혜(修行實證智慧)로 확립(確立)하여, 불지증입(佛智證入) 실증과정, 정로세계(實證過程, 正路世界)를, 제식전변, 상승지혜(諸識轉變, 上昇智慧)로 자상(仔詳)하게 명확(明確)히 밝혔다. 이 지혜과정세계(智慧過程世界)는, 불지증입(佛智證入)에 이르는 수행지혜(修行智慧) 상승과정세계(上昇過程世界)로, 보살지혜, 상승과정(菩薩智慧, 上昇過程)인 무위지혜상승(無爲智慧上昇)의 차별차원세계

(差別次元世界)이다. 이는, 승(乘)의 차별차원(差別次元), 지혜전변, 상승세계(智慧轉變, 上昇世界)로, 불지증입(佛智證入)에 이르는 보살, 무위지혜(菩薩, 無爲智慧)의 상승과정, 차별세계(上昇過程, 差別世界)이다. 금강삼매경요해(金剛三昧經了解)의 책(册)에서 밝힌, 대승(大乘), 일승(一乘), 일불승(一佛乘), 불승(佛乘), 불(佛)에 이르는 불지증입, 과정세계(佛智證入, 過程世界)는, 제법실상(諸法實相)을 깨달은 무위지혜, 실증증입(無爲智慧, 實證證入) 지혜보살승(智慧菩薩乘)의 무위지혜, 상승과정(無爲智慧, 上昇過程) 차별차원, 불지증입, 과정세계(差別次元, 佛智證入, 過程世界)이다

금강삼매경요본(金剛三昧經了本)이 금강삼매경요해(金剛三昧經了解)의 요약본(要約本) 같아도, 금강삼매경요해(金剛三昧經了解)와 금강삼매경요본(金剛三昧經了本)의 차이점(差異點)은, 금강삼매경요해(金剛三昧經了解)는, 경(經)의 불설(佛說)에 따라, 어느 경(經)에서도 찾을 수 없고, 알 수 없는 불지증입(佛智證入) 실증과정세계(實證過程世界)를, 오로지 중점(重點)하여, 실증불지혜(實證佛智慧)의 지혜과정세계(智慧過程世界)를 자세(仔細)하고 상세(詳細)하게 두루 밝혔다. 그러나, 금강삼매경요본(金剛三昧經了本)은, 지식(知識)과 학식(學識)으로도 이해(理解)하기 어려운, 경설(經說)의 난해(難解)한 내용(內容)과 본뜻[本義]을 단지(但只), 이해(理解)할 수 있도록 바로 이끎에, 오로지 중점(重點)을 두었다.
그러므로, 금강삼매경요해(金剛三昧經了解)는, 금강삼매경(金剛三昧經)의 구절(句節)의 뜻과 언어(言語)에 대해, 자세(仔細)한 요해적(了解的) 해설(解說)을 하였으며, 그리고 또한, 경(經)의 구절(句節)에 따라, 불지(佛智)에 이르는 제식전변, 지혜과정(諸識轉變, 智慧過程)과 불지증입(佛智

證入)에 이르는 무위지혜,차별차원(無爲智慧,差別次元) 상승과정,차별세계(上昇過程,差別世界) 등을, 수행실증(修行實證) 불지혜(佛智慧)로, 명확(明確)하고 자상(仔詳)하게, 그 지혜과정세계(智慧過程世界)를 실증정해정론(實證正解正論)하여, 성불과정(成佛過程)의 실증지혜,과정세계(實證智慧,過程世界)를 다양(多樣)하게, 상세(詳細)히 밝혔다.

그러나, 금강삼매경요본(金剛三昧經了本)은, 누구나 금강삼매경(金剛三昧經)을 보려고 해도, 경(經)의 내용(內容)이 불성(佛性) 여래장설(如來藏說)이라, 경(經)의 구절(句節)과 본뜻[本義]의 이해(理解)가 어렵고 난해(難解)하여, 금강삼매경(金剛三昧經)의 이해(理解)에 어려움으로, 금강삼매경(金剛三昧經)을 가까이하지 못하는 안타까움이 있어, 제경중(諸經中) 불지혜(佛智慧) 으뜸의 상무상설(上無上說)인, 금강삼매경(金剛三昧經)의 무상지혜설(無上智慧說)을 가까이하지 못하고, 이를 또한, 깨닫지 못하는 이것을 안타깝게 생각해, 금강삼매경(金剛三昧經)을 누구나 이해(理解)하고, 가까이 하도록 오직, 일념서원(一念誓願) 청정불심(淸淨佛心)으로 발원(發願)하며, 금강삼매경요본(金剛三昧經了本)의 본문(本文) 새김인, 주해(註解) 요지(要旨)의 특성(特性)은, 단지(但只), 경(經)의 어려운 내용(內容)과 본문(本文) 이해(理解)에 도움이 되도록 함에, 지혜(智慧)와 정성(精誠)을 더하였다. 그리고 또, 금강삼매경(金剛三昧經)의 이 경설(經說)이, 미래(未來)의 모든 중생(衆生)들에까지 전해져, 여래(如來) 없는 세상(世上), 오직, 불지혜(佛智慧)에 증입(證入)하고자 성불(成佛)을 향(向)한 모든 수행자(修行者)들에게, 더없이 귀중(貴重)한 불성광명,지혜설(佛性光明,智慧說)이기를 바라며, 또한, 미래제(未來際) 모두가 불지혜(佛智慧)에 들기를 간절(懇切)히 바라는, 이 경(經) 속의 부처님과 모든 보살(菩薩)님의 청정원력(淸淨願力)의 정성(精誠)을 다하는 이 끎에, 오로지 중점(重點)을 두었다.

　그리고 만약(萬若), 불지증입과정(佛智證入過程)의 성불지혜상승과정(成佛智慧上昇過程)과 그 실증지혜세계(實證智慧差別世界), 그리고, 금강삼매경(金剛三昧經)의 지혜세계(智慧世界)에 대해 자세(仔細)히, 또는, 더 알고자 하면, 금강삼매경요해(金剛三昧經了解)를 참고(參考)하시기 바란다. 그리고, 2022년 10월에 출간(出刊)한 불지정론유식품(佛智正論唯識品)에는, 대승유식론사(大乘唯識論師)인 무착보살(無着菩薩) 및 세친보살(世親菩薩), 그리고, 원측(圓測)스님 등, 대승유식론사(大乘唯識論師)들이, 불지증입(佛智證入)의 실증지혜(實證智慧) 없이, 지혜미완(智慧未完)의 미혹견(迷惑見)으로 논(論)한, 오류잡설(誤謬雜說) 대승유식론(大乘唯識論)의 오류(誤謬)와 왜곡(歪曲)된 모순(矛盾)의 논리세계(論理世界)를 밝혔으며, 그리고, 실증(實證) 불지혜(佛智慧)가 아닌 6조단경(六祖壇經)의 지혜점검(智慧點檢)과 그리고 또, 성불과정(成佛過程) 지혜상승,차별차원세계(智慧上昇,差別次元世界)와 불지증입(佛智證入)의 10종실증현상(十種實證現狀) 등을, 불지정론유식품(佛智正論唯識品) 속에 명료(明瞭)하게 자상(仔詳)히 밝혔으니, 성불전(成佛前) 이 한 생(生), 불지혜,정로수행(佛智慧,正路修行) 길에, 두루 참고(參考)하시기를 바란다.

　　　　　　불국정토(佛國淨土) 세웅(世雄)

일러두기

본(本)
금강삼매경요본(金剛三昧經了本)의
경(經) 본문(本文)은
금강삼매경요해(金剛三昧經了解)와 같이
고려대장경(高麗大藏經)의
금강삼매경(金剛三昧經)을 주본(主本)으로 하여
금강삼매경(金剛三昧經) 5종(五種)의 경(經) 본문(本文)을
하나로 묶었다.

하나로 묶은
5종(五種)의 경(經) 본문(本文)은
고려대장경(高麗大藏經)의
금강삼매경(金剛三昧經) 본문(本文),

신라(新羅) 원효(元曉)의
금강삼매경론(金剛三昧經論) 경(經) 본문(本文),

일본(日本)
대정신수대장경(大正新脩大藏經)에 실린
금강삼매경(金剛三昧經) 본문(本文),

일본(日本) 卍속장경(卍續藏經)
제35권 No 651에 실린
중국(中國) 명대(明代) 원징(圓澄)의
금강삼매경주해(金剛三昧經註解) 경(經) 본문(本文),

제35권 No 652에 실린
중국(中國) 청대(淸代) 주진(誅震)의
금강삼매경통종기(金剛三昧經通宗記) 경(經) 본문(本文),

5종(五種)의 경(經) 본문(本文)을 하나로 묶어
함께 실었다.

고려대장경(高麗大藏經)의 금강삼매경(金剛三昧經)을
주본(主本)으로 하여
경(經) 본문(本文)이 서로 다른 부분은 별도 표시를 하였다.

별도(別途) 표시(表示) 내용은 다음과 같다.

[高:], [고:], 고(高)

고려대장경(高麗大藏經)의 경(經) 본문(本文)이다.

[論:], [논:], 논(論)
원효(元曉), 금강삼매경론(金剛三昧經論)의 경(經) 본문(本文)이다.

[大:], [대:], 대(大)
대정신수대장경(大正新脩大藏經)의 경(經) 본문(本文)이다.

[續1:], [속1:], 속1(續1)
卍속장경(卍續藏經) 제35권 No 651
금강삼매경주해(金剛三昧經註解)의 경(經) 본문(本文)이다.

[續2:], [속2:], 속2(續2)
卍속장경(卍續藏經) 제35권 No 652
금강삼매경통종기(金剛三昧經通宗記)의 경(經) 본문(本文)이다.

기본(基本) 주본(主本)인
고려대장경(高麗大藏經) 본문(本文)과 다른 부분 중
서로 같은 부분은 [論:大:續1,2] [논:대:속1,2] 등과 같이
함께 표기하였다.

□ 본(本) 경(經)의 뜻을 살핌과 이해를 돕고자
금강삼매경요해(金剛三昧經了解)와 같이

금강삼매경요본(金剛三昧經了本)도
경(經)을 510구절(句節)로 나누어 요본(了本) 하였다.

□ 경(經) 중에 결정(決定), 결정성(決定性)과 요본(了本)의 해설(解說) 중, 결정(結定), 결정성(結定性)은, 금강삼매경요해(金剛三昧經了解)처럼, 본(本) 금강삼매경요본(金剛三昧經了本)에서도 동일성품으로 규정(規定) 하여 같이 사용한다. 결정성(決定性)과 결정성(結定性)이, 두 글이 의미 (意味)하는바 뜻이 다를 수가 있으나, 이 요본(了本)에는 경(經)의 뜻과 내용상, 서로 다름없는 성품으로 간주(看做)하여 혼용(混用)하며, 같이 사용함을 일러둔다.

□ 발원품(發願品), 염불품(念佛品), 의지품(意志品), 심향품(心香品)에 있는 모든 글은, 불국정토(佛國淨土) 세웅(世雄)스님이, 40여년 전(前)에 발심(發心), 또는, 수행중(修行中)에 작성(作成)한 수행(修行)의 글이며, 세웅(世雄)스님이 법회용(法會用) 또는, 개인적(個人的) 불전(佛前) 의식 용(儀式用) 등, 사용(使用) 중인 글을 발취(拔取)하여, 모든 이에게 회향 (回向)하고자, 실은 글임을 밝힙니다.

25

金剛三昧經 第一 序品
금강삼매경 제일 서품

金剛三昧經 序品 第一
금강삼매경 서품 제일

◯ 1 경(經)을 열다.

如是我聞

여시아문

이와 같이, 나는 들었다.

◯ 2 부처님께서, 대아라한(大阿羅漢)들 1만인(一萬人)과 함께하셨다.

一時 佛 在王舍大城 耆闍崛山中 與大比丘衆一萬人俱

일시 불 재왕사대성 기사굴산중 여대비구중일만인구

皆得阿羅漢道 其名曰 舍利弗 大目犍連 須菩提 如是衆等阿羅漢

개득아라한도 기명왈 사리불 대목건련 수보리 여시중등아라한

한때에 부처님께옵서, 왕사대성 기사굴 산중에 계실 때에,

더불어 대 비구(大比丘)들 1만 인(人)과 함께하시니

그들은 모두, 아라한(阿羅漢) 도(道)를 얻은 이들로

그 이름이 사리불(舍利弗), 대목건련(大目犍連), 수보리(須菩提) 등,

이와 같은 아라한(阿羅漢)들이었다.

◯ 3 부처님께서, 보살마하살(菩薩摩訶薩) 2천인(二千人)과 함께하셨다.

復有菩薩摩訶薩 二千人俱 其名曰 解脫菩薩 心王菩薩

부유보살마하살 이천인구 기명왈 해탈보살 심왕보살

無住菩薩 如是等菩薩

무주보살 여시등보살

또, 보살마하살(菩薩摩訶薩) 2천(二千) 인(人)과 함께하시니,
그들의 이름은 해탈보살(解脫菩薩), 심왕보살(心王菩薩),
무주보살(無住菩薩) 등, 이와 같은 보살(菩薩)들이었다.

○4 부처님께서, 장자(長者) 8만인(八萬人)과 함께 하셨다.

復有長者八萬人俱 其名曰 梵行長者 大梵行長者 樹提長者

부유장자팔만인구 기명왈 범행장자 대범행장자 수제장자

如是等長者

여시등장자

그리고, 장자(長者) 8만(八萬) 인(人)과 함께하시니,
그 이름은 범행장자(梵行長者), 대범행장자(大梵行長者), 수제장자(樹提
長者) 등, 이와 같은 장자(長者)들이었다.

○5 사람과 사람아닌 대중(大衆) 등, 60만억(六十萬億)이 함께 하였다.

復有天 龍 夜叉 乾闥婆 阿修羅 迦樓羅 緊那羅 摩睺羅伽

부유천 용 야차 건달바 아수라 가루라 긴나라 마후라가

人非人等 六十萬億

인비인등 육십만억

그리고 또, 천(天), 용(龍), 야차(夜叉), 건달바(乾闥婆), 아수라(阿修羅),
가루라(迦樓羅), 긴나라(緊那羅), 마후라가(摩睺羅伽) 등,
사람과 사람 아닌 대중(大衆) 등, 60만억(六十萬億)이 함께하였다.

○6 세존(世尊)께서, 둘러싼 대중(大衆)에게 말씀하셨다.

爾時 尊者[續1,2: 世尊] **大衆圍遶**[續1,2: 四衆圍遶]

이시 존자[속1,2: 세존] 대중위요[속1,2: 사중위요]

그때, 세존(世尊)께옵서는,
[그들의 의중意中과 그 뜻을 알아차리시고

아직, 견見의 미혹迷惑을 벗어나지 못해
여래如來의 깊고 깊은 불가사의不可思議
무상지혜無上智慧를 간절히 구求하고 있으므로
대자비심大慈悲心으로 그들을 구제救濟하려고,
무량의無量義 대승경大乘經을 설說할 것임을 천명闡明하고자]
겹겹이 둘러싼 대중(大衆)에게 말씀하시었다.

○7 대승경(大乘經) 이름이, 일미진실 무상무생 결정실제 본각리행이다.

爲諸大衆 說大乘經 名一味眞實 無相無生 決定實際 本覺利行
위제대중 설대승경 명일미진실 무상무생 결정실제 본각리행

모든 대중(大衆)을 위해,
[위없는 불가사의] 대승경(大乘經)을 설(說)하고자 하니,
이름이 일미진실(一味眞實), 무상무생(無相無生), 결정실제(結定實際),
본각리행(本覺利行)이니라.

○8 한 4구게를 지니면 불지(佛智)에 들어, 대선지식(大善知識)이 된다.

若聞是經 乃至受持一四句偈 是人則[論：是人即]**爲入佛智地**
약문시경 내지수지일사구게 시인즉 [논：시인즉] 위입불지지
能以方便 敎化衆生 爲一切衆生[論：爲一切生]**作大知識**
능이방편 교화중생 위일체중생 [논：위일체생] 작대지식

만약(萬若), [위없는 불가사의 대승大乘의] 이 경(經)을 듣고
또한, [무생無生 실상實相의] 한[一] 4구게(四句偈)를 받아 지니면
이[是] 사람은 곧, 불지혜(佛智慧)의 성품[本地]에 들어
능히, [걸림 없는] 방편(方便)으로 중생(大衆)을 교화(敎化)하리니,
일체중생을 위하는, 대(大) 선지식(善知識)의 행(行)을 하리라.

○9 이 경(經)을 설할 것을 천명(闡明)하여 마치시고, 금강삼매에 들다.

佛說此經已 結加趺坐[論：續1,2：結跏趺坐]
불설차경이 결가부좌 [논：속1,2：결가부좌]

即[大:續1,2: 卽] 入金剛三昧 身心不動
즉[대:속1,2: 즉] 입금강삼매 신심부동

부처님께옵서,
[대승大乘의 부사의不思議 무생無生 실상實相의 가르침,
일미진실一味眞實 무상무생無相無生 결정실제結定實際 본각리행本覺利
行인] 이 경(經)을 설하시려는 뜻을 천명(闡明)하여 마치시고
결가부좌(結跏趺坐)하여 곧, 금강삼매(金剛三昧)에 드시니
심신(心身)이 적멸(寂滅)하여 부동(不動)이었다.

◯ 10 아가타(阿伽陀) 비구가, 청법(請法)의 게송(偈頌)을 올리다.
爾時 衆中 有一比丘 名曰阿伽陀[論: 名阿伽陀] 從座而起
이시 중중 유일비구 명왈아가타[논: 명아가타] 종좌이기
合掌跼跪[論:續1,2: 合掌胡跪] 欲重宣此義[論:續1,2: 欲宣此義]
합장호궤[논:속1,2: 합장호궤] 욕중선차 의[논:속1,2: 욕선차의]
而說偈言
이설게언

이때 대중(大衆) 속에, 한[一] 비구(比丘)가 있었으니
[그 이름이, 때 묻음 없는 무염無染과 멸죄滅罪, 무병無病,
불사약不死藥 등의 뜻을 가진] 아가타(阿伽陀)였다.
[부처님께옵서 천명闡明하신 의중意中을 받들어 청법請法하고자]
곧, 자리에서 일어나 무릎을 꿇어 합장(合掌)하고,
[일미진실一味眞實 무상무생無相無生 결정실제結定實際 본각리행本覺利
行] 그 [불가사의 불지혜佛智慧, 무생無生 무상법無上法의]
실상[義:實相]을 베풀어 주시옵기를 간절(懇切)히 원(願)하며,
[무상대각無上大覺] 부처님께,
[지극지심至極至心 귀명일심歸命一心, 궁극진실窮極眞實을 다해,]
청법(請法)의 게송(偈頌)을 장중(莊重)하고
지극정성(至極精誠)으로 간절(懇切)히 청(請)하였다.

◯11 무한 자비(慈悲)로, 모든 중생이 깨우치도록 제도해 주시옵소서.

大慈滿足尊 智慧通無导[大:續1,2: 智慧通無礙] **廣度衆生故**
대자만족존 지혜통무애[대:속1,2: 지혜통무애] 광도중생고

무한(無限) 자비(慈悲) 충만으로 구족(具足)하신 세존(世尊)이시여!
무상지혜(無上智慧)가 막힘 없이 두루 통(通)하시어
무엇에도 걸림이 없사오니
모든 중생(衆生)이 마땅히 널리 깨우쳐
[미혹迷惑의 견해見解를 모두 벗어나 해탈解脫하도록]
제도(濟度)하여 주시옵소서.

◯12 한[一] 진리 일미도(一味道)로, 모두 실상(實相)에 들게 하옵소서.

說於一諦義 皆以一味道 終不以小乘 所說義味處 皆悉離不實
설어일제의 개이일미도 종불이소승 소설의미처 개실이불실

무생(無生) 한 진리[諦]의 진실(眞實)한 실상[義:實相]을 설하시어
모두 차별 없는, 한 법[味:法]의 도(道)에 이르도록 이끄시어서
결정코[終], 소승(小乘)의 [일체 차별법을] 벗어나게 하옵시며
설(說)하옵는 진리의 실상[義:實相] 법[味:法]에 이르게 하시어
모두 다, [결정성結定性] 실(實)이 아님을 벗어나게 하옵소서.

◯13 모두 세간(世間)을 벗어나 지혜의 결정성으로 해탈하게 하옵소서.

入佛諸智地[論:續1,2: 入諸佛智地] **決定眞實際 聞者皆出世**
입불제지지[논:속1,2: 입제불지지] 결정 진실제 문자개 출세
無有不解脫
무유불해탈

[여래如來의 불가사의 지혜, 여如의 법法을 듣는 자者 모두,]
부처님의 모든 [무량無量한] 지혜의 성품[本地]에 들게 하시어
[여래如來의 여如의] 결정성(結定性)인,
[부사의不思議] 진성(眞性) 실제(實際)에 들게 하옵시며,

듣는 자, 모두 [여래如來의 청정淸淨 무상성품無上性品에 들어]
일체(一切) 세간(世間)을 벗어나게 하시어서
모두, 해탈(解脫)하지 않는 이, 없게 하시옵소서.

◯14 모두, 법의 적멸상(寂滅相), 지혜의 궁극 결정처에 들게 하옵소서.
無量諸菩薩 皆悉度衆生 爲衆廣深問 知法寂滅相 入於決定處
무량제보살 개실도중생 위중광심문 지법적멸상 입어결정처

[중생구제 대서원大誓願의] 무량(無量)한 모든 보살(菩薩)들이
모든 중생(衆生)을 다 구제하고자 일념(一念) 대서원(大誓願)으로
중생(衆生)들을 위해, [오직, 여래如來만이 밝게 알 수 있는]
넓고 깊어 심오(深奧)하여 알 수 없는 궁극(窮極)의 물음을 묻고자
하오니, [여래如來의 무한無限 대비심大悲心으로]
무생(無生) 법(法)의 적멸상(寂滅相)을 오롯이 깨닫도록 이끄시어
진리(眞理)의 궁극(窮極), [여래如來의 성품性品] 결정처(結定處)에
모두 들게 하시옵소서.

◯15 여래의 지혜와 방편력으로 모두 실상에 들어, 일승이게 하옵소서.
如來智方便 當爲入實說 隨順皆一乘 無有諸雜味
여래지방편 당위입실설 수순개일승 무유제잡미

여래(如來)의 [위없는 불가사의不可思議] 지혜(智慧)와
무량(無量)한 불지혜(佛智慧)의 신통(神通)한 방편력(方便力)으로
당연(當然)히, 결정(結定) 성품(性品)
[무상無上] 실제(實際)에 들도록 설(說)하시어
모두 차별 없는 [무생無生 법法의] 일승(一乘)을 수순(隨順)하여
지혜(智慧)가 미숙(未熟)한 일체(一切) [차별법差別法의] 잡맛을
벗어나게 해주시옵소서.

○16 모두 일미(一味) 실상법에 젖어, 두루 지혜를 충만하게 하옵소서.

猶如一雨潤 衆草皆悉榮 隨其性各異 一味之法潤 普充於一切

유여일우윤 중초개실영 수기성각이 일미지법윤 보충어일체

가히, [만물萬物이] 차별(差別) 없는 한[一] 빗줄기에 젖어

뭇 풀이, 모두 빠짐 없이 무성(茂盛)해지듯이

그 지혜 성품이 각각 다름을 따라 법(法)을 수순(隨順)하여도

위없는 지혜, 한[一] 맛의 무상일법(無上一法)에 젖게 하시오며

두루 일체(一切)를 [여래如來의 성품性品,

불가사의 무상지혜無上智慧, 결정실제結定實際 일성각一性覺에]

충만(充滿)하게 하시옵소서.

○17 금강(金剛) 결정성에 들어, 지혜의 결정 인(印)을 이루게 하소서.

如彼一雨潤 皆長菩提芽 入於金剛味 [續1: 入於金剛昧] [續2:

여피일우윤 개장보리아 입어금강미 [속1: 입어금강매] [속2:

入金剛三昧] **證法眞實定 決定斷疑悔 一法之印成**

입금강삼매] 증법진실정 결정단의회 일법지인성

저 한[一] 빗줄기에 젖음에는 뭇 풀이 차별(差別) 없듯

모두, 위없는 무상보리(無上菩提)의 싹[智慧]이 자라나

파괴(破壞) 없는 금강(金剛) 일미진성[味:一味眞性]에 들게 하시어

위없는 무생법(無生法)의 [여如의] 진실정(眞實定)을 증득하여

결정코, 미혹(迷惑)의 혼돈(混沌)과 방황(彷徨)의 잘못됨이 끊어져,

[여래如來의 불가사의不可思議 여如의 성품性品,

여래장如來藏 총지總持의 무상지혜無上智慧]

한 법(法)의, 결정(結定) 인(印)을 이루게 하옵소서.

金剛三昧經 第二 無相法品
금강삼매경 제이 무상법품

○ 18 불지혜(佛智慧)는, 결정성 무상실제 일각요의이므로 난해난입이다.

爾時 尊者[續1,2: 世尊] **從三昧起 而說是言 諸佛智地**
이시 존자[속1,2: 세존] 종삼매기 이설시언 제불지지

入實法相 決定性故 方便神通 皆無相利 一覺了義 難解難入
입실법상 결정성고 방편신통 개무상리 일각요의 난해난입

이때 세존(世尊)께옵서,
[아가타阿伽陀의 간곡懇曲한 중생구제의 청법게請法偈를 듣고]
삼매(三昧)에서 일어나 이렇게 말씀을 하시니,
모든 부처님 무상지혜(無上智慧)의 성품[本地]은
[무생無生] 실법상(實法相)에 든 결정성(結定性)인 까닭[緣由]으로
[불가사의不可思議] 지혜(智慧)와 방편(方便)이
걸림 없이 일체(一切)에 두로 통[神通]하며,
모두, 무상(無相)성품의 실제[利:實際]인 일각요의(一覺了義)이므로
[중생衆生과 2승二乘의 지혜로는 그 뜻을] 이해하기도 어렵고,
증입(證入)하기도 어려우니라.

○ 19 2승(二乘) 소견이 아닌, 결정성 일미의 법으로 중생을 제도한다.

非諸二乘之所知見 唯佛菩薩[續1,2: 惟佛菩薩] **乃能知之**
비제이승지소지견 유불보살[속1,2: 유불보살] 내능지지

可度衆生 皆說一味
가도중생 개설일미

[일각요의一覺了義의 무생無生 여如의 결정성結定性은]
모든 2승(二乘)의 차별 소견(所見)이나 지견(智見)이 아니므로
오직, 부처[佛]와 보살(菩薩)만이 능히 알 수 있느니라.
[여래如來는] 가히 중생(衆生)을 제도(濟度)함에
모두, [일각요의一覺了義의 무생無生 여如의 결정성結定性인]
일미(一味)의 법(法)을 설(說)하느니라.

○20 말겁(末劫) 중생이, 3계(三界) 윤회를 벗어나지 못할 것입니다.
爾時 解脫菩薩 即[大:續1,2: 即]**從座起 合掌蹋跪**[論:續1,2:
이시 해탈보살 즉 [대:속1,2: 즉]종좌기 합장호 궤 [논:속1,2:
合掌胡跪] 而白佛言 尊者 若佛滅後 正法去世 像法住世 於末劫中
합장호궤] 이백불언 존자 약불멸후 정법거세 상법주세 어말겁중
五濁衆生 多諸惡業 輪廻三界 無有出時
오탁중생 다제악업 윤회삼계 무유출시

이때, 해탈보살(解脫菩薩)이 곧, 자리에서 일어나
무릎을 꿇어 합장(合掌)하고, 부처님께 말씀 사뢰옵기를
세존(世尊)이시여! 만약, 부처님께옵서 멸도(滅度)하신 뒤에
정법(正法)이 세상에서 사라지고,
상법(像法)이 머무는 세상 말겁(末劫) 중에는
5탁(五濁) 중생(衆生)들이, 많은 모든 악업(惡業)을 지어
3계(三界)를 윤회하며, 벗어나지 못할 때가 있을 것이옵니다.

○21 말겁(末劫) 중생도, 저희들과 같이 해탈(解脫)하게 하옵소서.
願佛慈悲 爲後世衆生[論:續1: 爲後衆生] **宣說一味決定眞實**
원불자비 위후세중생 [논:속1: 위후중생] 선설일미결정 진실
令彼衆生 等同解脫
영피중생 등동해탈

간곡(懇曲)히 원하오니, 부처님의 자비로움으로
후세(後世), [정법말세正法末世의] 중생(衆生)들을 위해
[여래如來의 불가사의 무상지혜無上智慧, 여如의 결정성結定性인]
무생일미(無生一味)의 결정(結定) 진실을 베풀어 설하여 주시오며,
그 [여래如來 없는 세상, 정법말세正法末世의] 중생들로 하여금,
[여래如來의 법法을 듣는] 저희와 동등(同等)하게
다 같이, [일미一味의 무생법無生法으로] 해탈(解脫)하게
하시옵소서.

◯22 세간(世間)을 벗어나는 것은 일대사(一大事)이니, 불가사의이다.
佛言 善男子 汝能問我出世之因 欲化衆生 令彼衆生
불언 선남자 여능문아출세지인 욕화중생 영피중생
獲得出世之果 是一大事 不可思議
획득출세지과 시일대사 불가사의

부처님께옵서 말씀하옵기를,
선남자여! 그대는, 능히 [생사生死의] 세간(世間)을 벗어나는
결정(結定) 인(因)을 나에게 물어서,
[정법正法이 사라진 여래如來 없는 그 세상世上]
저 중생(衆生)들을 [연민憐愍하여] 간절히 구제하고자 하는구나.
저 중생(衆生)들로 하여금, [생사生死의] 세간(世間)을 벗어나는
과(果)를 획득(獲得)하게 하는 것, 이것은,
[생사生死와 3계三界를 벗어나,
불佛의 불가사의 위없는 무상지혜無上智慧, 원만보리圓滿菩提를
성취成就하는] 일대사(一大事)이므로, 불가사의이니라.

◯23 자비심(慈悲心)으로 법(法)을 청(請)하니, 법을 베풀어 설하리라.
以大慈故 以大悲故 我若不說 即[大:續1,2: 即]**墮慳貪**
이대자고 이대비고 아약불설 즉[대:속1,2: 즉]타 간탐

汝等一心 諦聽諦聽[論:續1,2: 諦聽] **爲汝宣說**
여등일심 체청체청 [논:속1,2: 체청] 위여선설

[끝없는 괴로움, 생사生死 속에 헤매이며
고통苦痛 받는 윤회輪廻의 중생衆生들을 보며,
연민憐愍과 보살심으로 저들을 사랑하여 어여삐 여기는
한량없는 연민심憐愍心에 연유緣由하여 해탈 길을 열어 주고자,
중생구제衆生救濟의 한량限量 없는 대비심大悲心,
보살菩薩의 청정淸淨 마음을 일으키는] 큰 지혜(智慧)의 사랑과
큰 지혜(智慧)의 연민(憐愍)으로 말미암아, [나에게 길을 물어,]
[여래如來 없는 그 말법세상末法世上 중생衆生들을 구제하고자
나에게] 법(法)을 청(請)하구나.
내가 만약(萬若),
[중생구제, 그대들의 연민憐愍 보살심에 법을] 설하지 않으면
곧, 법(法)을 아끼어 인색하며, 탐착함에 빠짐이 되느니라.
[내가, 그대들이 가지는 수승殊勝한 보살菩薩의 마음과
중생衆生들을 생각하는 연민憐愍의 원력願力을 따라
마땅히 법法을 자상仔詳히 베풀 것이니라.]
[내가 설說하는 바를 따라,] 그대들은 일심으로 자세히 살피고,
자세(仔細)히 살피며 들을 지니라.
그대들을 위해, [위없는 일각요의一覺了義의 일미진실一味眞實,
여래如來의 불가사의 무생법無生法을] 베풀며 설(說)하리라.

○**24** 무생법(無生法)으로 교화(敎化)해야, 한량없는 무한 교화이다.
善男子 若化衆生 無生於化 不生無化 其化大焉
선남자 약화중생 무생어화 불생무화 기화대언

선남자(善男子)여! 만약(萬若), 중생(衆生)을 교화(敎化)하려면
무생법(無生法)으로 교화(敎化)해야 하느니라.

무생법(無生法)으로 교화(敎化)해야만 생(生)이 끊어지므로,
[생생이 없는 무생無生의] 그 교화(敎化)가 무엇보다 큰,
[일각요의一覺了義의 무상무생법無上無生法,
여如의 큰 교화敎化]이니라.

◯25 일체(一切) 마음과 나는, 본래(本來) 공적(空寂)하다.
令彼衆生 皆離心我 一切心我 本來空寂
영피중생 개리심아 일체심아 본래공적

저들 중생衆生으로 하여금,
[무생無生 여如의 법法으로 교화敎化하여]
[색수상행식色受想行識 5온五蘊의] 모든 식심(識心)의 마음과
[4대四大의 몸을] 나로 알고 있음을 벗어나게 해야 하느니라.
[수상행식受想行識의] 일체(一切) 식심(識心)의 마음과
[사대四大 5온五蘊의] 나는, 본래(本來) [그 성품性品이 공空하여
실체實體가 없고, 아我가 없어] 공적(空寂)하니라.

◯26 식심(識心)이 공(空)하면, 본심(本心)은 환화(幻化)가 아니다.
若得空心 心不幻化
약득공심 심불환화

만약(萬若), [수상행식受想行識 5온五蘊의]
식심(識心)이 공(空)함을 증득(證得)하면,
[5온五蘊의 식심識心이 아닌 곧, 본래 본심本心을 깨달으리니,]
본심(本心)은 [생멸生滅하는 식심識心이 아니므로,]
환화[幻化:識心]가 아니니라.

◯27 생멸(生滅)이 끊어지면 환(幻)이 사라져, 무생(無生)을 얻는다.
無幻無化 即[大:續1,2: 卽] **得無生**
무환무화 즉[대:속1,2: 즉] 득무생

[5온五蘊의 마음이 공空함을 얻어,
일체상一切相 일체환一切幻의 분별심分別心인
색수상행식色受想行識 5음五陰의] 환(幻)이 없어,
[마음이] 생멸(生滅)의 변화(變化)도 끊어지면
곧, 무생(無生) [본심本心]을 얻느니라.

◯28 무생(無生) 본심(本心)은, 생멸(生滅)이 끊어진 성품으로 존재한다.

無生之心 在於無化

무생지심 재어무화

[생멸生滅 없는] 무생(無生) [본심本心의] 마음은
생멸(生滅)의 변화(變化)가 끊어진 성품(性品)이므로
[생멸상生滅相인 색수상행식色受想行識과 생사生死인 윤회輪廻와
관계關係 없이 항상恒常,] 존재(存在)하느니라.

◯29 공적(空寂)한 마음으로, 어떻게 닦아, 공(空)한 본심을 얻사옵니까?

解脫菩薩 而白佛言 尊者 衆生之心 性本空寂 空寂之心

해탈보살 이백불언 존자 중생지심 성본공적 공적지심

體無色相 云何修習 得本空心 願佛慈悲 爲我宣說

체무색상 운하수습 득본공심 원불자비 위아선설

해탈보살(解脫菩薩)이 부처님께 말씀 사뢰옵기를,
세존(世尊)이시여! 중생의 마음 성품이 본래 공적(空寂)하다면,
공적(空寂)한 마음 [본심本心은]
[색성향미촉법色聲香味觸法의] 색(色)도
[수상행식受想行識의] 상(相)도 없는 실체(實體)이오니,
[식심識心의 자아自我도 없고, 생각도 없는 그것으로]
어떻게 닦고 익혀야, 본래(本來) 공(空)한 마음 [본심本心을]
얻을 수 있사옵니까? 오직, 간곡(懇曲)히 원하오니,
[5온五蘊과 식심識心의 자아自我가 없는 그 마음을 씀이,

저희들은 도저히 이해理解할 수도 없고,

행行할 수도 없고, 상상想像할 수도 없는 일이오니,]

부처님의 자비로움으로 저희를 위하사,

그 [불가사의不可思議 무생無生에 이르는] 길을 베풀어

설(說)하여 주시옵소서.

○30 마음은 본래 근본(根本)이 없어, 공적(空寂)하여 무생(無生)이다.

佛言 菩薩 一切心相 本來無本 本無本處 空寂無生

불언 보살 일체심상 본래무본 본무본처 공적무생

부처님께옵서 말씀하옵기를,

보살(菩薩)이여!

일체(一切) [수상행식受想行識 5온심五蘊心] 마음의 모습은

본래(本來) [실체實體가 없으므로] 근본(根本)이 없고,

[공空하여 자성自性이 없어] 본래(本來) 본처(本處)가 없으므로

공적(空寂)하여 무생(無生)이니라.

○31 마음이 생(生)함이 끊어지면, 공(空)한 마음을 얻는다.

若心無生 即[大:續1,2: 卽]入空寂 空寂心地

약심무생 즉[대:속1,2: 즉]입공적 공적심지

即[大:續1,2: 卽]得心空

즉[대:속1,2: 즉]득심공

만약, [수상행식受想行識] 5온심(五蘊心)이 생(生)함이 끊어지면

곧, [일체一切 색성향미촉법色聲香味觸法과

5온심五蘊心 수상행식受想行識의 분별심分別心이 끊어진]

본래(本來) 공적(空寂)함에 듦이니,

이 본래(本來) 공적(空寂)한 마음 성품[本地]이

곧, 공(空)한 마음, [본래本來 본심本心]을 얻음이니라.

◯32 상(相) 없는 마음은, 마음도 나도 없고, 법상(法相)도 이와 같다.

善男子 無相之心 無心無我 一切法相 亦復如是
선남자 무상지심 무심무아 일체법상 역부여시

선남자(善男子)여! 상(相) 없는 마음 [본심本心]에는,
[5온심五蘊心인 색수상행식色受想行識의] 마음도 없고,
[4대四大와 색성향미촉법色聲香味觸法의] 나도 없느니라.
[일체상一切相 만물만상萬物萬相도 또한, 그 실체實體가 없어
공적空寂하므로,]
일체(一切) 법상(法相)이 또한, 역시(亦是) 이와 같으니라.

◯33 나와 마음이 있는 자(者)는, 어떤 법(法)으로 깨닫게 하옵니까?

解脫菩薩 而白佛言 尊者 一切衆生 若有我者 若有心者
해탈보살 이백불언 존자 일체중생 약유아자 약유심자
以何法覺 令彼衆生 出離斯縛
이하법각 영피중생 출리사박

해탈보살(解脫菩薩)이 부처님께 말씀 사뢰오며 여쭈옵기를,
세존(世尊)이시여! 일체중생(一切衆生)이 만약(萬若),
[4대四大:地水火風 육신肉身을 나로 알고] 내가 있다는 자(者)나,
만약, [일체一切 분별심인 수상행식受想行識을 마음으로 알아]
마음이 있다는 자(者)는
어떤 법(法)으로 [그 실상實相을] 깨닫게 하여
[5온심五蘊心의 환幻을 집착해 사는] 저들 중생으로 하여금,
그 [환幻의] 속박(束縛)을 벗어나도록 해야 하옵니까?

◯34 내가 있는 자(者)는, 12인연법(十二因緣法)을 관(觀)하도록 하라.

佛言 善男子 若有我者 令觀十二因緣
불언 선남자 약유아자 영관십이인연

부처님께옵서 말씀하옵기를,

선남자(善男子)여! 만약(萬若), 내[我]가 있다는 자(者)는,
[5온五蘊의 상相을 집착執着하여 머무름이니]
[4대四大의 몸과 자아自我 생성生成의 인과법因果法인]
12인연법(十二因緣法)을 관(觀)하도록 하여라.

◯35 인과(因果)로 일어난 마음도 없으니 어찌, 몸인들 있겠느냐?
十二因緣 本從因果 因果所起 興於心行 心尙不有 何況有身
십이인연 본종인과 인과소기 흥어심행 심상불유 하황유신

12인연(十二因緣)은, 본래(本來) 인과(因果)를 좇음이니,
인과(因果)로 일어난 바의 마음 5온심(五蘊心)인
[12인연심十二因緣心의 마음작용이] 치성(熾盛)하여도,
[색수상행식色受想行識 5온五蘊의] 마음도 오히려 있지 않음인데
어찌 하물며, [4대四大의] 몸이 있겠느냐?

◯36 나 있는 자 유견(有見)을 멸하고, 나 없는 자 무견(無見)을 멸하라.
若有我者 令滅有見 若無我者 令滅無見
약유아자 영멸유견 약무아자 영멸무견

만약(萬若), 내[我]가 있다는 자(者)는
[내我가 있다는 상相의] 유견(有見)을 멸(滅)하게 하고,
만약(萬若), 내[我]가 없다는 자(者)는,
[내我가 없다는 상相의] 무견(無見)을 멸(滅)해야 하느니라.

◯37 생(生)은 멸성(滅性)을 멸하고, 멸(滅)은 생성(生性)을 멸하게 하라.
若心生者 令滅滅性[續1,2: 令滅生性]
약심생자 영멸멸성 [속1,2: 영멸생성]
若心滅者 令滅生性[續1,2: 令滅滅性]
약심멸자 영멸생성 [속1,2: 영멸멸성]

만약(萬若), 분별(分別)의 5온심(五蘊心)이 생(生)하는 자(者)는

[멸滅에서 생生을 봄이니,]

멸(滅)의 성품(性品)을 관(觀)하여, 멸(滅)하게 하여라.

만약, [수상행식受想行識의] 5온심(五蘊心)이 멸(滅)하는 자(者)는

[생生에서 멸滅을 봄이니,]

생(生)의 성품(性品)을 관(觀)하여, 멸(滅)하게 하여라.

○38 생멸이 멸한 성품을 보면, 생멸(生滅) 없는 실제(實際)에 든다.

滅是見性 即[大:續1,2: 即]**入實際**

멸시견성 즉[대:속1,2: 즉]입실제

[생生의 성품性品도 생生이 아니며,

멸滅의 성품도 멸滅이 아니므로, 생生과 멸滅이 끊어져,

생生도 멸滅도 멸(滅)한, 이 [적멸寂滅 무생無生의] 성품(性品)을 보면

곧, [생生과 멸滅이 끊어진 성품性品,]

실제(實際) [본래本來 본심本心, 여如의 실성實性]에 드느니라.

○39 본래 생(生)도 멸(滅)도 아니니, 일체법(一切法)이 그러하니라.

何以故 本生不滅 本滅不生[論: 不滅不生] **不滅不生**

하이고 본생불멸 본멸불생[논: 불멸불생] 불멸불생

不生不滅 一切諸法[論:續1,2: 一切法相] **亦復如是**

불생불멸 일체제법[논:속1,2: 일체법상] 역부여시

무엇 때문이냐면,

본래(本來) 생(生)의 성품(性品)이

[무자성無自性이므로 실체實體가 없어] 멸(滅)하지도 않으며,

본래(本來) 멸(滅)의 성품(性品)이

[무자성無自性이므로 실체가 없어] 생(生)도 아니기 때문이니라.

멸(滅)이 아님은, 본래(本來) [무자성無自性이므로 실체實體가 없어]

생(生)이 아니기 때문이며,

본래(本來) [무자성無自性이므로 실체實體가 없어]

생(生)이 아니므로, 멸(滅)도 아니니라.
[일체식一切識과 만물만상萬物萬相의] 일체(一切) 모든 법(法)도
또한, 역시(亦是) 이와 같으니라.

○40 생견(生見)은 어떻게 멸하며, 멸견(滅見)은 어떻게 멸하옵니까?
解脫菩薩 而白佛言 尊者 若有衆生 見法生時 令滅何見
해탈보살 이백불언 존자 약유중생 견법생시 영멸하견
見法滅時[論: 없음] **令滅何見**[論: 없음]
견법멸시[논: 없음] 영멸하견[논: 없음]

해탈보살(解脫菩薩)이 부처님께 말씀 사뢰오며 여쭈옵기를,
세존(世尊)이시여! 만약(萬若) 중생(衆生)이 있어,
[색성향미촉법色聲香味觸法과 수상행식受想行識의] 법(法)이
생(生)함을 볼 시(時)에는, 어떤 견해(見解)를 멸(滅)해야 하며,
[색성향미촉법色聲香味觸法과 수상행식受想行識의] 법(法)이
멸(滅)함을 볼 시(時)에는, 어떤 견해를 멸(滅)해야 하옵니까?

○41 생견은 무견(無見)을 멸하고, 멸견은 유견(有見)을 멸해야 한다.
佛言 菩薩 若有衆生 見法生時 令滅無見 見法滅時 令滅有見
불언 보살 약유중생 견법생시 영멸무견 견법멸시 영멸유견

부처님께옵서 말씀하옵기를, 보살(菩薩)이여!
만약(萬若), 중생(衆生)이 있어, 법(法)이 생(生)함을 볼 시(時)에는
[없다는 상相의 무견無見으로부터 생生함을 봄이니,]
무견상(無見相)을 관(觀)하여, 멸(滅)하게 하고,
법(法)이 멸(滅)함을 볼 시(時)에는
[있다는 상相의 유견有見으로부터 멸滅을 봄이니]
유견상(有見相)을 관(觀)하여, 멸(滅)해야 하느니라.

◯42 유견(有見)과 무견(無見)이 멸(滅)하면, 결정성(結定性)에 들어 무생(無生)이니라.

若滅是見 得法眞無[續1,2: 得法眞源無] **入決定性 決定無生**
약멸시견 득법진무[속1,2: 득법진원무] 입결정성 결정무생

만약(萬若), 이[是] [생生과 멸滅의 두 모습,
유무有無를 보는 유견有見과 무견無見이 둘 다 멸滅하면,
일체一切 유무有無의] 견(見)이 멸(滅)해
[내외內外 일체상이 끊어진] 법(法)의 진무(眞無)를 증득하여,
[그 청정적멸淸淨寂滅의] 결정성(結定性)에 들면
[일체견一切見이 끊어진] 결정(結定) 무생(無生)이니라.

◯43 무생(無生)에 머무르게 하면, 무생(無生)이옵니까?

解脫菩薩 而白佛言 尊者 令彼衆生 住於無生
해탈보살 이백불언 존자 영피중생 주어무생
是無生也[論:續1,2: 是無生耶]
시무생야[논:속1,2: 시무생야]

해탈보살(解脫菩薩)이 부처님께 말씀 사뢰오며 여쭈옵기를,
[유무견有無見이 멸(滅)하면, 법法의 진무眞無를 증득證得하여
결정성結定性에 듦으로, 무생無生의 결정성結定性이라 하시오니,]
세존(世尊)이시여! 저 중생(衆生)들로 하여금,
무생(無生)에 머무르게 하면, 이것이 무생(無生)이옵니까?

◯44 무생(無生)에 머묾은 생(生)이니, 머묾도 없어야 무생(無生)이다.

佛言 住於無生 即是有生[論: 即是生][大:續1,2: 即是有生]
불언 주어무생 즉시유생[논: 즉시생][대:속1,2: 즉시유생]
何以故 無住無生 乃是無生
하이고 무주무생 내시무생

부처님께옵서 말씀하옵기를,
무생(無生)에 머무름은

곧, [무생상無生相을 일으켜 무생상無生相을 가짐이니

이는, 무생상無生相을 일으켜, 무생상無生相을 정정定해 봄이므로]

이것이, 생(生)이 있음이니라.

무엇 때문이냐면,

[법법法의 진무眞無에 들면, 무생無生도 끊어짐이니

그러므로,] 무생(無生)에 머무름도 없어야

곧, 이것이 무생(無生)이니라.

○45 생(生)을 없애려고 하면, 생(生)으로 생(生)을 멸(滅)하려 함이다.

菩薩 若生無生 以生滅生

보살 약생무생 이생멸생

보살(菩薩)이여! 만약(萬若), [무생無生에 들려는 자者가

본래本來 무생無生임을 깨닫지 못하고]

생(生)을 없애려고 마음을 일으키면,

[무생無生하려는 마음을 일으켜]

생(生)으로써, 생(生)을 멸(滅)하려 함이니라.

○46 생(生)과 멸(滅)을 함께 멸(滅)해야, 머무름 없는 무생(無生)이다.

生滅俱滅 本生不生 心常空寂 空性無住[論:續1,2: 空寂無住]

생멸구 멸 본생불생 심상공적 공성무주[논:속1,2: 공적무주]

心無有住 乃是無生

심무유주 내시무생

[본래本來 무생無生이므로]

생(生)과 멸(滅)이 둘 다 함께 멸(滅)하면,

[멸滅하려 일으킨 생심生心과

멸滅하였다는 그 멸심滅心도 또한 멸滅하여,]

생(生)의 성품(性品)이 본래(本來) 불생(不生)이므로

마음이 항상(恒常) 공적(空寂)하니라.

본래(本來) 공(空)한 성품(性品)은 일체(一切) 머묾이 없어
마음이, 머무름이 끊어졌으니
이것이 무생(無生)이니라.

◯47 마음이 머무름이 없이, 어떻게 닦고 배울 수 있사옵니까?
解脫菩薩 而白佛言 尊者 心無有住 有何修學
해탈보살 이백불언 존자 심무유주 유하수학
爲有學也[續1,2: 爲有學耶] **爲無學也**[續1,2: 爲無學耶]
위유학야[속1,2: 위유학야] 위무학야[속1,2: 위무학야]

해탈보살(解脫菩薩)이, 부처님께 말씀 사뢰오며 여쭈옵기를,
세존(世尊)이시여!
[마음이 본래(本來) 공적空寂하여 무생無生이라 하시며,
무생無生에 들려함이 생生이라고 하옵시니,]
마음이 머무름이 없으면, 어떻게 닦고 배울 수 있사옵니까?
배움이 있어야 합니까? 배움이 없어야 하옵니까?

◯48 무생심(無生心)은 본래 여래장이니, 적멸(寂滅)하여 부동(不動)이다.
佛言 菩薩 無生之心 心無出入 本如來藏 性寂不動
불언 보살 무생지심 심무출입 본여래장 성적부동

부처님께옵서 말씀하옵기를,
보살(菩薩)이여! 무생(無生)의 마음 [본래本來 본심本心은]
[제식諸識이 끊어져] 출입(出入)이 없는 마음이니,
본래(本來) [본성本性의 성품이 무생無生] 여래장(如來藏)이므로,
본래(本來) 성품(性品)이 적멸(寂滅)하여 부동(不動)이니라.

◯49 배울 바 있는 것도 없는 것도 아님은, 배워야 한다.
亦非有學 亦非無學 無有學不學 是即無學[大:續1,2: 是卽無學]
역비유학 역비무학 무유학불학 시즉무학[대:속1,2: 시즉무학]

非無有學 是爲所學

비무유학 시위소학

[마음이 본래(本來) 무생無生 결정성結定性인 여래장如來藏이므로
성품性品이 항상(恒常) 적멸寂滅하여 부동不動이니,]

그러므로, 배울 바 있는 것도 아니며,

[그러해도] 또한, [무명無明 속에 있으니]

배울 바 없는 것도 아니니라.

[그러므로, 마음은 본래本來 여래장如來藏 성품性品이니,
적멸寂滅하여 부동不動이므로,] 배울 바 있는 것도 [아니며,]

[그리고 또한, 배울 바] 없는 것도 아님을 배움으로

이로써 곧, 배움이 없어지느니라.

배울 바 있는 것도 없는 것도 아닌 것,

이 성품(性品)을 깨닫는 것은 곧, 배워야 할 바이니라.

◯50 여래장(如來藏) 성품이 어찌, 적멸(寂滅)하여 부동(不動)이옵니까?

解脫菩薩 而白佛言 尊者 云何如來藏 性寂不動

해탈보살 이백불언 존자 운하여래장 성적부동

해탈보살(解脫菩薩)이 부처님께 말씀 사뢰오며 여쭈옵기를,
세존(世尊)이시여!

[마음이 본래本來 여래장如來藏 성품이므로 항상 적멸寂滅하여,
부동不動이라 하옵시니,]

어찌하여, 여래장(如來藏) 성품(性品)이 적멸(寂滅)하여,
부동(不動)이옵니까?

◯51 여래장(如來藏)은 참 성품이니, 적멸(寂滅)하여 부동(不動)이다.

佛言 如來藏者 生滅慮知相 隱理不顯 是如來藏 性寂不動

불언 여래장자 생멸려지상 은리불현 시여래장 성적부동

부처님께옵서 말씀하옵기를,

여래장(如來藏)은, 생멸심(生滅心)의 생각이나
앎의 분별상(分別相)으로 드러나지 않아
알 수 없는 [무생無生의] 참 성품[理]인 [본성本性이니,]
이[是] 여래장(如來藏)은, 성품(性品)이 항상(恒常) 적멸(寂滅)하여
부동(不動)이니라.

○52 어떤 것이 생멸(生滅)의 생각이며, 앎의 상(相)이옵니까?

解脫菩薩 而白佛言 尊者 云何生滅慮知相
해탈보살 이백불언 존자 운하생멸려지상

해탈보살(解脫菩薩)이 부처님께 말씀 사뢰오며 여쭈옵기를,
세존(世尊)이시여!
[여래장如來藏은 무생無生이므로, 생멸生滅의 생각이나
앎의 상相으로 드러나지 않는, 참 성품[理]이라 하옵시니]
어떤 것이, [여래장如來藏을 알 수 없는] 생멸(生滅)의 생각이며,
앎의 분별상(分別相)이옵니까?

○53 분별(分別)하는 천만(千萬) 가지 생각 모두가 생멸상(生滅相)이다.

佛言 菩薩 理無可不 若有可不 即生諸念[大:續1,2: 即生諸念]
불언 보살 이무가부 약유가부 즉생제념 [대:속1,2: 즉생제념]
千思萬慮 是生滅相
천사만려 시생멸상

부처님께옵서 말씀하옵기를, 보살(菩薩)이여!
[무생無生인 여래장如來藏,] 참 성품[理] 본성(本性)은,
이것과 저것, 또한, 옳고 그름의 일체 분별[可不]이 없느니라.
만약, 분별[可不:分別]이 있다면 곧, 모든 생각이 일어남이니,
천(千) 가지 생각과 만(萬) 가지 헤아림, 이것이
곧, 생멸상(生滅相)이니라.

○54 참 성품은 스스로 충만(充滿)하나, 분별심에 심왕(心王)을 잃는다.

菩薩 觀本性相 理自滿足 千思萬慮 不益道理 徒爲動亂
보살 관본성상 이자만족 천사만려 불익도리 도위동란
失本心王
실본심왕

보살(菩薩)이여!
[무생無生인 여래장如來藏,] 본성(本性)의 모습을 관(觀)하면,
[무생無生의] 참 성품[理], 본성(本性)은,
[무생無生 여如의 여래장如來藏 성품性品이므로,
성품性品이 본래本來] 스스로 충만(充滿)하고
[일체공덕一切功德이 스스로] 구족(具足)함이니,
천(千) 가지 생각과 만(萬) 가지 헤아림이
[무생無生의] 참 성품[理],
본성(本性)의 도[道:行]에 이롭지 않으므로,
부질없이 움직여
[5온과 18계, 사량思量과 분별分別 등으로] 혼란(混亂)하면,
본(本) 심왕(心王)인, 본성(本性)을 잃게 되느니라.

○55 식심(識心)이 끊어지면 적멸하여 청정하니, 이것이 대승(大乘)이다.

若無思慮 則[論 : 即]**無生滅 如實不起 諸識安寂 流注不生**
약무사려 즉[논 : 즉]무생멸 여실부기 제식안적 유주부생
得五法淨 是謂大乘
득오법정 시위대승

만약(萬若), 생각과 헤아림이 끊어지면
곧, [수상행식受想行識의] 생멸(生滅)이 끊어져,
[일체一切 생멸生滅의 5음五陰이] 일어나지 않아
[무생無生 본성本性의] 여(如)의 실(實)이므로,
모든 식(識)이 적멸(寂滅)하여
[식識의 혼란混亂과 얽매임이 없어] 평안(平安)하며,

[색수상행식色受想行識의] 흐름이 생(生)하지 않으므로
[상相, 명名, 분별分別, 정지正智, 여여如如,] 5법(五法)의
청정(清淨)함을 얻음이니, 이것이 대승(大乘)이니라.

○56 5법(五法)의 청정(清淨)함에 들면, 마음에 망념(妄念)이 없다.
菩薩 入五法淨 心即無妄[大·續1,2: 心卽無妄]
보살 입오법정 심즉무망 [대·속1,2: 심즉무망]

보살(菩薩)이여!
[일체一切 상相, 명名, 분별分別, 정지正智, 여여如如,]
5법(五法)의 청정(清淨)한 성품(性品)에 들면,
마음에 곧, [색수상행식色受想行識,
일체분별一切分別의] 망념(妄念)이 없느니라.

○57 망식(妄識)이 없으면, 여래자각성지(如來自覺聖智)의 성품에 든다.
若無有妄 即[大·續1,2: 卽]**入如來自覺聖智之地 入智地者**
약무유망 즉 [대·속1,2: 즉] 입여래자각성지지지 입지지자
善知一切從本不生 知本不生 即[大·續1,2: 卽]**無妄想**
선지일체종본불생 지본불생 즉 [대·속1,2: 즉] 무망상

만약, [색수상행식色受想行識의 일체一切] 망식(妄識)이 없으면
곧, 여래(如來)의 [성품性品인 여래장如來藏 여如의 실제實際]
자각성지(自覺聖智)의 성품[本地]에 드느니라.
이, [여래如來의 무생無生] 지혜의 성품[本地]에 든[入] 자(者)는
[색수상행식色受想行識 5음五陰의] 일체(一切)가
[무생無生 적멸寂滅의] 본성(本性)을 수순[從:隨順]하여,
그 성품(性品)이 본래(本來) 불생(不生)임을 잘 알며,
성품(性品)이 본래(本來) 불생(不生)임을 앎으로
곧, 망(妄)의 상념(想念),
[색수상행식色受想行識의 5음五陰이] 없느니라.

◯58 허망한 상념(想念)을 없애려면, 생각을 쉬고 그치면 되옵니까?

解脫菩薩 而白佛言 尊者 無妄想者 應無止息
해탈보살 이백불언 존자 무망상자 응무지식

해탈보살(解脫菩薩)이 부처님께 말씀 사뢰오며 여쭈옵기를,
세존(世尊)이시여!
[만약萬若, 망식妄識이 없으면
곧, 여래자각성지如來自覺聖智에 든[入]다고 하시오니,
일체一切 식識의 망념妄念인 색수상행식色受想行識이 있어,]
망(妄)의 상념(想念)인
[색수상행식色受想行識의 5음五陰을] 없애려는 자(者)는
응당(應當)히 생각을 그치고, 쉬면 없어지옵니까?

◯59 망념(妄念)은 본래(本來) 불생(不生)이니, 쉬어야 할 것이 없다.

佛言 菩薩 妄本不生 無妄可息
불언 보살 망본불생 무망가식

부처님께옵서 말씀하옵기를, 보살(菩薩)이여!
망념(妄念)인, [일체一切 분별分別의 헤아림인 5음五陰과
4상심四相心과 자아自我와 제식諸識은,] 본래(本來) 불생(不生)이니,
가히 쉬어야 할 망념(妄念)이 없느니라.

◯60 마음이 무심(無心)임을 알면, 그쳐야 할 마음이 없다.

知心無心 無心可止 無分無別 現識不生 無生可止
지심무심 무심가지 무분무별 현식불생 무생가지

마음은, 일체 분별인 색수상행식色受想行識의 5음五陰이 없는
본래本來] 무심(無心)임을 알면,
가히 그쳐야 할 [식심識心의] 마음이 없어,
[일체一切 경계境界의 마음인] 분별(分別)도 없고
[일체一切 취사심取捨心의] 차별(差別)도 없으므로

[일체상一切相을 따르는] 현식(現識)이 불생(不生)이니,
가히 그치거나 쉬어야 할, 생(生)이 없느니라.

◯61 마음이 불생(不生)임은, 그칠 것도 끊어졌기 때문이다.

是則無止 亦非無止 何以故 止無止故
시즉무지 역비무지 하이고 지무지고

[일체상一切相 분별分別인 현식現識이 불생不生이므로]
이는 곧, 그칠 것도 끊어졌으니,
역시(亦是) 이는,
[일체一切 분별심分別心을] 그침으로 없어진 것이 아니니라.
무엇 때문이냐면,
[일체一切 분별分別인, 그칠 것과 그친 것과] 그칠 것 없음도
본래(本來), 끊어졌기 때문이니라.

◯62 그친 것은 생(生)이오니, 어찌 무생(無生)이라 하옵니까?

解脫菩薩 而白佛言 尊者 若止無止
해탈보살 이백불언 존자 약지무지

止即是生[大:續1,2: 止即是生] **何謂無生**
지즉시생[대:속1,2: 지즉시생] 하위무생

해탈보살(解脫菩薩)이, 부처님께 말씀 사뢰오며 여쭈옵기를,
세존(世尊)이시여! 만약(萬若), 그칠 것 없음도 끊어졌다면,
끊어진 것이 있음이 곧, 이것이 생(生)이오니,
어찌하여 무생(無生)이라 하시옵니까?

◯63 생(生)이면 그쳐야 하나, 이미 끊어졌다면 생(生)이 아니다.

佛言 菩薩 當止是生 止已無止 亦不住於無止 亦不住於無住
불언 보살 당지시생 지이무지 역부주어무지 역부주어무주

云何是生
운하시생

부처님께옵서 말씀하옵기를, 보살(菩薩)이여!
[그칠 것 없는 것도 끊어진] 이것이 생(生)이면,
당연(當然)히 그쳐야 하며,
[그러나 또한, 머무름과 일체 생生이] 이미 끊어졌다면,
그칠 것이 없느니라.
역시(亦是), 그칠 것이 없으면 머무름이 아니며, 또한,
[일체 식識이 끊어져] 머무름이 없으면 머묾도 아니니,
어찌하여 이것이 생(生)이겠느냐?

○64 무생(無生)이면 어찌 취사가 있으며, 법상(法相)에 머무르옵니까?

解脫菩薩 而白佛言 尊者 無生之心 有何取捨 住何法相
해탈보살 이백불언 존자 무생지심 유하취사 주하법상

해탈보살(解脫菩薩)이 부처님께 말씀 사뢰오며 여쭈옵기를,
세존(世尊)이시여!
[일체一切 식識이 일어남이 없는] 무생(無生)이 마음이오면,
어찌하여, [좋고 싫음의] 취사(取捨)가 있사오며,
어찌하여, [일체상一切相의] 법상(法相)에 머무름이 있사옵니까?

○65 무생(無生)의 마음은, 마음 아님과 법(法) 아님에 머문다.

佛言 無生之心 不取不捨 住於不心 住於不法
불언 무생지심 불취불사 주어불심 주어불법

부처님께옵서 말씀하옵기를,
[일체 식識이 일어남이 없는] 무생(無生)의 마음은
[일체상一切相을] 취(取)하지도 않고 버리지도 않으며,
[일체식심一切識心인 수상행식受想行識의] 마음 아님에 머물며,
일체법(一切法)인 [색성향미촉법色聲香味觸法이] 아님에
머무느니라.

◯66 어찌하여, 마음 아님과 법(法) 아님에 머무르옵니까?

解脫菩薩 而白佛言 尊者 云何住於不心 住於不法
해탈보살 이백불언 존자 운하주어불심 주어불법

해탈보살(解脫菩薩)이, 부처님께 말씀 사뢰오며 여쭈옵기를,
세존(世尊)이시여! 어찌하여,
[수상행식受想行識 5온심五蘊心의] 마음 아님에 머무르며,
[색성향미촉법色聲香味觸法의] 법(法) 아님에 머무르옵니까?

◯67 마음과 법(法)이 본래 불생(不生)이니, 이 불생(不生)에 머묾이다.

佛言 不生於心 是住不心 不生於法 是住不法
불언 불생어심 시주불심 불생어법 시주불법

부처님께옵서 말씀하옵기를,
[수상행식受想行識의] 마음이 일어남이 없어 불생(不生)이니
이것이, 마음 아님에 머묾이며,
[색성향미촉법色聲香味觸法의] 법(法)이 일어남이 없어 불생(不生)이니
이것이, 법(法) 아님에 머묾이니라.

◯68 마음과 법(法)이 불생(不生)이니, 마음이 항상 공적(空寂)하다.

善男子 不生心法 卽[大:續1,2: 卽]**無依止 不住諸行 心常空寂**
선남자 불생심법 즉[대:속1,2: 즉]무의지 부주제행 심상공적

無有異相[續1,2: 無有異想]
무유이상[속1,2: 무유이상]

선남자(善男子)여! [수상행식受想行識 5음五陰의] 마음과
[색성향미촉법色聲香味觸法의] 법(法)이 불생(不生)이므로
곧, 무엇에 의지(依支)하거나 무엇을 그칠 것이 없고,
[색성향미촉법色聲香味觸法과]
[수상행식受想行識의] 제행(諸行)에 머물지 않음이니,
마음이 항상(恒常) 공적(空寂)하여 [무생無生일 뿐,]

다른 모습이 없느니라.

◯69 허공(虛空)이 생(生)하거나 작용이 없음과 같으니라.

譬彼虛空 無有動住 無起無作 無彼無此
비피허공 무유동주 무기무작 무피무차

비유(譬喩)하여, 저 허공(虛空)의 성품이 [항상恒常 청정淸淨하여]
무엇에도 머물거나 움직임이 없어,
무엇을 따라 일어남도 없고 작용함도 없으므로
이런 모습의 허공(虛空)도 없고,
저런 모습의 허공(虛空)도 없는 것과 같으니라.

◯70 공(空)한 지혜를 얻으면, 5음(五陰)과 6입(六入)이 다 공적하다.

得空心眼[續1,2: 得心空眼] **得法空身**[續1,2: 得法空心] **五陰六入**
득공심안[속1,2: 득심공안] 득법공신[속1,2: 득법공심] 오음육입
悉皆空寂
실개공적

[색성향미촉법色聲香味觸法과 수상행식受想行識이] 공(空)한
지혜(智慧)의 심안(心眼)을 얻으면,
[색성향미촉법色聲香味觸法과 수상행식受想行識이]
본래(本來) 공(空)한 것[身]임을 깨달아[得],
[색수상행식色受想行識의] 5음(五陰)과
[안이비설신의眼耳鼻舌身意의] 6입(六入)이 다 모두 공적(空寂)하니라.

◯71 공(空)을 닦는 자는, 3계(三界)와 계(戒)의 상에도 머물지 않는다.

善男子 修空法者 不依三界 不住戒相
선남자 수공법자 불의삼계 부주계상

선남자(善男子)여! 공(空)한 [무생無生] 법(法)을 닦는 자(者)는
[일체취사一切取捨의 욕계欲界와 일체상一切相의 색계色界와
일체심식一切心識의 무색계無色界인]

3계(三界)에 의지(依支)하지 않으므로,
계(戒)의 상(相)에도 머물지 않느니라.

◯72 공(空)한 성품은 금강(金剛)으로, 3보(三寶)와 6바라밀이 구족하다.

清淨無念 無攝無放 性等金剛 不壞三寶 空心不動 具六波羅蜜
청정무념 무섭무방 성등금강 불괴삼보 공심부동 구육바라밀

[공空한 무생無生 법法을 닦는 자(者)는,
일체식一切識의] 념(念)이 끊어져 청정(淸淨)하여
[계戒를] 섭수함도 없고, 그렇다고 [계戒를] 놓음도 없으니,
[본래 공空한 무생無生] 성품의 평등에 들어, 금강(金剛)과 같아
불법승(佛法僧) 청정3보(淸淨三寶)를 파괴(破壞)하지 않으며,
공(空)한 마음이 [경계境界에 이끌리거나 동動함이 없어]
무생(無生) 부동(不動)이므로, 6바라밀(六波羅蜜)이 구족(具足)하니라.

◯73 6바라밀은 상(相)이니, 세간(世間)을 벗어날 수가 있사옵니까?

解脫菩薩 而白佛言 尊者 六波羅蜜者 皆是有相
해탈보살 이백불언 존자 육바라밀자 개시유상
有相之法 能出世也[論:續1: 能出世耶]
유상지법 능출세야[논:속1: 능출세야]

해탈보살(解脫菩薩)이 부처님께 말씀 사뢰오며 여쭈옵기를,
세존(世尊)이시여!
6바라밀(六波羅蜜)은 [행行이 있으며, 지음[作]이 있사오니,]
[6바라밀법六波羅蜜法] 이것은, 모두 상(相)이 있음이옵니다.
[상相의 법法으로는 세간世間을 벗어날 수가 없사온데,]
상(相)이 있는 법(法)으로
능히, 세간(世間)을 벗어날 수가 있사옵니까?

○74 내가 말한 6바라밀(六波羅蜜)은 무위(無爲)이므로, 상(相)이 없다.

佛言 善男子 我所說六波羅蜜者 無相無爲
불언 선남자 아소설육바라밀자 무상무위

부처님께옵서 말씀하옵기를,
선남자(善男子)여! 내가 말한 바 6바라밀(六波羅蜜)은,
[일체一切 심식心識이 끊어진] 무위(無爲)이므로
[일체一切 행行이나, 지음의] 상(相)이 없느니라.

○75 6바라밀(六波羅蜜)이, 상(相)이 없는 까닭[緣由]은

何以故
하이고

[6바라밀이, 일체一切 행行이나 상相이 없는 까닭緣由은]
무엇 때문이냐면,

○76 본성(本性)으로 사람을 이롭게 함이, 보시(布施)바라밀이다.

[一]**若人離欲**[論:續1,2: 善入離欲] **心常淸淨 實語方便**
　　　약인이욕[논:속1,2: 선입이욕] 심상청정 실어방편
　　本利利人 是檀波羅蜜
　　　본리이인　시단바라밀

만약(萬若), 사람이 욕망(欲望)을 벗어나
마음이 항상(恒常), 본래(本來) 성품(性品)을 따라 청정(淸淨)하여,
실상(實相)에 의한 말[言語]의 방편(方便)과
본성(本性)의 성품(性品) 실제[利:實際]로 사람들을 이롭게 함이니,
이것이, [6바라밀의 첫째인] 보시(布施)바라밀이니라.

○77 3계(三界)에 집착하지 않음이, 지계(持戒)바라밀이다.

[二]**志念堅固**[論:續1,2: 至念堅固] **心常無住 淸淨無染**
　　　지념견고[논:속1,2: 지념견고] 심상무주 청정무염

不著三界[論: 不着三界] **是尸波羅蜜**
불착삼계[논: 불착삼계] 시 시 바 라 밀

의지(意志)와 생각이 지극(至極)하여 견고(堅固)하며,
마음이 항상(恒常) 머무름이 없어 청정(清淨)하므로
무엇에도 물듦이 없어,
[취사取捨의 욕계欲界와 상相의 색계色界와 제식諸識의 흐름
무색계無色界인] 3계(三界)를 집착(執着)하지 않음이니,
이것이, [6바라밀의 둘째인] 지계(持戒)바라밀이니라.

◯78 공(空)을 닦아 머묾이 없음이, 인욕(忍辱)바라밀이다.
[三]修空斷結 不依諸有 寂靜三業 不住身心 是羼提波羅蜜
수공단결 불의제유 적정삼업 부주신심 시찬제바라밀

공(空)을 닦아,
안[能]의 [심식心識과] 밖[所]의 [일체상一切相에] 얽매임이 없어,
모든 [일체상一切相] 유위(有為)에 의지(依支)하지 않으므로
[신구의身口意 행行이 끊어져] 3업(三業)이 적정(寂靜)하여
[사대四大의] 몸과 [5음심五陰心의] 마음에 머무르지 않음이니,
이것이, [6바라밀의 셋째인] 인욕(忍辱)바라밀이니라.

◯79 5음(五陰)이 공(空)한 성품(性品)에 듦이, 정진(精進)바라밀이다.
[四]遠離名數 斷空有見 深入陰空 是毘梨耶波羅蜜
원리명수 단공유견 심입음공 시비리야바라밀

[일체一切 상相을 분별分別하여] 이름함과
헤아려 머무름인 수(數)의 세계를 멀리 벗어나,
[일체一切 상相의] 유견(有見)이 공(空)하여 끊어져
[색수상행식色受想行識] 5음(五陰)이 공(空)한 성품에 깊이 듦이니,
이것이, [6바라밀의 넷째인] 정진(精進)바라밀이니라.

◯80 모든 공(空)에도 머무름 없음이, 선(禪)바라밀이다.

[五]**俱離空寂**[續1,2: 具離空寂] **不住諸空 心處無住**[論: 心處無在]
　　구리공적[속1,2: 구리공적] 부주제공 심처무주[논: 심처무재]
　　　　不住大空[論: 大空] **是禪波羅蜜**
　　　　부주대공[논: 대공] 시선 바라밀

[제법諸法이] 공(空)하여, 적멸(寂滅)한 지혜(智慧)도 모두 벗어나,
[일체一切 무위지혜無爲智慧와 수행修行의 증과證果인]
모든 공(空)에도 머무르지 않으므로,
심처(心處)가
[상相과 심心, 유위有爲와 무위無爲의] 무엇에도 머묾이 없어
대공(大空)의 [적멸寂滅에도] 머무르지 않음이니,
이것이, [6바라밀의 다섯째인] 선(禪)바라밀이니라.

◯81 마음은 출입이 없고 지혜상(智慧相)도 없으니, 반야바라밀이다.

[六]**心無心相 不取虛空 諸行不生 不證寂滅 心無出入 性常平等**
　　심무심상 불취허공 제행불생 부증적멸 심무출입 성상평등
　　諸法實際 皆決定性 不依諸地 不住智慧 是般若波羅蜜
　　제법실제 개결정성 불의제지 부주지혜 시반야바라밀

마음이, [5음五陰의] 심상(心相)이 끊어졌으니
비어 공(空)함도 취(取)하지 않으며,
[제법諸法에 머무름의 일체행一切行이 끊어져]
모든 행이 불생(不生)이므로, 적멸(寂滅)을 증득하지도 않으며,
마음이 [능소能所의] 출입(出入)이 없어
성품이 항상(恒常) [무생無生 청정淸淨하여] 평등(平等)하니라.
제법(諸法)의 실제(實際)는 [모든 생멸生滅이 끊어져]
모두 다, [파괴破壞됨이 없는 무생無生] 결정성(結定性)이므로,
모든 법(法)과 지혜의 경지(境地)에도 의지(依支)하지 않으며
일체(一切) 불지혜(佛智慧)인 [해탈解脫, 공空, 삼매三昧, 증득證得,
깨달음, 진여眞如, 보리菩提, 열반涅槃, 본성本性, 본심本心, 본각本覺,

바라밀波羅蜜, 아뇩다라삼먁삼보리 등에도] 머물지 않음이니,
이것이, [6바라밀의 여섯째인] 반야(般若)바라밀이니라.

○82 6바라밀은, 본성(本性) 결정성에 든 걸림 없는 해탈(解脫)이다.
善男子 是六波羅蜜者 皆獲本利 入決定性 超然出世
선남자 시육바라밀자 개획본리 입결정성 초연출세
無导解脫[論:大:續1,2: 無礙解脫]
무애해탈 [논:대:속1,2: 無礙해탈]

선남자여! 이[是] [상相 없는 무생無生의] 6바라밀(六波羅蜜)은
모두, [유위有爲의 지음이 아닌]
본성本性 실제[利:實際]를 증득(證得)한
[파괴됨이 없는 무생無生] 결정성(結定性)에 든 행(行)이므로,
[6바라밀은,] 초연(超然)히 세간(世間)을 벗어나
일체(一切)에 걸림 없는 [무생無生의] 해탈행(解脫行)이니라.

○83 해탈은 무상행(無相行)이니, 해탈상도 없어 이름이 해탈이다.
善男子 如是解脫法相 皆無相行 亦無解不解 是名解脫
선남자 여시해탈법상 개무상생 역무해불해 시명해탈

선남자(善男子)여! 이와 같은 해탈법(解脫法)의 모습은
모두, [본성本性 무생無生 결정성結定性인] 무상행(無相行)이므로
역시(亦是), 본래(本來) 해탈상(解脫相)도 없어,
해탈(解脫)도 끊어졌으니,
이를 이름하여, 해탈(解脫)이라 하느니라.

○84 해탈은 무생열반(無生涅槃)이니, 열반상(涅槃相)을 취하지 않는다.
何以故 解脫之相 無相無行 無動無亂 寂靜涅槃 亦不取涅槃相
하이고 해탈지상 무상무행 무동무란 적정열반 역불취열반상

무엇 때문이냐면, [본래本來, 무생無生 결정성結定性인]
해탈(解脫)의 모습은, 일체상(一切相)도 없고,

일체행(一切行)도 끊어져
마음이 [본래本來, 무생無生이라] 동(動)함이 없으니,
[일체식一切識의] 분별(分別)과 혼란(混亂)이 끊어져
적정(寂靜) 무생(無生)의 열반(涅槃)이니
역시(亦是), 열반상(涅槃相)을 취(取)하지도 않느니라.

○85 베풀어주신 뜻을 깊이 새기며, 게송(偈頌)을 올렸다.
解脫菩薩 聞是語已 心大欣懌 得未曾有 欲宣義意 而說偈言
해탈보살 문시어이 심대흔역 득미증유 욕선의의 이설게언

해탈보살(解脫菩薩)이,
이[是] [깊은, 불가사의 여래장如來藏, 여如의 결정성結定性인
본래本來 무생법無生法의] 말씀을 다 듣고,
마음이, [본래本來 무생無生 여如의 법法에 깊이 사무쳐]
크나큰 기쁨이며 깊은 평안(平安)의 안락(安樂)이어서,
[본래本性 무생無生인 불가사의 여如의 법의 깊은 환희로움에]
지금까지 얻지 못하였던 것을 얻음으로,
[법法에 대한 의심疑心과] 원(願)하는 바를 따라
[무한 자비심으로, 자상히 깊이] 베풀어주신 그 뜻[意]과
실상[義:實相]을 깊이 새기며, 게송(偈頌)을 올리었다.

○86 일승법(一乘法)을 설하시어, 일미(一味)의 공덕을 얻었사옵니다.
大覺滿足尊 爲衆敷演法 皆說於一乘 無有二乘道 一味無相利
대각만족존 위중부연법 개설어일승 무유이승도 일미무상리

위없는 대각(大覺)이 충만(充滿)하여
무상(無上) 지혜(智慧)가 구족(具足)하신 세존(世尊)이시여!
[세존世尊 없는, 그 세상] 중생(衆生)들을 생각하시어
법(法)을 자상(仔詳)히 설명(說明)하여 펴시오며,
모두, [차별 없는 무생無生] 일승(一乘)의 법(法)을 설하시어서

[일체一切 차별법差別法인] 2승(二乘)의 도(道)가 없사오니
오직, [무생無生 진실眞實] 일미(一味)인, [일체상一切相이 없는]
무상(無相) 성품(性品)의 실제[利:實際]를 얻었사옵니다.

○87 허공(虛空)과 같이 모두 수용하여, 다 본성(本性)을 얻었사옵니다.
猶如太虛空[論: 猶如大虛空] **無有不容受 隨其性各異 皆得於本處**
유여태허공[논: 유여대허공] 무유불용수 수기성각이 개득어본처

가히, [일체 삼라만상을 품은, 끝없는] 무한 허공과 같아서
무수 차별 근기(根機)인 모두를 수용하지 아니함이 없으시니
그 [근기根機와 지혜智慧의] 성품(性品)이 각각 다름이어도,
설(說)하옵는 [무생無生 여如의] 법(法)을 따라 수순(隨順)하여
모두, 본래(本來)의 [부사의不思議 여如의 결정성結定性,
무생無生] 성품(性品)을 얻었사옵니다.

○88 모두, 한 법(法)의 차별 없는 본성(本性) 공덕을 얻었사옵니다.
如彼離心我 一法之所成 諸有同異行 悉獲於本利[論: 皆獲於本利]
여피리심아 일법지소성 제유동이행 실획어본리[논: 개획어본리]

[모두, 근기根機와 지혜智慧의 성품性品이 각각 다름이어도]
[수상행식受想行識의] 마음과 나[我]를 벗어남이 서로 같아서
[일미一味 진실眞實 무생無生 성품의] 한 법(法)을 이루었사오니
모두, 각각(各各) 다른 차별법(差別法) 속에 행(行)함이었어도
모두 다, 차별(差別) 없는, 본성(本性) 실제[利:實際]
[여如의 성품性品, 무생無生을] 얻었사옵니다.

○89 적정(寂靜) 열반(涅槃)에 머물지 않아, 결정처에 들었사옵니다.
滅絕二相見 寂靜之涅槃 亦不住取證 入於決定處
멸절이상견 적정지열반 역부주취증 입어결정처

일체(一切) 분별(分別)의 두 모습,

[유有와 무無, 유위有爲와 무위無爲의]
두 견해(見解)가 멸(滅)하여 끊어진, 적정(寂靜)의 열반(涅槃)을
또한, 머물거나, 취(取)하거나, 증득(證得)하지 않으므로
불가사의(不可思議) 무생(無生) 결정처(結定處)인
[본성本性, 무생無生 여如의] 성품(性品)에 들었사옵니다.

○90 적멸심(寂滅心) 무생(無生)으로, 6바라밀이 구족하게 하옵니다.

無相無有行 空心寂滅地 寂滅心無生 同彼金剛性 不壞於三寶
무상무유행 공심적멸지 적멸심무생 동피금강성 불괴어삼보
具六波羅蜜
구육바라밀

본래(本來) 일체(一切) 상(相)이 끊어져,
일체(一切) 행(行)이 끊어졌으니
본래(本來) 공(空)한 마음, [무생無生] 적멸지(寂滅地)를 이루어
적멸심(寂滅心) 무생(無生)이
저 [파괴됨이 없는 결정성結定性,] 금강(金剛)의 성품과 같아서
[불법승佛法僧] 청정3보(清淨三寶)를 파괴(破壞)하지 않고
[무생無生의] 6바라밀이, 두루 구족(具足)하게 하시옵니다.

○91 일미(一味) 결정성 법인(法印)으로, 일승(一乘)을 이루게 하옵니다.
度諸一切生 超然出三界 皆不以小乘 一味之法印 一乘之所成
도제일체생 초연출삼계 개불이소승 일미지법인 일승지소성

모든, 일체중생(一切衆生)을
[본래本來 차별 없는 여如의 무생법無生法으로] 구제(救濟)하심에
[일체一切 법法을 구求하거나 여읨이 없이]
초연(超然)히 3계(三界)를 해탈(解脫)하게 하시오며,
결정코, 모두 소승(小乘)의 견해(見解)를 벗어나게 하시고자
위없는, 일미진실(一味眞實) 결정성(結定性),

무생법(無生法)의 인(印)으로

[본래本來 무생無生 여如의 성품性品, 본성本性의 실제實際로,]

일승(一乘)을 원만(圓滿)히 이루게 하시옵니다.

◯92 대중이, 상(相) 없는 무한 결정성에 들어 무명(無明)을 벗어났다.

爾時 大衆 聞說是義 心大欣懌 得離心我 入空無相 恢廓曠蕩

이시 대중 문설시의 심대흔역 득리심아 입공무상 회확광탕

皆得決定 斷結盡漏

개득결정 단결진루

그때 모든 대중(大衆)이,

세존(世尊)께옵서 설(說)하시는 이[是] 불가사의(不可思議)

[무생無生 실제實際 여如의] 실상[義:實相]을 듣고

[일체 법의 장애障礙를 벗어나, 무생無生의 청정淸淨에 이르니]

이[是] 부사의(不思議)에, 마음이 크게 기쁘고 안락(安樂)하며,

[수상행식受想行識의] 마음과 나[自我와 四大]를 벗어남을 얻어

[일체상一切相이 끊어진 본래 본성] 무연진공(無然眞空)에 드니

광대하여 넓고, 텅 비어 불가사의 무한(無限)에 이르러,

모두, [무생無生 여如의] 결정성(結定性)을 얻으니

[일체一切 식식의 출입出入이 완전히 끊어져]

무명(無明)이 완전히 소멸[盡漏]하여

미혹(迷惑)의 일체(一切) 속박(束縛)이 끊어졌다.

金剛三昧經 第三 無生行品
금강삼매경 제삼 무생행품

○93 심왕보살(心王菩薩)이 게송(偈頌)으로, 부처님께 여쭈었다.

爾時 心王菩薩 聞佛說法 出三界外 不可思議 從座而起
이시 심왕보살 문불설법 출삼계외 불가사의 종좌이기

叉手合掌 以偈問曰
차수합장 이게문왈

그때 심왕보살(心王菩薩)이,
[무생無生 결정진실結定眞實에 대한] 부처님의 설법(說法)을 듣고
초연(超然)히, 3계(三界)를 해탈(解脫)해 벗어나므로 불가사의하여
곧, 자리에서 일어나 공손(恭遜)히 차수(叉手)를 하며 합장하고
게송(偈頌)으로 부처님께 여쭈었다.

○94 설하신 실상(實相)으로, 일체중생이 유루(有漏)가 다 할 것입니다.

如來所說義 出世無有相 可有一切生 皆得盡有漏
여래소설의 출세무유상 가유일체생 개득진유루

여래(如來)께옵서 설(說)하오신 바,
[무생無生 결정성結定性의] 실상[義:實相]은
상(相)이 있는 바가 없어, 일체(一切) 세간(世間)을 벗어났사오니
가히, [세존世尊이 계시거나 없는 세상,]
일체중생(一切衆生)들에 있어서

모두 다, [5온五蘊과 제식諸識의 출입出入이 끊어져]
유루(有漏)가 다함을 얻을 것이옵니다.

○95 무생(無生)에는 생(生)도 없거늘, 무생인(無生忍)인들 얻겠사옵니까?
斷結空心我 是則[論: 是卽]**無有生 云何無有生**
단결공심아 시즉[논: 시즉]무유생 운하무유생
而得無生忍[論: 而有無生忍]
이득무생인[논: 이유무생인]

마음과 내가 본래(本來) 공[本空]하여 얽매임이 끊어졌사오니
이는 곧, 본래(本來) 생(生)이 없음이옵니다.
하물며, 본래(本來) 생(生)이 없어 [무생無生이거늘,]
무생인(無生忍)을 얻겠사옵니까?

○96 제행이 무생(無生)이니, 무생인(無生忍)을 얻음이 곧, 허망함이니라.
爾時 佛告心王菩薩言 善男子 無生法忍 法本無生 諸行無生
이시 불고심왕보살언 선남자 무생법인 법본무생 제행무생
非無生行 得無生忍 即[大:續1,2: 卽]**爲虛妄**
비무생행 득무생인 즉[대:속1,2: 즉]위허망

이때 부처님께옵서 심왕보살(心王菩薩)에게 말씀하옵기를,
선남자(善男子)여! 무생법인(無生法忍)이라 함은,
일체(一切) 법(法)과 마음이 본래 생멸(生滅)이 없어 무생(無生)이니,
제행(諸行)의 [성품性品이 공空하여] 무생(無生)이므로
생(生)의 행(行)을 없앤 것이 아니므로
무생인(無生忍)을 얻으려 하거나, 얻었음이 곧,
허망(虛妄)함이니라.

○97 무생인(無生忍)을 얻음이 없어야, 허망함이 없사옵니까?
心王菩薩言 尊者 得無生忍 即[大:續1,2: 卽]**爲虛妄 無得無忍**
심왕보살언 존자 득무생인 즉[대:속1,2: 즉]위허망 무득무인

應非虛妄
응비허망

심왕보살(心王菩薩)이 말씀 사뢰오며 여쭈옵기를,
세존(世尊)이시여!
[제행諸行이 무생無生이므로]
무생인(無生忍)을 얻음이 곧, 허망(虛妄)함이라 하시오니
무생인(無生忍)이 없어, 무생인(無生忍)을 얻음이 없어야
응당(應當), 허망(虛妄)함이 아니옵니까?

○98 무생인(無生忍)을 얻을 것이 없음이 곧, 얻은 바가 있음이다.
佛言 不也[論: 不] **何以故 無得無忍 是則有得**
불언 불야[논: 불] 하이고 무득무인 시즉유득

부처님께옵서 말씀을 하옵기를,
아니니라. 무엇 때문이냐면,
무생인(無生忍)이 없어, 얻을 것이 없다는 이것이 곧,
[무생인無生忍을] 얻었음이 있기 때문이니라.

○99 무생인(無生忍)을 얻었거나, 얻을 바 있음이 다 허망(虛妄)함이다.
有得有忍[論: 有得有住] **是則有生 有生於得 有所得法 並爲虛妄**
유득유인[논: 유득유주] 시즉유생 유생어득 유소득법 병위허망

무생인(無生忍)이 있어, 얻음이 있음은,
이는 곧, 생(生)이 있음이니라. 생(生)이 있어 얻었거나,
얻을 바인 [무생無生의] 법(法)이 있음이
아울러 다 허망(虛妄)함이니라.

○100 무생인(無生忍)이 없는 무생심이어야, 허망하지 않사옵니까?
心王菩薩言 尊者 云何無忍無生心 而非虛妄
심왕보살언 존자 운하무인무생심 이비허망

심왕보살(心王菩薩)이 말씀 사뢰오며 여쭈옵기를,
세존(世尊)이시여! [무생인無生忍을 얻으려 하거나,
얻어도 허망虛妄이라고 하시오니,
식識의 출입出入과 5음五陰의 유루有漏 속에 있으면
무생인無生忍을 얻지 않아도 또한, 허망虛妄이옵니다.]
어떻게 해야, 무생인(無生忍)이 없는 무생심(無生心)으로,
허망(虛妄)하지 않사옵니까?

○101 무생심(無生心)은, 본래 처소(處所)가 없는 결정성(結定性)이다.

佛言 無忍無生心者 心無形段 猶如火性 雖處木中 其在無所
불언 무인 무생심자 심무형단 유여화성 수처 목중 기재무소
決定性故
결정성고

부처님께옵서 말씀하옵기를,
무생인(無生忍)이 없어야, 무생심자(無生心者)이니라.
마음은, 어떤 형체(形體)도 종류도 없는 [여如의 성품이므로,]
다만, 불[火]의 성품(性品)과 같아
비록, 나무 가운데 [불火이] 처(處)해 있을 뿐,
그 존재의 처소(處所)가 없음은, 결정성(結定性)인 까닭이니라.

○102 일컫고 이름하여도, 무생(無生) 성품을 가히 얻을 수 없다.

但名但字 性不可得 欲詮其理 假說爲名 名不可得
단명단자 성불가득 욕전 기리 가설위 명 명불가득

[무생인無生忍이 없는 무생심無生心은
곧, 본래本來 무생無生 여如의 결정성結定性이므로]
단지, [무생無生 성품性品을] 이름하여 일컬으며,
또한 문자(文字)로 드러내어도
그 성품(性品)은 [상相이 없어 적멸寂滅하여]
가히, 얻을 수 없느니라.

[단지, 여如의 적멸寂滅] 그 참 성품[理]을 깨닫게 하고자
가설(假說)하여 이름함이니,
이름하여도 [상相이 없어] 가히, 얻을 수가 없느니라.

○ 103 마음이 처소(處所)가 없음은, 무생심(無生心)이기 때문이다.
心相亦爾 不見處所 知心如是 則無生心[續1: 則無心生]
심상역이 불견 처소 지심여시 즉무 생심 [속1: 즉무심생]

[수상행식受想行識] 마음의 모습 또한,
[그 실체實體가 없어] 이와 같아,
[그 성품性品이 공空하여] 처소(處所)를 볼 수 없느니라.
마음[識心]이 이와 같음을 깨달아 앎이
곧, [그 각覺의 마음이] 무생심(無生心)이니라.

○ 104 마음의 성품(性品)은 생(生)함이 없어, 무생(無生)도 아니다.
善男子 是心性相 又如阿摩勒果[論: 又如阿摩勒菓] **本不自生**
선남자 시심성상 우여아마륵 과 [논: 우여아마륵과] 본부자 생
不從他生 不共生 不因生 不無生[論: 無生]
부종타생 불공생 불인생 불무생 [논: 무생]

선남자(善男子)여! 이 [수상행식受想行識] 마음의 성품과 모습은,
아마륵(阿摩勒) 열매와 같아서, [그 모습의 실체實體가 없으니]
본래(本來) 스스로 생겨남도 아니며
타(他)를 좇아 생겨남도 아니며
다 함께 더불어 생겨남도 아니며
원인(原因)으로 생겨남도 아니며
그렇다고, 생겨남이 없음도 아니니라.

○ 105 연(緣)이 머묾이 없어, 상(相)이 끊어졌다.
何以故 緣代謝故 緣起非生 緣謝非滅 隱顯無相
하이고 연대사고 연기비생 연사비멸 은현무상

[수상행식受想行識의 심식心識이, 처소處所가 없음은]
무엇 때문이냐면, 연(緣)이, 머묾 없는[代]
변환[謝:變換]의 까닭[緣由]으로 [실체實體가 없어,]
연(緣)이 일어남이 [그 성품이 실체가 없어,] 생(生)이 아니며,
연(緣)의 변환[謝:變換]이 [그 실체가 없어,] 멸(滅)이 아니므로,
[인연을 따르는 공空한 모습이 환幻과 같이] 숨고 나타나도
[그 성품性品이 공空하여 실체實體가 없어,]
상(相)이 끊어졌기 때문이니라.

○106 참 성품은, 어느 곳 없이 두루 존재하는 결정성(結定性)이다.
根理寂滅 在無有處 不見所住[續1,2: 不見處所住] **決定性故**
근리적멸 재무유처 불견소주 [속1,2: 불견처소주] 결정성고

근본(根本) 참 성품[理]은 적멸(寂滅)하여,
[일체一切 심心과 식識과 물物의 성품性品으로]
어느 곳 없이 존재(存在)하여도,
[그 성품性品이] 머무른 바를 보지 못함은
[그 실체가 무생無生 적멸寂滅의] 결정성(結定性)인 까닭이니라.

○107 결정성은, 네 가지를 벗어나 언어(言語)의 도(道)가 끊어졌다.
是決定性 亦不一不異 不斷不常 不入不出 不生不滅 離諸四謗
시결정성 역불일불이 부단불상 불입불출 불생불멸 이제 사방
言語道斷
언어도단

이[是] 결정성(結定性)은 또한, 하나도 아니며 다름도 아니며,
끊어짐도 아니며 항상(恒常)함도 아니며,
들어감도 아니며 나옴도 아니며,
생(生)도 아니며 멸(滅)도 아니므로,
[일이一異, 단상斷常, 출입出入, 생멸生滅의] 네 가지

모든 미혹(迷惑)의 분별[謗:分別]을 벗어났으므로
언어(言語)의 도(道)가 끊어졌느니라.

○108 마음이 무생(無生)이므로, 생(生)이 없고 무생인(無生忍)도 없다.
無生心性 亦復如是 云何說生不生 有忍無忍
무생심성 역부여시 운하설생 불생 유인무인

마음의 성품(性品)은 무생(無生)이므로,
[일이一異, 단상斷常, 출입出入, 생멸生滅이 끊어져]
또한 역시(亦是), 이[是] 여(如)의 [적멸寂滅] 성품(性品)이니
어찌하여 불생(不生)을 생(生)이라고 설(說)하겠으며,
무생인(無生忍)이 없음에도, 무생인(無生忍)이 있다고 하겠느냐?

○109 마음이 머무름이 있는 자는, 아뇩다라삼먁삼보리 얻지 못한다.
若有說心 有得有住 及以見者
약유설심 유득유주 급이견자
即[大:續1,2: 即]**為不得阿耨多羅三藐三菩提**
즉[대:속1,2: 즉]위부득 아 뇩다 라삼먁삼 보리
般若是為長夜[續1,2: 是為長夜]
반야시위 장야[속1,2: 시위 장야]

만약(萬若), 마음이 이것이라고 설(說)할 수 있고
[무생심無生心을 능히,] 얻을 수 있으며
[무생본심無生本心에] 머무를 수 있다는 견해(見解)를 가진 자는
곧, 아뇩다라삼먁삼보리(阿耨多羅三藐三菩提)를 얻지 못하리니
이것이, [무생無生] 반야(般若)에 미혹(迷惑)한, 긴 밤이니라.

○110 본성도 무생(無生)이며, 깨달음 시각(始覺)도 무생(無生)이다.
了別心性者 知心性如 是性亦如[續1,2: 是性亦如是]
요별심성자 지심성여 시성역여[속1,2: 시성 역여시]

是無生無行[論:續1,2: 是無生行]
시무생무행[논:속1,2: 시무생행]

마음의 [본本] 성품(性品)을 깨달아 밝힌 자(者)는

마음의 [본本] 성품(性品)이 [무생無生의 성품] 여(如)임을 알며

[무생無生 여如임을 깨달은] 이[是] [시각始覺의] 성품(性品)

역시(亦是), [무생無生의] 여(如)이므로,

이[是] [시각始覺] 또한, 무생(無生) [적멸寂滅이므로]

행(行)이 끊어졌느니라.

〇111 제행이 무생(無生)이면, 행을 생(生)하여도 무생행이 되옵니까?

心王菩薩言 尊者 心若本如 無生於行 諸行無生 生行不生
심왕보살언 존자 심약본여 무생어행 제행무생 생행불생

不生無行 即[大:續1,2: 即]**無生行也**
불생무행 즉[대:속1,2: 즉]무생 행야

심왕보살(心王菩薩)이 말씀 사뢰오며 여쭈옵기를,

세존(世尊)이시여!

마음이 만약(萬若), 본래(本來) [무생無生인] 여(如)의 성품이며,

이 행(行)이 무생(無生)이오면, 모든 행(行)이 무생(無生)이므로,

생(生)을 행(行)하여도 생(生)이 아닐 것이옵니다.

생(生)이 아니오면, 행(行)이 없음이니

이것이 곧, 무생행(無生行)이옵니까?

〇112 행(行)으로써, 무생(無生)을 증득(證得)하려 하느냐?

佛言 善男子 汝以無生 而證無生行也[論:續2: 耶]
불언 선남자 여이무생 이증무생 행야[논:속2: 야]

부처님께옵서 말씀하옵기를,

선남자여! [마음 본성이 무생無生임을 아는 시각始覺, 역시,

행行이 끊어진 무생無生인 여如이므로] 생(生)이 없다고 하니

[일체一切가 무생無生이라는 생각에, 무생상無生相을 가짐이니,]
그대는, [일으키는 생生의] 행(行)으로써
무생(無生)을 증득(證得)할 수 있겠느냐?

◯113 무생행(無生行)은 공적하여, 취(取)하고 증득할 수 없사옵니다.
心王菩薩言 不也[論: 不] **何以故 如無生行 性相空寂 無見無聞**
심왕보살언 불야[논: 불] 하이고 여무생행 성상공적 무견무문
無得無失 無言無說 無知無相 無取無捨 云何取證
무득무실 무언무설 무지무상 무취무사 운하취증

심왕보살(心王菩薩)이 말씀 사뢰옵기를,
아니옵니다. 무슨 연유(緣由)인가 하오면,
무생행(無生行)은,
[무생無生] 여(如)의 [결정성結定性이므로]
[여如의 무생無生] 성품(性品)과 모습이 공적(空寂)하여
볼 수도 없고 들을 수도 없으며,
얻을 수도 없고 잃을 수도 없으며,
말로 일컬을 수도 없고 설(說)하여 드러낼 수도 없으며,
상(相)도 없어 알 수도 없고,
[무생無生이므로] 취(取)할 수도 없으며 버릴 수도 없사온데
어떻게, 취(取)하고, 증득(證得)할 수가 있겠사옵니까?

◯114 취(取)하고 증득(證得)할 수 없어, 무생행(無生行)이옵니다.
若取證者 即爲諍論[大:續2: 即爲諍論][續1: 即無諍論]
약취증자 즉위쟁론[대:속2: 즉위쟁론][속1: 즉무쟁론]
無諍無論 乃無生行
무쟁무론 내무생행

만약, [본래本來 무생無生을] 취(取)하거나 증득하는 것이오면
[유위有爲이므로] 곧, [분별分別을 따라 옳고 그름의] 다툼과

[이러함과 저러함을 따라] 논란(論難)할 것이오나,
[무생無生은, 일체 분별分別이 끊어졌고, 일체 상相이 끊어져,]
일체一切 다툴 것이 끊어졌고, 논란(論難)할 것도 끊어졌으니,
[그 성품性品 행行이] 무생행(無生行)이옵니다.

○115 그대는, 아뇩다라삼먁삼보리(阿耨多羅三藐三菩提)를 얻었는가?

佛言 汝得阿耨多羅三藐三菩提也[論: 汝得阿耨多羅三藐三菩提耶]
불언 여득아뇩 다 라삼 먁삼보 리야[논: 여득아뇩다라삼먁삼보리야]

부처님께옵서 말씀하옵기를,
그대는,
[무생無生 결정성結定性인] 아뇩다라삼먁삼보리를 얻었는가?

○116 보리(菩提)는, 얻음도 잃음도 깨달음도 앎도 없사옵니다.

心王菩薩言 尊者 我無得阿耨多羅三藐三菩提 何以故 菩提性中
심왕보살언 존자 아무득아 뇩다 라 삼 먁삼 보 리 하이고 보리성중
無得無失 無覺無知
무득무실 무각무지

심왕보살(心王菩薩)이 말씀 사뢰옵기를,
세존(世尊)이시여!
저는, [위없는 무생無生 결정성結定性인 보리菩提의 성품性品,]
아뇩다라삼먁삼보리(阿耨多羅三藐三菩提)를 얻음이 없사옵니다.
무슨 연유(緣由)인가 하오면,
[무생無生 여如의 결정성結定性인] 보리(菩提)의 성품 중에는,
무엇을 얻음도 없고 무엇을 잃음도 없으며,
깨달음도 없고, [깨달음의] 앎도 없사옵니다.

○117 청정 성품은, 대상(對相)과 분별이 끊어져 설할 수 없사옵니다.

無分別相 無分別中 即[大:續1,2: 即]**清淨性**
무분별상 무분별중 즉[대:속1,2: 즉] 청정성

性無閒雜[大:續1,2: 性無間雜] 無有言說 非有非無 非知非不知
성무간잡[대:속1,2: 성무간잡] 무유언설 비유비무 비지비부지

[무생無生 여如의 결정성結定性인 보리菩提의 성품性品 중에는]
분별(分別)할 상(相)이 없어, 분별(分別)이 끊어진 가운데는
곧, [상相 없는 여如의 결정성結定性인] 청정한 성품(性品)으로,
그 성품이, [일체一切 상相의 세계의 대對의] 간격[閒:分離]과
[일체一切 분별망념分別妄念의] 잡됨[雜]이 없어
[무생無生 결정성結定性 여如의 성품性品인]
이 무상보리無相菩提를 일컬어 말하거나 설(說)할 수 없으므로
[이 부사의不思議 여如의 성품性品은]
유(有)도 아니며 무(無)도 아니며,
또한, 앎도 아니며, 앎이 아닌 그 무엇도 아니옵니다.

◯118 모든 행(行)이, 대상(對相)과 분별(分別)이 끊어져 청정하옵니다.
諸可法行 亦復如是
제가법행 역부여시

[모든 마음을 행行함에, 보리菩提의 성품性品과 간격間隔이 없고,
대對의 둘이 아니므로]
[6바라밀六波羅蜜과 아뇩다라삼먁삼보리심 등,]
모든 법(法)을 가히 행(行)함이 역시(亦是), 또한 이와 같이,
[무생청정無生淸淨 여각행如覺行]이옵니다.

◯119 결정성이 아뇩다라삼먁삼보리이므로, 얻지 못하옵니다.
何以故 一切法行 不見處所 決定性故 本無有得不得
하이고 일체법행 불견처소 결정성고 본무유득부득
云何得阿耨多羅三藐三菩提
운하득 아뇩다라 삼먁삼 보리

[일체(一切) 청정淸淨 무생행無生行을 하는] 그 연유(緣由)는,

일체(一切) 법(法)의 행行이, [무생無生 성품性品의 행行이므로]
처소(處所)를 보지 못하는 결정성(結定性)인 까닭[緣由]이옵니다.
[무생無生 여如의 적멸寂滅 성품性品은]
본래(本來), 얻을 수 없어 얻지 못함이오니,
어찌, [무생無生 여如의 부사의不思議 결정성結定性인]
아뇩다라삼먁삼보리(阿耨多羅三藐三菩提)를 얻겠사옵니까?

○120 마음이 상(相)이 없어 체성이 공적하여, 식(識)이 무생(無生)이다.
佛言 如是如是 如汝所言 一切心行 不過無相 體寂無生
불언 여시여시 여여소언 일체심행 불과무상 체적무생
可有諸識[論: 可有識識][續1,2: 所有諸識] **亦復如是**
소유제식[논: 가유식식][속1,2: 소유제식] 역부여시

부처님께옵서 말씀하옵기를, 그렇고, 그러하니라.
그대가 말한 바와 같이, 일체 마음의 행(行)이 상(相)이 없어,
[무생無生 여如의 성품性品 행行이므로]
[상相에 얽매임이 없어] 무상(無相)을 벗어나지 않으므로[不過],
체성(體性)이 공적(空寂)하여 무생(無生)이니,
가히 있는 바 모든 식(識)이 또한, [공空하여 생生이 없어,]
역시(亦是), 이와 같음이니라.

○121 안근(眼根)과 색경(色境)이 다 공적(空寂)하여, 고락사(苦樂捨) 3수(三受)
가 적멸(寂滅)이다.
何以故 眼眼觸 悉皆空寂 識亦空寂 無有動不動相 內無三受
하이고 안안촉 실개공적 식역공적 무유동부동상 내무삼수
三受寂滅
삼수적멸

[일체행一切行이 상相이 없고,
일체식一切識이 일어남이 없는, 결정結定 무생無生임은]
무엇 때문이냐면,

눈[眼:眼根]과 안촉[眼觸:色境]이 모두 다 [실체實體가 없어]
공적(空寂)하며,
안식[識:眼識]이 또한 [실체實體가 없어] 공적(空寂)하여
동(動)함 없는 부동(不動)의 모습이므로,
안[內]으로 받는 [고락사苦樂捨의] 3수(三受)가 없어
3수(三受)가 모두, [무생無生이라] 적멸(寂滅)이니라.

◯122 6, 7, 8식이 모두 불생(不生)의 적멸심이니, 무생심(無生心)이다.
耳鼻舌身 心意 意識 及以末那 阿梨耶識[論:續1,2: 阿梨耶]
이비설신 심 의 의식 급이말나 아리야식[논:속1,2: 아리야]
亦復如是 皆亦不生 寂滅之心[論:續1,2: 寂滅心] **及無生心**
역부여시 개역불생 적멸지심 [논:속1,2: 적멸심] 급무생심

귀, 코, 혀, 몸, 심의(心意)와
[제6식第六識] 의식(意識), 내지, [제7식第七識] 말나[末那:七識]와
[제8식第八識] 아리야식(阿梨耶識) 또한, 역시(亦是) 이와 같아,
모두 역시(亦是), [공空하여] 생(生)이 없어 적멸심(寂滅心)이므로
또한, 무생심(無生心)이니라.

◯123 적멸심 무생심을 일으키면, 3수(三受) 3행(三行) 3계(三戒)가 있다.
若生寂滅心 若生無生心 是有生行
약생적멸심 약생무생심 시유생행
非無生行菩薩[論:續1,2: 非無生行] **內生三受 三行三戒**
비무생 행보살[논:속1,2: 비무생 행] 내생삼수 삼행삼계

만약(萬若), [마음이 본래本來 적멸寂滅이므로]
적멸심(寂滅心)이라는 생각을 일으키거나 얻으려 하거나,
만약(萬若), [마음이 본래本來 무생無生이므로]
무생심(無生心)이라는 생각을 일으키거나 얻으려 하면,
이는 곧, [적멸심寂滅心과 무생심無生心이 아니므로]

생(生)의 행(行)이 있음이니라.

[적멸심寂滅心과 무생심無生心의] 무생행(無生行) 보살이 아니면,

안[內]으로 [고락사苦樂捨] 3수(三受)를 일으켜

[신구의身口意의] 3행(三行)과

[신구의身口意의] 3계(三戒)가 있느니라.

◯124 불생심(不生心)이면, 증득(證得)과 증득 없음에도 머물지 않는다.

若已寂滅[論:續1,2: 若寂滅生] **生心不生**[論: 心不生][續1,2: 心則不生]
약이적멸 [논:속1,2: 약적멸생] 생심불생 [논: 심불생][속1,2: 심즉불생]

心常寂滅 無功無用 不證寂滅相 亦不住於無證
심상적멸 무공무용 부증적멸상 역부주어무증

만약, [마음이] 이미 적멸(寂滅)하여 [일으키는 마음이 없어]

생(生)하는 마음이 불생(不生)이면,

마음이 항상(恒常) 적멸(寂滅)하여 일체작용(一切作用)이 끊어져,

[적멸寂滅에 들어도 듦[入]의 상相이 없어, 증證함이 없음이니,

적멸寂滅에 증입證入한] 성취(成就)의 공과(功果)도 끊어져

적멸상(寂滅相)을 증(證)함도 아니며,

또한, 증(證)함이 없음에도 머무르지 않느니라.

◯125 무생심은 생(生)도 행(行)도 없어, 삼매와 좌선에도 머묾 없다.

可處無住 摠持無相 則[論:續1,2: 即]**無三受**
가처무주 총지무상 즉[논:속1,2: 즉]무삼수

三行三戒[論: 等三][續1,2: 三受等三] **悉皆寂滅 清淨無住**
삼행삼계[논: 등삼][속1,2: 삼수등삼] 실개적멸 청정무주

不入三昧 不住坐禪 無生無行
불입삼매 부주좌선 무생무행

[적멸寂滅은, 본래本來 성품性品 무생無生이므로,]

가히, 무엇에도 머무름이 없어

무상(無相) [성품性品의 불가사의不可思議 공능功能인

여래장如來藏] 총지(總持)이니,

곧, [고락사苦樂捨] 3수(三受)가 끊어져,

[신구의身口意] 3행(三行)과 [신구의계身口意戒] 3계(三戒)가

모두 다 적멸(寂滅)하여, 성품이 청정하여 머무름이 없으니,

삼매(三昧)에도 들지 않고, 좌선(坐禪)에도 머무르지 않으므로,

생(生)도 없고 행(行)도 끊어졌느니라.

○126 선(禪)은 환란(幻亂)을 그치는데 어찌, 선(禪)도 아니라 하옵니까?

心王菩薩言 禪能攝動 定諸幻亂 云何不禪

심왕보살언 선능섭동 정제환란 운하불선

심왕보살(心王菩薩)이 말씀 사뢰오며 여쭈옵기를,

[마음이 불생不生이며, 마음이 항상(恒常) 적멸寂滅하여

무엇에도 머무름이 없어, 무상無相의 총지總持이니,

모두 다 적멸寂滅하여 청정清淨하므로 머무름이 없어

삼매三昧에도 들지 않으며,

좌선坐禪에도 머무르지 않는다고 하시오니,]

선(禪)은, 능히,

[일체一切 미망迷妄의 망념妄念인] 동(動)함을 다스리며,

모든 [식심識心의 출입出入과

일체一切 5음심五陰心의] 환란(幻亂)을 고요하게 함이온데

어찌하여, [선禪에도 머무르지 않으며,]

선(禪)도 아니라고 하시옵니까?

○127 그것은 동(動)함이니, 동(動)함 없음이 무생선(無生禪)이다.

佛言 菩薩 禪即是動[大:續1,2: 禪卽是動] **不動不禪 是無生禪**

불언 보살 선즉시동[대:속1,2: 선즉시동] 부동불선 시무생 선

부처님께옵서 말씀하옵기를, 보살(菩薩)이여!

선(禪)이 곧, [몸을 안정되게 가부좌跏趺坐를 하고,

마음을 고요히 하거나, 마음을 다스리거나 마음을 찾거나,
마음이 선정禪定에 들거나 진리眞理를 사유思惟하거나,
지혜智慧를 밝히려 노력하는 등,] 이것은, 동(動)이니라.
[선禪은, 고요함도] 동(動)함도 없어,
선(禪)도 없는 이것이, 무생선(無生禪)이니라.

○128 선(禪)의 성품을 깨달아, 동정(動靜) 없는 무생(無生)을 얻는다.
禪性無生 離生禪相 禪性無住 離住禪動 若知禪性[論: 知禪性]
선성무생 이생선상 선성무주 이주선동 약지선성 [논: 지선성]
無有動靜 即[大:續1,2: 卽] **得無生**
무유동정 즉 [대:속1,2: 즉]득무생

선(禪)의 성품(性品)은,
[일체를 벗어난 본래本來] 무생(無生)의 [청정淸淨 본성本性이니,]
선(禪)의 [지음과 머무름의] 모습이나, 생(生)함을 벗어나야
선(禪)의 성품(性品)으로, 머무름이 없음이니라.
선(禪)이, [선심禪心을 일으키는] 동(動)함이나 머무름이 끊어져
만약(萬若), 선(禪)의 성품(性品)을 깨달으면,
[선지禪智가 두루 밝아,] 움직임[動]도 고요함[靜]도 끊어져,
곧, [선禪의 성품性品 실제實際,] 무생(無生)을 얻느니라.

○129 동(動)함 없는 지혜로, 무생(無生) 반야바라밀을 얻는다.
無生般若 亦不依住 心亦不動 以是智故 故得無生般若波羅蜜
무생반야 역불의주 심역부동 이시지고 고득무생 반야바라밀

무생(無生) [지혜智慧인] 반야(般若) 또한,
[선禪이나, 고요함이나, 무생無生이나, 지혜智慧나,
법法이나, 깨달음이나, 그 어떤] 무엇에도 의지(依支)하거나
머무름이 없으므로,
마음이 역시(亦是), 무엇에도 동(動)함이 없어

이러한 [생生이 없는 무생無生의] 지혜(智慧)인 까닭[緣由]에
그러므로, 무생(無生)인 반야바라밀(般若波羅蜜)을 얻느니라.

◯130 무생(無生) 반야(般若)는, 일체처(一切處)에 머무름이 없사옵니다.

心王菩薩言 尊者 無生般若 於一切處無住 於一切處無離
심왕보살언 존자 무생반야 어일체처무주 어일체처무리

心無住處 無處住心
심무주처 무처주심

심왕보살(心王菩薩)이 말씀 사뢰옵기를, 세존(世尊)이시여!
무생(無生) 반야(般若)는,
[본래一切 무생無生 본성本性을 벗어나지 않으므로]
일체처(一切處)에 머묾이 끊어져, [마음이 일어나지 않으므로]
일체처(一切處)를 벗어남도 없고, 마음이 머무른 곳도 없어
어느 곳에 머무를 마음도 끊어졌사옵니다.

◯131 머무른 마음도 없어, 생(生)함도 머무름도 없사옵니다.

無住無心 心無生住 如此住心 即[大·續1,2: 即]無生住
무주무심 심무생주 여차주심 즉[대:속1,2: 즉]무생주

[무생無生 반야般若는] 머무름도 끊어지고
[머무름이 끊어진] 마음도 없으니,
마음을 일으키거나 머묾도 없사옵니다.
이렇게, [무생無生에] 머무른 마음, 여(如)이니
곧, [무생반야無生般若는, 무생심無生心을 일으키는] 생(生)도,
[무생無生에] 머무름도 없사옵니다.

◯132 생(生)도 행(行)도 없는 불가사의라, 설(說)할 수 없사옵니다.

尊者 心無生住[論·續1,2: 心無生行] 不可思議 不思議中 可不可說
존자 심무생주[논:속1,2: 심무생행] 불가사의 부사 의중 가불가설

세존(世尊)이시여! [무생無生 반야般若는]
마음이, 생(生)하거나 머무름이 끊어져,
[어떤 사량思量과 분별로도 헤아릴 수 없어] 불가사의이오며,
[이是 불생不生 여如의 성품性品,] 부사의不思議는
[어떤 생각이나, 논의論議할 수 없는 것이어서]
가히, 설(說)할 수가 없사옵니다.

○133 불가사의(不可思議)하여, 설(說)할 수 없느니라.
佛言 如是如是
불언 여시여시

부처님께옵서 말씀하옵기를, 그렇고, 그러하니라.
[무생無生의 마음은 불가사의하여, 그 부사의不思議를
가히, 설說할 수가 없느니라.]

○134 미증유(未曾有)라 찬탄하며, 게송을 올리었다.
心王菩薩 聞如是言 歎未曾有 而說偈言
심왕보살 문여시언 탄미증유 이설게언

심왕보살(心王菩薩)이,
[무생선無生禪 반야바라밀般若波羅蜜의 선성무생禪性無生과
선성무주禪性無住와 선성무동禪性無動과 선심청정禪心清淨과
동정부동動靜不動의 무생반야선無生般若禪에 대해]
이와 같은 [무생無生 여如의 진실眞實한 불가사의不可思議
청정법清淨法에 대한] 말씀을 듣고,
지금까지 없었든 일이라 찬탄하며, 게송(偈頌)을 올리었다.

○135 설(說)하지 않은 무생법(無生法)을, 이제야 설(說)하시옵니다.
滿足大智尊 廣說無生法 聞所未曾聞 未說而今說
만족대지존 광설무생법 문소미증문 미설이금설

[위없는 불가사의] 원만(圓滿) 대지혜(大智慧)가
무한(無限) 충만(充滿)으로 구족(具足)하신 세존(世尊)이시여!
[세존世尊 없는 그 세상의 중생衆生까지 구제救濟하시고자]
광범위하게 자세(仔細)히, 무생법(無生法)을 설(說)하여 주옵시니,
지금까지, 어디에서도 보거나, 듣거나, 얻어듣지 못해
[알 수 없는 무생반야선법無生般若禪法을] 듣게 되었사옵니다.
지금껏, 설(說)하지 않은 [불가사의 무생반야無生般若의 이치를,
여래如來 없는 그 세상, 미래제未來際의 중생衆生까지 결정코
구제救濟하시려는 무한 대비심大悲心의 연유緣由로]
이제야, 설(說)하시옵니다.

◯136 미묘한 감로법(甘露法), 만나기도 뜻을 알기도 어렵사옵니다.
猶如淨甘露 時時乃一出 難遇難思議 聞者亦復難
유여정감로 시시내일출 난우난 사의 문자역부난

마치, 미묘한 무상지혜(無上智慧)는 청정 감로(甘露)와 같아서
때[時]가 되고, 때[時]가 되어야만 [인연 닿아] 한번 나오듯
[불가사의不可思議 이룬 무생법無生法은] 만나기도 어렵고,
뜻이 깊어 [부사의不思議하여] 헤아리기도 어려우니
듣는 자 역시 또한, 깊고 심오한 뜻, 알기가 어렵사옵니다.

◯137 위없는 복전(福田)이며, 최상(最上) 영묘(靈妙)한 약(藥)이옵니다.
無上良福田 寂[論：大：續1,2： 最]**上勝妙藥 爲度衆生故**
무상양복전 최 [논：대：속1,2： 최]상승묘약 위도중생고
而今爲宣說[大： 而今說宣說]
이금위선설 [대： 이금설 선설]

[끝없는 중생을 구제救濟하시고자 설說하신 무생법無生法은
중생衆生의 일체一切 고통苦痛과 무명無明을 벗는]
위없는[無上], 으뜸의 한량(限量)없는 복전(福田)이며,

최상(最上)의 수승(殊勝)한, 영묘(靈妙)한 약(藥)이오니
[여래如來 없는, 그 세상] 중생까지 연민하여 구제하시려는
무한(無限) 연민(憐愍) 대비심(大悲心)의 연유(緣由)로
이제야, [무생無生 반야선般若禪 바라밀법을] 베푸시며,
설(說)하여 주시옵니다.

○ 138 설(說)하심을 듣고, 대중이 무생(無生) 반야(般若)를 이루었다.
爾時 衆中 聞說此已 皆得無生 無生般若
이시 중중 문설차이 개득무생 무생반야

이때 대중(大衆)들이,
이[是] [무생無生 반야선般若禪 바라밀법을] 설(說)하심을 듣고
[무생선無生禪 부사의사不思議事 여如의 성품性品에 들어,]
모두, 무생(無生) [결정성結定性을] 얻어,
[본래本來 생生이 없는] 무생(無生) 반야(般若)를 이루었다.

金剛三昧經 第四 本覺利品
금강삼매경 제사 본각리품

○139 무주보살이 청정경지에 들어, 심신부동(心身不動)이었다.
爾時 無住菩薩 聞佛所說 一味眞實 不可思議 從遠近來
이시 무주보살 문불소설 일미진실 불가사의 종원근래
親如來座 專念諦聽 入淸白處 身心不動
친여래좌 전념체청 입청백처 신심부동

이때 무주보살(無住菩薩)이,
부처님께옵서 설(說)하시는 바
[무생無生 일미진실一味眞實의 여如의 법法을] 듣고,
[일체一切 지혜智慧의 차별差別이 끊어진
무생無生] 일미(一味)의 진실(眞實)이 불가사의하여,
멀리에서 일어나 부처님 근처(近處)에 와서
여래(如來)의 자리 가까이 앉아
자세(仔細)히 살펴 듣기를 오직 전념(專念)하니,
일체(一切)가, 청정명백(淸淨明白)한 경지(境地)에 들어
[4대四大의 몸과 5음五陰과 제식諸識이 불생不生 적멸寂滅이라]
심신(心身)이 부동(不動)이었다.

○140 어디에서 왔으며, 지금 어디에 이르렀는가?
爾時 佛告無住菩薩言 汝從何來 今至何所
이시 불고무주보살언 여종하래 금지하소

이때 부처님께옵서,

무주보살(無住菩薩)의 [청정경계淸淨境界를 보며] 말씀하옵기를,

그대는 어디에서 왔으며, 지금 어디에 이르렀는가?

○141 근본(根本) 없음에서 와, 근본(根本) 없음에 이르렀사옵니다.

無住菩薩言 尊者 我從無本來 今至無本所

무주보살언 존자 아종무본래 금지무본소

무주보살(無住菩薩)이, [제식諸識이 끊어져, 심신心身이 부동不動인

청정경계淸淨境界에 들어] 말씀 사뢰옵기를,

세존(世尊)이시여!

저는, 근본(根本) 없음에서 왔으며,

지금, 근본(根本) 없음에 이르렀사옵니다.

○142 본래(本來) 온 것도 아니며, 이른 곳도 없다.

佛言 汝本不從來 今本不至所[論:續1,2: 今亦不至所] **汝得本利**

불언 여본부종래 금본부지소[논:속1,2: 금역부지소] 여득본리

不可思議 是大菩薩摩訶薩

불가사의 시대보살마하살

부처님께옵서 말씀하옵기를,

그대는, [근본根本 없는 청정淸淨 무생無生의 성품에 듦이니,]

본래(本來) 온 것도 아니며,

지금, 근본(根本)에 이른 것도 아니니라.

그대가 듦[得]이,

본성(本性) [무생無生] 실제[利:實際]의 불가사의이니,

이제, 대보살마하살(大菩薩摩訶薩)이니라.

○143 광명(光明)을 대천(大千)세계에 두루 비추시며, 게송을 설하셨다.

即[大:續1,2: 即]**放大光 遍照千界**[論:續1,2: 遍照大千界] **而說偈言**

즉[대:속1,2: 즉]방대광 변조천계[논:속1,2: 변조대천계] 이설 게언

[여래如來께옵서] 곧, 큰(大) 광명(光明)을 놓아,
대천세계(大千世界)를 두루 비추시며, 게송(偈頌)을 설(說)하셨다.

◯144 보살(菩薩)이여, 지혜가 원만(圓滿)하고 구족(具足)하구나.
大哉菩薩 智慧滿足
대재보살 지혜만족

[불가사의不可思議 무생無生 공능功能을 성취成就함이니]
훌륭하도다. 대보살마하살(大菩薩摩訶薩)이여!
[무생無生 여如의 결정성結定性에 들어]
지혜(智慧)가, 원만(圓滿)하고 구족(具足)하구나.

◯145 본성(本性)으로, 중생(衆生)을 이익(利益)되게 해야 한다.
常以本利 利益衆生
상이본리 이익중생

항상(恒常), 본성(本性) 실제[利:實際]의
[청정淸淨 무생공능無生功能 여如의 성품性品으로써]
중생을, [식식識의 출입 없는, 무생無生 여如의 성품으로 이끌어,]
이익(利益)되게 해야하느니라.

◯146 본성(本性) 성품(性品)에 머물러, 불퇴전(不退轉)하게 해야 한다.
於四威儀 常住本利 導諸群庶[續2: 導諸羣庶]
어사위의 상주본리 도제군서[속2: 도제 군서]
不來不去[論: 不來去去]
불래불거[논: 불래 거거]

행주좌와(行住坐臥) [청정지혜淸淨智慧] 4위의(四威儀)에서
항상, 본성(本性)의 [무생공능無生功能] 실제[利:實際]에 머물러
여러, [차별差別 근기根機의] 모든 중생(衆生)들을 인도(引導)하여
불래[不來: 오고 감이 없는 무생 성품 반야般若의 이로움]에서

불거[不去: 상상相에 머물거나, 상심相心을 일으켜,
물러남이 없도록] 해야 하느니라.

○147 어떤 전변(轉變)으로, 중생식(衆生識)이 암마라에 들게 되옵니까?
爾時 無住菩薩 而白佛言 尊者 以何利轉 而轉衆生一切情識
이시 무주보살 이백불언 존자 이하이전 이전중생일체정식
入庵摩羅[論:續1,2: 入唵摩羅]
입암마라[논:속1,2: 입암마라]

이때 무주보살(無住菩薩)이
부처님께 말씀 사뢰오며 여쭈옵기를,
세존(世尊)이시여! 어떤 성품[利:功能]으로 전변(轉變)하여
중생(衆生)의 [미혹迷惑인] 일체(一切) 정식(情識)이 변화하여
[무생無生 청정한 여如의 성품性品,] 암마라[庵摩羅:本性]에 들게
되옵니까?

○148 일각(一覺)으로, 제식(諸識)을 전변하여 암마라에 들게 한다.
佛言 諸佛如來 常以一覺 而轉諸識[續1: 以轉諸識]
불언 제불여래 상이일각 이전제식[속1: 이전제식]
入庵摩羅[論:續1,2: 入唵摩羅]
입암마라[논:속1,2: 입암마라]

부처님께옵서 말씀하옵기를,
제불(諸佛) 여래(如來)는,
항상(恒常), [무생無生 본각本覺인 여如의 성품] 일각(一覺)으로
모든 식(識)을 전변(轉變)하여
[청정淸淨 본각本覺의 성품인] 암마라(菴摩羅)에 들게 하느니라.

○149 중생의 본각(本覺)인 일각으로, 공적무생(空寂無生)이게 한다.
何以故 一切衆生本覺 常以一覺 覺諸衆生 令彼衆生 皆得本覺
하이고 일체중생본각 상이일각 각제중생 영피중생 개득본각

覺諸情識 空寂無生
각제정식 공적무생

[제불諸佛 여래如來는,

항상恒常 일각一覺으로, 중생衆生의 모든 식識을 전변轉變하여,

청정淸淨 무생無生 성품인 암마라菴摩羅에 들게 하는 까닭은]

무엇 때문이냐면, [청정淸淨 무생無生 성품인 암마라菴摩羅가]

일체(一切) 중생(衆生)의 본각(本覺)이기 때문이니라.

항상, [본각本覺인] 일각(一覺)으로써, 모든 중생을 깨닫게 하며,

저 중생(衆生)으로 하여금,

모두의 본각(本覺)인, [무생無生 청정한 본성本性을] 얻게 함으로,

모든 정식(情識)의 성품(性品)인 [여如의 실상實相을] 깨달아

[일체정식一切情識이] 공적(空寂)하여, 무생(無生)이니라.

◯150 결정(結定) 본성(本性)은, 본래(本來) 동(動)함이 없느니라.

何以故 決定本性 本無有動
하이고 결정본성 본무유동

[모든 중생衆生으로 하여금,

모두 일각一覺의 본성本性을 얻게 함이] 무엇 때문이냐면,

[무생無生 여如의] 결정(結定) 본성(本性)은,

본래(本來) 동(動)함이 없는 [무생일각無生一覺의 성품性品이기]

때문이니라.

◯151 8종식(八種識)이 일어남이니, 어찌 동(動)함이 아니옵니까?

無住菩薩言 可一八識[續1,2: 可一切識] **皆緣境起 如何不動**
무주보살언 가일 팔식[속1,2: 가일 체식] 개연 경기 여 하부동

무주보살(無住菩薩)이 말씀 사뢰오며 여쭈옵기를,

가히, 일체(一切) 8종식(八種識)이,

모두 인연(因緣)의 경계(境界)로 일어남이오니

어찌하여, 동(動)함이 아니라고 하시옵니까?

◯152 식(識)이 본래(本來) 공(空)하여, 인연(因緣)의 성품이 끊어졌다.

佛言 一切境本空 一切識本空 空無緣性 如何緣起

불언 일체경본공 일체식본공 공무연성 여하연기

부처님께옵서 말씀하옵기를,

[일체一切 8종식八種識이, 어찌하여 동動함이 아닌가 하면,]

일체(一切) 경계(境界)가 본래(本來) 공(空)하여 [실체實體가 없고,]

일체(一切) 식(識)도 본래 공(空)하여 [실체實體가 없기 때문이니라.

실체實體가 없는] 공(空)의 [성품性品 중에는]

인연(因緣)의 성품(性品)이 끊어졌으니

어찌, 인연(因緣)으로 일어남이 있겠느냐?

◯153 일체(一切) 경계(境界)가 공(空)이면, 어찌 봄이 있사옵니까?

無住菩薩言 一切境空 如何有見[論: 如何見][續1,2: 如何言見]

무주보살언 일체 경공 여하 유견 [논: 여하견] [속1,2: 여하언견]

무주보살(無住菩薩)이 말씀 사뢰오며 여쭈옵기를,

일체(一切) 경계(境界)가 [실체實體가 없어] 공(空)이오면,

[생生도 없고 상相도 없어, 볼 수가 없을 것이온데]

어찌하여, 보는 바가 있사옵니까?

◯154 만유(萬有)가 무생무상(無生無相)이며, 자성이 없어 공적하다.

佛言 見即爲妄[大:續1,2: 見即爲妄] **何以故 一切萬有**

불언 견즉위망 [대:속1,2: 견즉위망] 하이고 일체만유

無生無相 本不自名 悉皆空寂

무생무상 본부자명 실개공적

부처님께옵서 말씀하옵기를,

[상相을] 봄(見)이 곧, [미혹의 분별分別인] 허망상(虛妄相)이니라.

왜냐하면, 일체(一切) 만유(萬有)가 [실체實體가 없어
무자성無自性이므로 공空하여] 무생(無生)이며 무상(無相)이므로,
본래(本來) [실체實體가 없어,]
자성(自性)이라 이름할 [상相이] 없으므로
일체一切가, 모두 다 공적(空寂)하니라.

◯155 몸도 있지 않음인데, 어찌 봄이 있겠느냐?

一切法相 亦復如是 一切衆生身 亦如是 身尙不有
일체법상 역부여시 일체중생신 역여시 신상불유
云何有見[論: 云何見]
운하유견 [논: 운하견]

[일체 만유萬有가 무생無生이며, 무상無相이므로 공적空寂하니,]
일체 법상이 또한 [무자성無自性이므로] 역시, 이와 같으며,
일체중생(一切衆生)의 몸[身]도 또한, 이와 같아,
몸[身]도 오히려 있지 않음인데, 어찌, 봄[見]이 있겠느냐?

◯156 일체(一切)가 공(空)이면, 각(覺)도 공(空)하옵니까?

無住菩薩言 一切境空 一切身空 一切識空 覺亦應空
무주보살언 일체경공 일체신공 일체식공 각역응공

무주보살(無住菩薩)이 말씀 사뢰오며 여쭈옵기를,
일체(一切) 경계(境界)가 [본래本來 실체實體가 없어] 공(空)이오면,
일체(一切) 몸[身]도 공(空)하며, 일체(一切) 식(識)도 공(空)하오니,
[본각本覺인] 각(覺)도 역시(亦是), 응당(應當) 공(空)하옵니까?

◯157 일각(一覺)은 결정성이므로, 공(空)도 불공(不空)도 끊어졌다.

佛言 可一覺者 不毁不壞 決定性故[論: 決定性] **非空非不空**
불언 가일각자 불훼불괴 결정성고 [논: 결정성] 비공비불공
無空不空
무공불공

부처님께옵서 말씀하옵기를,
가히, [본성本性 여如의 성품性品 무생無生] 일각(一覺)은
[생멸生滅로써 파괴破壞할 수도 없고
유무有無로도 파괴破壞할 수도 없으며,
상견相見으로도] 훼손(毀損)하지 못하고
[지혜智慧로도] 파괴(破壞)하지 못하는
[무생無生 여如의] 결정성(結定性)인 까닭[緣由]에
공(空)도 아니며, 공(空)이 아님도 아니므로,
[무생無生 여如의 일각一覺은,]
공(空)도, 불공(不空)도 끊어졌느니라.

○158 일체 경계가 공(空)도 아니며, 공(空) 아닌 것도 아니옵니까?
無住菩薩言 諸境亦然 非空相 非無空相
무주보살언 제경역연 비공상 비무공상

무주보살(無住菩薩)이 말씀 사뢰오며 여쭈옵기를,
모든 경계가 역시, [공空도 불공不空도 아닌 결정성結定性이며,
일체一切가] 그러하오면, 공(空)한 모습도 아니며,
공(空)한 모습이 없는 것도 아니옵니까?

○159 경계(境界)의 성품은 본래 결정성이므로, 처소(處所)가 없다.
佛言 如是 彼可境者 性本決定 決定性根 無有處所
불언 여시 피가경자 성본결정 결정성근 무유처소

부처님께옵서 말씀하옵기를, 그러하니라.
[모든 경계境界가 공空한 모습도 아니며,
공空한 모습이 없는 그것도 아님은]
가히 저 모든 경계境界는, 성품이 본래(本來) [파괴됨이 없는
무생無生 여如의] 결정(結定)된 성품(性品)이므로,
[무생無生의] 결정성(結定性)인 근본(根本)은 [상相이 없어,]

처소(處所)가 없기 때문이니라.

◯160 각(覺)도, 처소(處所)가 없사옵니까?

無住菩薩言 覺亦如是 無有處所
무주보살언 각역여시 무유처소

무주보살(無住菩薩)이 말씀 사뢰오며 여쭈옵기를,
[본각本覺인] 보리[覺:菩提]도 또한, 이와 같아서,
[결정성結定性이므로] 처소(處所)가 없사옵니까?

◯161 청정(淸淨) 성품은 처소(處所)가 없어, 각(覺)도 색(色)도 없다.

佛言 如是 覺無處故淸淨[續2: 覺無處所故淸淨] **淸淨無覺**
불언 여시 각무처고청정 [속2: 각무처소고청정] 청정무각

物無處故淸淨[續1,2: 物無處所故淸淨] **淸淨無色**
물무처고청정 [속1,2: 물무처소고청정] 청정무색

부처님께옵서 말씀하옵기를, 그러하니라.
[본각本覺인] 보리[覺:菩提]도
처소(處所)가 없는 까닭[緣由]으로 청정(淸淨)하며,
청정(淸淨)에는, [본각本覺인] 보리[覺:菩提]도 없느니라.
만물(萬物)은 [공空하여]
처소(處所)가 없는 까닭[緣由]으로 청정(淸淨)하며,
청정(淸淨)에는, [색성향미촉色聲香味觸의] 색[色]도 없느니라.

◯162 마음과 안근(眼根)과 안식(眼識)이 공(空)하여, 불가사의옵니다.

無住菩薩言 心眼識 亦復如是 不可思議
무주보살언 심안식 역부여시 불가사의

무주보살(無住菩薩)이 말씀 사뢰옵기를,
[수상행식受想行識의] 마음과 안근(眼根)과 안식(眼識)이
[공空하여 청정淸淨하므로 그 성품性品이 처소處所가 없어]

역시(亦是), 또한 이와 같아, 불가사의(不可思議)이옵니다.

○163 마음과 안근(眼根)과 안식(眼識)이 공(空)하여, 불가사의이다.

佛言 心眼識 亦復如是 不可思議
불언 심안식 역부여시 불가사의

부처님께옵서 말씀하옵기를, [수상행식受想行識의] 마음도
[그 성품性品이 공空하여, 처소處所가 없어 불가사의이며,]
안근(眼根)과 안식(眼識)이 역시(亦是) 또한, 이와 같아서,
[그 성품性品이 공空하여, 처소處所가 없어] 불가사의이니라.

○164 색(色)과 눈과 마음이 청정하여, 식(識)의 처소(處所)가 없다.

何以故 色無處所 清淨無名 不入於內 眼無處所 清淨無見
하이고 색무처소 청정무명 불입어내 안무처소 청정무견
不出於外 心無處所 清淨無止[論: 清淨無上] **無有起處 識無處所**
불출어외 심무처소 청정무지 [논: 청정무상] 무유기 처 식무처소

무엇 때문이냐면,
색(色)의 [성품이 공空하여 실체實體가 없어 무자성無自性이므로]
처소(處所)가 없어 청정(清淨)하여,
이름할 바가 끊어졌으므로 안[內]으로 듦[入]도 없으며,
눈[眼]의 [성품이 공空하여 실체實體가 없어 무자성無自性이므로]
처(處)한 바가 없어 청정(清淨)하여, 봄[見]이 끊어졌으므로
밖[外]으로 나감[出]도 없느니라.
[수상행식受想行識의] 마음도,
[성품性品이 공空하여] 실체實體가 없어 무자성無自性이므로]
처(處)한 바가 끊어져 청정(清淨)하여, 그칠 것도 끊어졌으니,
[식識이] 일어나거나, 처(處)한 바가 없으므로
식(識)의 처소(處所)가 없느니라.

○165 성품(性品)이 청정(淸淨)하여 동(動)함이 없으니, 깨달음도 없다.

淸淨無動 無有緣別 性皆空寂 性無有覺 覺則爲覺
청정무동 무유연별 성개공적 성무유각 각즉위각

[식識의 성품이, 처소處所가 없어] 청정하여 동(動)함이 없으니
[색성향미촉법의] 상[有:相]에 인연(因緣)한 분별(分別)도 끊어져
성품(性品)이 다 공적(空寂)하니라.
[그러므로, 깨달음의] 성품에는, 깨달음이 있음도 끊어져야
[본각本覺인] 보리[覺:菩提]를 곧, 깨달았다 할 수가 있느니라.

○166 금강지(金剛智)의 성품은, 해탈(解脫)의 도(道)도 끊어졌느니라.

善男子 覺知無覺 諸識則入 何以故 金剛智地 解脫道斷
선남자 각지무각 제식즉입 하이고 금강지지 해탈도단

선남자여! 깨달으면, 깨달음도 [깨달음의] 앎도 끊어지므로
모든 식(識)이 곧, 소멸[入:消滅]하느니라.
무엇 때문이냐면, [본래本來 무생無生 결정성結定性의 성품인]
금강지[金剛智]의 성품[本地]은, [무생無生 적멸성寂滅性이므로]
해탈(解脫)의 도(道)도 끊어졌느니라.

○167 머무름 없는 성품에 들면, 처소(處所) 없는 결정성의 성품이다.

斷已入無住地 無有出入 心處無在 決定性地
단이입무주지 무유출입 심처무재 결정성지

이미 끊어진, 머무름 없는 [본래 무생無生] 성품[本地]에 들면
[일체식一切識의] 출입(出入)이 끊어져
[일체一切 해탈解脫의 도道도 끊어진 무생無生 성품性品이므로]
그 마음 성품(性品)이 처소(處所)가 없어
[무생無生] 결정성(結定性)의 성품[本地]이니라.

◯168 청정성품은 불지혜(佛智慧) 경지이며, 제식이 불생(不生)이다.

其地淸淨 如淨琉璃 性常平等 如彼大地 覺妙觀察 如慧日光
기지청정 여정유리 성상평등 여피대지 각묘관찰 여혜일광

利成得本 如大法雨 入是智者 是入佛智地 入智地者 諸識不生
이성득본 여대법우 입시지자 시입불지지 입지지자 제식불생

[일체一切 식식識이 끊어진 금강지金剛智의 성품性品에 들면]

그 성품[地]은 청정(淸淨)하여 맑고 투명(透明)한

유리(琉璃)와 같은 [대원경지大圓鏡智이며,]

성품(性品)이 항상(恒常) 평등(平等)하여

대지(大地)와 같은 [평등성지平等性智이며,]

각(覺:本覺)의 묘관찰(妙觀察)은

지혜(智慧)가 일광(日光)과 같은 [묘관찰지妙觀察智이며,]

본성(本性)을 얻어 성취(成就)한 성품(性品)의 실제[利:實際]는

큰[大] 법비[法雨]와 같은 [성소작지成所作智]이니라.

이[是] 지혜(智慧)에 든 것이어야,

이것이 불지혜(佛智慧)의 성품[地]에 듦이며,

이[是] [결정성結定性, 무생無生 적멸寂滅의]

지혜성품에 든[入] 자(者)이어야, 제식(諸識)이 불생(不生)이니라.

◯169 일각(一覺)의 지혜 4홍지(四弘智)는, 중생 본각의 실제(實際)이옵니다.

無住菩薩言 如來所說 一覺聖力 四弘智地
무주보살언 여래소설 일각성력 사홍지지

即一切衆生[論: 即一切生][大:續1,2: 即一切衆生] **本根覺利**
즉일체중생[논: 즉일체생][대:속1,2: 즉일체중생] 본근각리

무주보살(無住菩薩)이 말씀 사뢰옵기를,

여래(如來)께옵서 설(說)하신 일각(一覺)의 성스로운 지혜의 힘은,

[대원경지大圓鏡智, 평등성지平等性智, 묘관찰지妙觀察智,

성소작지成所作智의] 4종(四種) 큰 지혜(智慧)의 경지(境地)이오니,

곧, 일체중생(一切衆生)의 [부사의不思議] 본성(本性)인,
근본(根本) 본각(覺:菩提:本覺)의 실제[利:實際]이옵니다.

◯170 4홍지(四弘智)는, 이 몸[身] 가운데 본래(本來) 충만(充滿)입니다.
何以故 一切衆生 即[大:續1,2: 卽]**此身中 本來滿足**
하이고 일체중생 즉 [대:속1,2: 즉]차 신중 본래 만족

무슨 연유(緣由)인가 하오면,
[대원경지大圓鏡智, 평등성지平等性智, 묘관찰지妙觀察智,
성소작지成所作智의 큰 지혜는, 일체중생 본성本性의 지혜이며,
본각本覺 성품性品의 실제實際이므로]
일체중생이 곧, 이 몸[身] 가운데, 본래(本來) 충만(充滿)하여
[4종지혜가 본래本來] 구족(具足)하기 때문이옵니다.

◯171 중생의 성품이 무루(無漏)이나, 아직 항복(降伏) 받지 못하였다.
佛言 如是 何以故 一切衆生 本來無漏 諸善利本 今有欲刺
불언 여시 하이고 일체중생 본래무루 제선이본 금유욕자
爲未降伏
위미항복

부처님께옵서 말씀하옵기를, 그러하니라. 무엇 때문이냐면,
일체중생(一切衆生)의 [본성本性이,] 본래(本來) [무생無生이며]
무루(無漏)이기 때문이니라.
[무생無生 무루無漏인] 모든 선근(善根)의 실제[利:實際]
[무생無生 여如의] 본성(本性)으로
일체(一切) 욕망(欲望)의 미혹(迷惑)을 제거(除去)해야 하나
아직, 항복(降伏)하지 못하였느니라.

◯172 중생이 법(法)을 집착하면, 어떻게 조복(調伏)해야 하옵니까?
無住菩薩言 若有衆生 未得本利 猶有探集 云何降伏難伏
무주보살언 약유중생 미득본리 유유채집 운하항 복난복

무주보살(無住菩薩)이 말씀 사뢰오며 여쭈옵기를,

만약(萬若), 중생(衆生)이 있어

[무루無漏의] 본성(本性) 실제[利:實際]를 얻지 못하여

오히려, [미혹迷惑으로 5온五蘊의] 법(法)을 쌓고 모은다면[採集],

어떻게 하면, 항복(降伏) 받기 어려운 것을 조복(調伏)해

벗어날 수가 있겠사옵니까?

○173 공(空)에 들어, 5음(五陰)이 끊어진 반열반(般涅槃)에 들어야 한다.

佛言 若集若獨行 分別及以染[論: 分別及與染] **廻神住空窟**

불언 약집약독행 분별급이염[논: 분별급여염] 회신주공굴

降伏難調伏 [續1(있음): 遠離諸欲刺] **解脫魔所縛 超然露地坐**

항복난조복 [속1(있음): 원리제욕자] 해탈마소박 초연노지좌

識陰般涅槃

식음반열반

부처님께옵서 말씀하옵기를,

만약, [미혹迷惑으로,] 법(法)을 집착(執着)하여 쌓고 모으거나,

또한, [2승二乘의 선정삼매禪定三昧와 깨달음을 얻고자]

독각(獨覺)의 행(行)을 하거나,

만약(萬若), 여러 종류(種類)의 법(法)에 물들어

[앎의 사량思量으로 헤아려] 법(法)을 분별(分別)한다면,

[일체상견一切相見의] 정신을 돌이켜, 공(空)에 머물러 사무치면

항복(降伏)하기 어려운 것을 조복(調伏)하며,

모든 욕망(欲望)을 제거(除去)하여 멀리 벗어나

마(魔)의 속박(束縛)으로부터 해탈(解脫)하여,

초연(超然)히 [무생無生] 본연(本然)의 성품[露地]에 들어[坐]

식(識)의 5음(五陰)이 끊어진, 반열반(般涅槃)에 드느니라.

○174 반연(伴緣) 없는 독각(獨覺)의 열반에 머물면, 해탈이옵니까?

無住菩薩言 心得涅槃 獨一無伴 常住涅槃 應當解脫

무주보살언 심득열반 독일무반 상주열반 응당해탈

무주보살(無住菩薩)이 말씀 사뢰오며 여쭈옵기를,

마음이 열반(涅槃)을 얻어,

[반연伴緣의 대상심對相心이 일어나지 않는]

독각(獨覺)의 반연[伴:伴緣:對相] 없는 한[一] 경계(境界)에

항상(恒常) 머무른 열반(涅槃)이오면,

응당(應當) 해탈(解脫)이옵니까?

○175 열반(涅槃)에 머묾은, 열반(涅槃)에 속박(束縛)됨이다.

佛言 常住涅槃 是涅槃縛

불언 상주열반 시열반박

부처님께옵서 말씀하옵기를,

항상(恒常) 열반(涅槃)에 머묾은,

[열반涅槃에 머무름인 상념想念의 유위열반有爲涅槃이므로]

이것은, 열반(涅槃)에 속박(束縛)됨이니라.

○176 열반(涅槃)이 본각(本覺) 성품이며, 본각(本覺)이 열반(涅槃)이다.

何以故 涅槃本覺利 利本覺涅槃[論: 利本涅槃] [續1,2: 覺利本涅槃]

하이고 열반본각리 이본각열반 [논: 이본열반] [속1,2: 각리본 열반]

[열반涅槃에 머묾이 속박束縛임은] 무엇 때문이냐면,

[머물 수 없는 무생無生 본성本性] 열반(涅槃)이

본각(本覺)의 실제[利:實際]이며,

[머물 곳 없는 무생無生] 실제[利:實際] 본각(本覺)이,

[본성本性의 무생無生] 열반(涅槃)이기 때문이니라.

○**177** 열반(涅槃)과 각(覺)을 분리(分離)하면, 본각(本覺)을 나눔이다.

涅槃覺分 即[大:續1,2: 即]**本覺分**
열반각분 즉[대:속1,2: 즉]본각분

[열반涅槃과 본각本覺은,
본성本性의 한 성품, 무생無生 결정성結定性의 부사의 특성이니,
본성本性이 생멸生滅 없는 무생성無生性이므로 열반성涅槃性이며,
본성本性이 두루 밝은 각명성覺明性이니 본각성本覺性이므로
만약萬若, 열반涅槃과 본각本覺은 다르게 생각하여]
열반(涅槃)과 본각[覺:菩提:本覺]을 나누면,
곧, [본래本來 무생無生 본성本性 한[一] 성품性品인 열반涅槃과]
본각(本覺)을 분리(分離)하여, 한 성품(性品)을 나눔이 되느니라.

○**178** 각(覺)과 열반(涅槃)이 무생(無生) 본성 한 성품이니, 다름 없다.

覺性不異 涅槃無異 覺本無生 涅槃無生 覺本無滅 涅槃無滅
각성불이 열반무이 각본무생 열반무생 각본무멸 열반무멸

涅槃覺本無異故[論:續1,2: 涅槃本故]
열반각본 무이고[논:속1,2: 열반본고]

[본각本覺의 성품性品도 본성本性의 무생無生 결정성結定性이므로
그 성품性品이 나뉘거나 다를 수 없으며,
열반涅槃의 성품性品도 본성本性의 무생無生 결정성結定性이므로
나뉘거나 다를 수 없느니라.
그러므로,]
본각(本覺)의 성품이 [곧, 열반성涅槃性이므로] 다르지 않으며,
열반(涅槃)의 성품이 [곧, 본각성本覺性이므로] 다름이 없느니라.
본각(本覺)이 본래 무생(無生)이므로 열반(涅槃)도 무생(無生)이며,
본각[覺]이 본래 멸(滅)함이 없어 열반(涅槃)도 멸함이 없음이니,
이는, 열반(涅槃)과 본각[覺:本覺]이, 본래(本來) 다름없는
[무생無生 여如의 본성本性, 한 성품性品인] 까닭[緣由]이니라.

◯179 열반(涅槃)은 얻을 수 없고, 머무를 수도 없다.

無得涅槃 涅槃無得 云何有住
무득열반 열반무득 운하유주

[본각本覺과 열반涅槃은
다름없는 무생無生 본성本性의 한 성품性品이며,
열반涅槃과 본각本覺이 무생無生 본성本性의 본래 성품이므로]
얻을 수 없는 것이 열반(涅槃)이니라.
[열반涅槃은 무생無生의 성품이므로, 상相과 처소處所가 없어]
열반(涅槃)은 얻을 수 없음이니, 어찌, 머무를 수가 있겠느냐?

◯180 각(覺)은 본래 무생(無生)이며, 중생의 분별(分別)을 벗어났다.

善男子 覺者 不住涅槃 何以故 覺本無生 離衆生垢
선남자 각자 부주열반 하이고 각본무생 이중생구

선남자여! [본각本覺인 무생無生 보리菩提를] 깨달은 자(者)는
열반(涅槃)에 머무르지 않느니라.
무엇 때문이냐면, 본각[覺:本覺:菩提]은 [본래本來 본성本性이며,]
본래(本來) 무생(無生)이니,
중생(衆生)의 때 묻음 분별과 [상相의 상념想念 열반(涅槃)을]
벗어났기 때문이니라.

◯181 마음이 출입과 머무름이 끊어져, 암마라식(菴摩羅識)에 든다.

覺本無寂 離涅槃動 住如是地 心無所住 無有出入
각본무적 이열반동 주여시지 심무소주 무유출입
入庵摩羅識[論: 入唵摩羅][續1,2: 入唵摩羅識]
입암마라식[논: 입암마라][속1,2: 입암마라식]

본각[覺:本覺]의 성품性品, 본성(本性)은
적멸(寂滅)도 끊어진 [본래本來 무생無生 적멸성寂滅性이니,]
구(求)함의 [열반涅槃과] 머무름의 [상념想念인]

[일체一切] 동(動)의 열반(涅槃)을 벗어났느니라.

이와 같이, [처소處所가 없는 무생無生] 성품[本地]에 머물되,
마음이 머무른 바가 없어야 [식識의] 출입[出入]이 끊어져,
[무생無生 여如의 결정성結定性인] 암마라식(庵摩羅識)에 드느니라.

○182 암마라식(菴摩羅識)에 들려면, 암마라식을 얻어야 하옵니까?

無住菩薩言 庵摩羅識[論：續1,2： 唵摩羅識] **是有入處**
무주보살언 암마라식[논：속1,2： 암마라식] 시유입처

處有所得 是得法也[續2： 是得法耶]
처유소득 시득법야[속2： 시득법야]

무주보살(無住菩薩)이 말씀 사뢰오며 여쭈옵기를,
[마음이 머무른 바가 없어야, 식識의 출입出入이 끊어져
암마라식菴摩羅識에 든다고 하시오니,]
[식識의 출입이 끊어진] 암마라식(菴摩羅識) 이것이 있어
들어야 할 곳이오면,
[당연當然히,] 얻어야 할 바가 있음이오니
이[是] 법(法), [암마라식菴摩羅識을] 얻어야 하옵니까?

○183 본래 암마라식(菴摩羅識) 속에 있음이나, 깨닫지 못할 뿐이다.

佛言 不也[論： 不] **何以故 譬如迷子 手執金錢 而不知有**
불언 불야[논： 불] 하이고 비여미자 수집금전 이부지유

遊行十方 經五十年 貧窮困苦 專事求索 而以養身 而不充足
유행시방 경오십년 빈궁곤고 전사구색 이이양신 이불충족

其父見子 有如是事 而謂子言 汝執金錢 何不取用 隨意所須
기부견자 유여시사 이위자언 여집금전 하불취용 수의소수

皆得充足 其子醒已 而得金錢 心大歡喜 而謂得錢 其父謂言
개득충족 기자성이 이득금전 심대환희 이위득전 기부위언

迷子 汝勿欣懌 所得金錢 是汝本物 汝非有得 云何可喜
미자 여물흔역 소득금전 시여본물 여비유득 운하가희

부처님께옵서 말씀하옵기를, 아니니라. 무엇 때문이냐면, 비유하여, 미혹한 아들이 수중에 금전을 지니고 있어도, 가지고 있음을 알지 못해, 시방을 떠돌며 50년 세월이 흘러, 가난이 극심하여 고통스러운 어려움에 괴로움을 겪으면서, 일할 곳을 찾고 구하며, 몸을 보존하려 하여도 충족하지를 못하다가, 그 아버지가 아들을 만나, 이 같은 일이 있었음을 알고, 아들에게 말을 하며, 네가 금전을 지니고 있으니, 어찌하여 가진 돈을 사용하지 않는가를 물으며, 원하는 바의 뜻을 따라 사용하면, 모두 충족함을 얻을 것이다. 하니, 그 아들이 마침 깨닫고는, 금전을 얻었으므로, 마음이 크게 기뻐 어찌할 줄을 몰라, 금전을 얻었다고 하므로, 그 아버지가 말하기를, 어리석은 아들아! 너는 기뻐하며, 즐거워하지 말라. 얻었다고 생각하는 그 금전은, 네가 본래 가지고 있었던 물건이지, 네가 얻은 것이 아니거늘, 어찌하여 그렇게 기뻐하느냐? 하였다.

◯184 본래(本來), 암마라식(菴摩羅識)을 벗어난 적이 없다.
善男子 庵摩羅者[論：續1,2：唵摩羅者] **亦復如是 本無出相**
선남자 암마라자[논：속1,2：암마라자] 역부여시 본무출상
今即[論：今則][續1,2：今卽] **非入 昔迷故非無 今覺故非入**
금즉[논：금즉][속1,2：금즉] 비입 석미고비무 금각고비입

선남자(善男子)여!
[미혹迷惑한 자식이 수중에 돈을 지니고 있음에도 몰랐듯이,]
[본성本性인] 암마라(庵摩羅)도 역시(亦是) 또한, 이와 같아서,
본래(本來) [본본 성품性品이므로 잃은 바가 없어,]
[암마라菴摩羅의] 모습을 벗어난 적도 없고,
지금 곧, [이것을 앎으로 곧, 암마라菴摩羅에] 듦도 아니니라.
옛적, 미혹(迷惑)하였을 때에도 [암마라가] 없었던 것도 아니며,
또한, 지금 깨달은 까닭으로, [암마라菴摩羅에] 듦도 아니니라.

◯185 괴로움을 겪은 뒤에, 고통(苦痛)을 벗는 법(法)을 말씀하옵니까?

無住菩薩言 彼父知其子迷 云何經五十年 十方遊歷 貧窮困苦
무주보살언 피부지기자미 운하경오십년 시방유력 빈궁곤고
方始告言
방시고언

무주보살(無住菩薩)이 말씀 사뢰오며 여쭈옵기를,
저 아버지[父]가, 그 아들[子]의 어리석음을 알았다면,
어찌, 50년 세월(歲月)이 지나도록, 시방(十方)을 떠돌아다니며,
가난이 극심(極甚)하여 고통(苦痛)스러운 어려움과
괴로움[苦]을 겪은 뒤에야, 비로소,
고통(苦痛)을 벗어나는 방법(方法)을 말하였사옵니까?

◯186 세월이 한 생각이며, 시방을 떠돎이 사량(思量) 분별(分別)이다.

佛言 經五十年者 [論: 經五十年] **一念心動 十方遊歷 遠行遍計**
불언 경오십년자 [논: 경오십년] 일념심동 시방유력 원행변계

부처님께옵서 말씀하옵기를,
50년(五十年) 세월(歲月)은,
한 생각 마음이 움직인 [5음심五陰心의 작용이며,]
시방을 떠돌아다님은, 오래도록 [무명無明의 한 생각을 따라]
두루 사량(思量)하고 [능소能所를] 분별(分別)하는
[5음심五陰心의 헤아림이 끊임 없는] 행(行)을 일컫느니라.

◯187 무엇이, 한[一] 생각이옵니까?

無住菩薩言 云何一念心動
무주보살언 운하일념심동

무주보살(無住菩薩)이, 말씀 사뢰오며 여쭈옵기를,
무엇이, [시방十方을 떠돈] 한 생각, 마음이 움직임이옵니까?

○**188** 한 생각이 5음(五陰)이며, 한 생각에 50악(五十惡)이 갖추었다.

佛言 一念心動 五陰俱生[論：五陰具生]**五陰生中 具五十惡**
불언 일념심동 오음구생[논：오음구생] 오음생중 구오십악

부처님께옵서 말씀하옵기를, 한 생각, 마음이 움직이므로
[색수상행식色受想行識] 5음(五陰)이 함께 일어나느니라.
5음(五陰)이 일어나는 가운데는,
[5음五陰 취사取捨의 업업業이, 본성本性의 청정성을 장애障礙하는,]
50악(五十惡)이 두루 갖추어지느니라.

○**189** 어떻게, 한 생각이 일어나지 않도록 해야 하옵니까?

無住菩薩言 遠行遍計 遊歷十方 一念心生 具五十惡
무주보살언 원행변계 유력시방 일념심생 구오십악
云何令彼衆生 無生一念
운하영피중생 무생일념

무주보살(無住菩薩)이 말씀 사뢰오며 여쭈옵기를,
[일체一切 식식識의 출입出入이 끊어진 암마라菴摩羅를 벗어나]
오래도록 분별하고 사량(思量)하여 시방(十方)을 떠돌아 다니며,
한[一] 생각 마음을 일으켜, 50가지 악(惡)을 갖추었다면,
저 중생(衆生)들로 하여금 어떻게
한[一] 생각 일어남이 없도록 해야 하옵니까?

○**190** 마음이 안좌(安坐)하여 금강지(金剛智)에 들면, 한 생각이 없다.

佛言 令彼衆生 安坐心神 住金剛地 靜念無起 心常安泰
불언 영피중생 안좌심신 주금강지 정념무기 심상안태
即無一念[大：即無一念][續1,2：即無生一念]
즉무일념[대：즉무일념][속1,2：즉무생일념]

부처님께옵서 말씀하옵기를,
저 중생(衆生)들로 하여금,

[본성本性을 수순隨順하여] 심신(心神:마음작용)이 안정(安定)되어
[마음이] 동(動)함이 없어[坐] 금강지(金剛地)에 머물면,
생각이 일어남이 끊어져, 적정(寂靜)하여
마음이 [곧, 무생無生이므로] 항상(恒常) 크게 평안(平安)하며,
곧, 한[一] 생각이 없으리라.

○191 생각 일어나지 않음이 각(覺)이며 곧, 본각실제(本覺實際)이옵니다.

無住菩薩言 不可思議 覺念不生 其心安泰 即[大:續1,2: 即]**本覺利**
무주보살언 불가사 의 각념불생 기심 안태 즉[대:속1,2: 즉] 본 각리

무주보살(無住菩薩)이 말씀 사뢰옵기를, 불가사의이옵니다.
생각이 일어나지 않음이
[무생無生] 본각[覺:本覺] [보리菩提의] 성품(性品)이며,
그 마음 크게 평안함이 곧, 본각(本覺)의 실제[利:實際]이옵니다.

○192 깨달음도, 깨달음의 앎도 끊어진 것이 각(覺)이옵니다.

利無有動 常在不無 無有不無 不無不覺 覺知無覺
이무유동 상재 불무 무유불무 불무불각 각지무각

동(動)함 없는 성품(性品) 실제[利:實際]는 [무생無生 성품이므로]
항상(恒常)하여, 없어지는 존재(存在)가 아니옵니다.
성품이 없어지지 않음은, 상[有:相]이 끊어졌기 때문이옵니다.
성품이 없어지지 않는 [무생無生 결정성結定性인 여如의 성품은]
깨달음과 [증득證得으로도] 얻을 수 있는 것이 아니옵니다.
[성품性品이 무생無生 여如의 결정성結定性이므로
깨달음도 깨달음의 지혜智慧도 끊어진 성품性品이니,]
깨달음도, [깨달음의] 앎도, 끊어진 것이
[무생無生 여如의] 본각[覺:本覺], [보리菩提의 성품性品]이옵니다.

◯193 본성(本性)이 본각(本覺)이며, 각(覺)은 결정성(結定性)입니다.

本利本覺 覺者淸淨 無染無著[論:續1,2: 無染] **不變不易**
본리본각 각자청정 무염무착[논:속1,2: 무염] 불변불역

決定性故 不可思議
결정성고 불가사의

본성(本性)의 [무생無生] 실제[利:實際]가 본각(本覺)이오니,
본각[覺:本覺]은 [무생無生 성품이므로] 청정하여 물듦이 없고,
[무엇에 머물거나] 집착(執着)이 없어
변[變]하지도 않고, 바뀌[易]지도 않음은,
[무생無生 여如의] 결정성(結定性)인 까닭[緣由]이오니
[일체一切 사유思惟가 끊어져] 불가사의이옵니다.

◯194 그러하니라.

佛言 如是
불언 여시

부처님께옵서 말씀하옵기를, 그러하니라.
[본래本來 성품性品인, 무생無生 본성本性이 본각本覺이며,
본각本覺은 무생無生이므로, 본래本來 청정하여 물듦이 없어
집착執着이 없으며, 변變하지도 않고 바뀌易지 않는
무생無生 결정성結定性인 여如의 성품이니, 불가사의이니라.]

◯195 무주보살(無住菩薩)이, 게송(偈頌)을 올리었다.

無住菩薩 聞是語已 得未曾有 而說偈言
무주보살 문시어이 득미증유 이설게언

무주보살(無住菩薩)이,
이[是] [무생無生 결정성結定性인 여如의 성품性品,
본각本覺 보리菩提의 무생無生 성품에 대한] 말씀을 다 듣고,
지금(只今)까지 얻지 못한 [희유稀有함을] 얻고서,

[여래如來의 위없는 불가사의 지혜, 무생無生 결정성結定性인
여如의 심오深奧한 깊은 지혜智慧를 베푸심에,
무생無生 적멸법寂滅法의 무한 감동과 감사의 기쁨을 얻어]
게송(偈頌)을 올리었다.

◯196 무생심(無生心)은 항상(恒常)하여, 멸(滅)하지 않사옵니다.
尊者大覺尊 說生無念法 無念無生心 心常生不滅
존자대각존 설생무념법 무념무생심 심상생불멸

세존(世尊)이시여!
[무상심심無上甚深] 원만대각(圓滿大覺)을 이루신 세존(世尊)이시여!
[상相의 분별심分別心, 생각에 얽매인] 중생(衆生)들에게
[원만대각圓滿大覺의 무생無生] 무념법(無念法)을 설(說)하시어서,
[모두, 생멸生滅 유무有無의] 상심[念:相心]이 끊어진
[본성本性 여如의 결정성結定性에 든入] 무생심(無生心)은,
마음이 항상(恒常)하여, 생(生)도 멸(滅)도 아니옵니다.

◯197 본각(本覺)의 성품(性品)을 얻어도, 얻음이 아니옵니다.
一覺本覺利 利諸本覺者 如彼得金錢
일각본각리 이제본각자 여피득금전
所得即非得[大:續1,2: 所得即非得]
소득즉비득[대:속1,2: 소득즉비득]

[무생無生 여如의] 일각(一覺)은,
[무생無生] 본각(本覺) 성품(性品)의 실제[利:實際]이오니
[무생無生 여如의] 성품(性品) 실제[利:實際]로,
모두 본각(本覺)의 [실제實際] 사람이게 하심은
저 [어리석은 아들이] 금전(金錢)을 얻음과 같음이어서
[무생無生 본각本覺을] 얻은바 이오나
[그 얻음이] 곧, 얻음이 아님이옵니다.

◯198 대중(大衆)이, 본각(本覺)의 실제(實際) 반야바라밀을 얻었다.

爾時 大衆 聞說是語 皆得本覺利般若波羅蜜
이시 대중 문설시어 개득본각리반야바라밀

이때 대중(大衆)들이,

이[是] [무생無生 일각一覺의 실제實際,

본각本覺의 부사의 여如의 성품을] 설(說)하시는 말씀을 듣고

모두, [무생無生] 본각(本覺) [여如의 성품性品] 실제[利:實際]인,

[무생無生] 반야바라밀(般若波羅蜜)을 얻었다.

金剛三昧經 第五 入實際品
금강삼매경 제오 입실제품

○199 본각(本覺) 실제(實際) 성품으로, 모든 중생을 제도(濟度)하라.

於是如來 作如是言 諸菩薩等 本利深入 可度衆生

어시여래 작여시언 제보살등 본리심입 가도중생

이에, 여래(如來)께옵서 이와 같이 말씀하옵기를,

모든 보살(菩薩)들은,

[무생無生] 본각(本覺) 실제[利:實際]에 깊이 들어가,

[그 무생無生 여如의 성품性品으로,]

가히, 모든 중생(衆生)을 제도(濟度)해야 하느니라.

○200 훗날, 중생 근기(根機)에 상응(相應)한 법(法)을 설(說)해야 한다.

若後非時 應如說法 時說利不俱[大 : 時說利不但] [論 : 續1,2 : 時利不俱]

약후비시 응여설법 시설리불구 [대 : 시설리불단] [논 : 속1,2 : 시리불구]

順不順說 非同非異 相應如說

순불순설 비동비이 상응여설

만약(萬若), 훗날 [정법正法의] 시절이 아니면,

응당(應當) 설(說)하는 법(法)이 같아도,

시절(時節)이 [정법正法의 선근善根이 부족不足하여]

설하는 법의 [무생無生] 실제[利:實際]에 함께하지 못할 것이니,

[그들이] 순응(順應)할 수 있는 법(法)으로

또는, [그들이] 순응(順應)하지 못하는 법(法)이어도 설(說)하여, 그들의 성품(性品)과 같지도 않게
또한, 다르지도 않도록 [지혜와 근기根機에] 상응(相應)하여,
그들에 맞게 설(說)해야 하느니라.

○ 201 5공(五空)의 성품에서, 출입(出入)과 취사(取捨)가 없게 해야한다.

引諸情智 流入薩婆若海[論: 流入薩般若海] **無令可衆挹彼虛風**
인제정지 유입 살바야해[논: 유입살반야해] 무령가중읍피허풍

悉令彼庶 一味神乳[論: 一味神孔] **世聞非世聞**[論: 世聞非世]
실령피서 일미신유[논: 일미신공] 세간비 세간[논: 세간비세]

[大: 續1,2: 世間非世間] **住非住處 五空出入 無有取捨**
[대: 속1,2: 세간비세간] 주비주처 오공출입 무유취사

[중생들의 근기根機에 상응相應한 설법說法으로
제식諸識에 이끌림인] 모든 정(情)과 견해[智: 見解]를 이끌어
[무생無生] 불지혜(佛智慧)의 바다로 흘러들게 하여
가히, 중생들이, 저 허망(虛妄)한 정(情)과 견해(見解)의 바람에
이끌림이 없도록 해야 하느니라.
저들로 하여금 모두, [일체 분별의 정情과 견해見解가 끊어진]
[무생無生] 일미(一味)의 불가사의[神] 법유(法乳)의 [공덕으로]
세간(世間)이 세간(世間)이 아니며,
머묾이, 머무를 곳이 아닌 5공(五空)의 성품(性品)에서
출입(出入)과 취사(取捨)가 없게 해야 하느니라.

○ 202 모든 법(法)이 유(有)도 무(無)도 아님은, 무결정성이기 때문이다.

何以故 諸法空相 性非有無[論: 法性非無] **非無不無 不無不有**
하이고 제법공상 성비유무[논: 법성비무] 비무불무 불무불유

無決定性 不住有無
무결정성 부주유무

무엇 때문이냐면,

모든 법(法)이 공(空)한 모습이므로

[공空한] 성품(性品)은 유(有)도 무(無)도 아니기 때문이니라.

[공空한 성품性品이] 무(無)가 아님은

성품(性品)이 없는 [단멸斷滅이] 아니기 때문이며,

[공空한 성품性品이] 없음의 [단멸斷滅이] 아니어도

유(有)도 아님은, [실체實體가 없어 무생無生이니 상相이 없어

결정結定된 성품性品이 없는] 무결정성(無結定性)이므로

유(有)에도, 무(無)에도 머물지 않기 때문이니라.

○203 결정성(結定性)은, 성인(聖人)의 지혜(智慧)로도 찾을 수 없다.

非彼有無 凡聖之智[續2: 凡聖之皆] **而能測隱**

비피유무 범성지지 [속2: 범성지개] 이능측은

저 [무생無生 결정성結定性 여如의 성품性品이]

유(有)도 무(無)도 아님은,

[유무有無의 상相을 벗어나지 못한] 범부(凡夫)는 물론,

[유무有無를 벗어난] 성인(聖人)의 지혜(智慧)로써 능히 헤아려도

찾을 수가 없느니라.

○204 보살(菩薩)이 결정성(結定性)을 깨달으면, 보리(菩提)를 얻는다.

諸菩薩等 若知是利 即[大:續1,2: 即] **得菩提**

제보살등 약지시리 즉 [대:속1,2: 즉] 득보리

모든 보살(菩薩)들이 만약(萬若),

이 [무생無生 결정성結定性의] 성품(性品)인

[결정성結定性 여如의] 실제[利:實際]를 깨달으면[知]

곧, [무생無生 여如의 본성本性,

본각本覺의] 보리(菩提)를 얻음이니라.

○205 5공(五空)에 출입과 취사가 없으려면, 어떻게 해야 하옵니까?

爾時 衆中 有一菩薩 名曰大力 即[大·續1,2: 即]從座起 前白佛言
이시 중중 유일보살 명왈대력 즉[대·속1,2: 즉] 종좌기 전백불언
尊者 如佛所說[論: 如如所說] 五空出入 無有取捨 云何五空
존자 여불소설[논: 여여소설] 오공출입 무유취사 운하오공
而不取捨
이불취사

이때, 대중(大衆) 가운데에 한[一] 보살(菩薩)이 있으니,
이름이 대력(大力)이었다.
곧, 자리에서 일어나,
부처님 전에 이르러, 말씀 사뢰오며 여쭈옵기를,
세존(世尊)이시여! 부처님께옵서 설(說)하신 바와 같이
5공(五空)에 [상상을 일으켜
식식(識)의] 출입(出入)이나 취사(取捨)가 없어야 한다면,
무엇이 5공(五空)이오며, 어떻게 함이 취사(取捨)가 아니옵니까?

○206 5공(五空)은 3유, 6도, 법상, 명상, 심식(心識)이 공(空)이다.

佛言 菩薩 五空者 三有是空 六道影是空 法相是空 名相是空
불언 보살 오공자 삼유시공 육도영시공 법상시공 명상시공
心識義是空
심식의시공

부처님께옵서 말씀하옵기를,
보살(菩薩)이여! 5공(五空)이라 함은,
[첫째는, 욕계欲界, 색계色界, 무색계無色界] 3유(三有)가 공(空)이며,
[둘째는, 지옥地獄, 아귀餓鬼, 축생畜生, 아수라阿修羅, 인간人間,
천상天上,] 6도(六道)의 그림자가 공(空)이며,
[셋째는, 모든 법法의 현상現象인] 법상(法相)이 공(空)이며,
[넷째는, 모든 존재存在를 일컫는] 명상(名相)이 공(空)이며,

[다섯째는, 모든] 심식(心識)의 작용, [5온五蘊의]
실체[義:實體]가 공(空)이니라.

◯207 취(取)함 없는 성품(性品)에 들면, 3공(三空)에 듦이다.
菩薩 如是等空 空不住空 空無空相 無相之法 有何取捨
보살 여시등공 공부주공 공무공상 무상지법 유하취사
入無取地 則[論: 即]入三空
입무취지 즉[논: 즉]입삼공

보살(菩薩)이여! [3유三有, 6도六道, 법상法相, 명상名相, 심식心識,]
이와 같은 공(空) 등은,
[그 실체實體가 없어] 공(空)하여, 머무름이 없으니 공(空)이며,
상(相)이 공(空)하여, [실체實體가] 없어 공(空)이므로,
[이 일체一切가] 상(相)이 없는 법(法)이니,
어떻게 취(取)하거나 버릴 수 있겠느냐?
[취取할 것이 없어,] 취(取)함이 끊어진 성품[本地]에 들면,
곧, 3공(三空)에 듦이니라.

◯208 무엇이, 3공(三空)이옵니까?
大力菩薩言 云何三空
대력보살언 운하삼공

대력보살(大力菩薩)이 말씀 사뢰오며 여쭈옵기를,
무엇이, [3유三有, 6도六道, 법상法相, 명상名相, 심식心識이 공空한,]
3공(三空)이옵니까?

◯209 3공(三空)은, 상공(相空) 공공(空空) 소공(所空)이다.
佛言 三空者 空相亦空 空空亦空 所空亦空 如是等空 不住三相
불언 삼공자 공상역공 공공역공 소공역공 여시등공 부주삼상
不無眞實 文言道斷 不可思議
불무진실 문언도단 불가사의

부처님께옵서 말씀하옵기를,

3공(三空)이란,

[첫째는, 상相이 실체實體가 없어] 공(空)한 상(相)이니

역시(亦是) 공(空)이며,

[둘째는,] 공(空)한 성품도 [또,] 공(空)하니 역시 공(空)이며,

[셋째는, 상相도 공空하고, 공空한 성품도 공空함을 아는 바]

공(空)한 [그 지혜智慧도] 또한, 공(空)이니라.

이와 같은 공(空) 등의 3공상(三空相)에 머물지 않음은,

[이 3공상三空相을 벗어난, 부사의不思議 무생無生 성품性品인]

진(眞)인 [여如의] 실(實)이 없지 않기 때문이니라.

[이 부사의不思議 무생無生 여如의 결정성結定性의 성품性品은]

문자(文字)와 언어(言語)의 도(道)가 끊어져 불가사의이니라.

○210 진(眞)인, 실(實)의 성품(性品) 모습이 응당(應當) 있사옵니까?

大力菩薩言 不無眞實 是相應有

대력보살언 불무진실 시상응유

대력보살(大力菩薩)이 말씀 사뢰오며 여쭈옵기를,

[상相도 공空하고, 이理인 체體도 공空하고,

공空한 지혜智慧도 공空하므로, 3공상三空相에 머물지 않음은,

문자文字와 언어言語의 도道가 끊어진]

진(眞)인, [여如의] 실(實)이 없는 것도 아니라고 하옵시니,

그 [여如의] 모습은 응당(應當) 있는 것이옵니까?

○211 무(無)와 유(有)에 머무름 없으며, 무(無)도 유(有)도 아니다.

佛言 無不住無 有不住有[論: 없음] **不無不有**[續1,2: 없음]

불언 무부주무 유불주유[논: 없음] 불무불유[속1,2: 없음]

부처님께옵서 말씀하옵기를,

[무생無生 결정성結定性인 여如의 실체實體는

무無에 속하지 않는 무자성無自性 실체實體이므로]
무(無)에 머물지 않는 무(無)이며,
[상相의 유有에 속하지 않아도, 성품性品이 없지 않음이니]
유(有)에 머물지 않는 유(有)이므로,
무(無)도 아니며 유(有)도 아닌 [무생無生 여如의 성품性品은]
[무생無生 결정성結定性으로,
불가사의 여래장如來藏 성품性品이니라.]

◯212 유무(有無)로 헤아려도, 그 성품(性品)을 얻을 수 없다.
不有之法 不卽住無[大:續1,2: 不卽住無] **不無之相**
불유지법 부즉주무[대:속1,2: 부즉주무] 불무지상
不卽住有[大:續1,2: 不卽住有] **非以有無而詮得理**
부즉주유[대:속1,2: 부즉주유] 비이유무이전득리

[무생無生 여如의 결정성結定性은]
유(有)가 아닌 법(法)이어도 곧, 무(無)에 머무르지 않으며,
무(無)가 아닌 모습이어도 곧, 유(有)에 머무르지 않으므로,
[상견相見의] 유(有)로써, [상견相見의] 무(無)로써 [분별하여]
이리저리 헤아려도,
그 [무생無生 결정성結定性인 여如의] 참 성품[理:眞性]을
이해(理解)하여 알거나, 헤아려 알 수도 없고,
얻을 수가 없느니라.

◯213 이름하는 실체(實體)는 모습이 없어, 불가사의이다.
菩薩 無名義相 不可思議 何以故 無名之名 不無於名 無義之義
보살 무명의상 불가사의 하이고 무명지명 불무어명 무의지의
不無於義
불무어의

보살(菩薩)이여!

[유有로써 무無로써 헤아려도 알 수 없는
여如의 참 성품을 일컫고 이름하여도,]
이름하는 그 실체[義:實體]는 모습이 없어, 불가사의이니라.
무엇 때문이냐면,
[여如의 참 성품 결정성結定性은 상相이 없어,]
일컬어 이름할 것이 없어도 이름함은,
[무생無生의 성품性品이어도
그 성품性品이] 없지 아니함으로 이름하며,
[그 성품性品이] 실체[義:實體]가 없어도 실체[義:實體]라 함은,
없지 아니한 [무생無生 여如의 그 성품性品이
일체一切의 실체實體, 참모습이므로,] 실체[義:實體]라 하느니라.

◯214 여(如)는 여래(如來)의 모습이며, 여(如)는 상(相)이 없사옵니다.
大力菩薩言 如是名義 眞實如相 如來如相 如不住如 如無如相
대력보살언 여시명의 진실여상 여래여상 여부주여 여무여상

대력보살(大力菩薩)이 말씀 사뢰옵기를,
[상相이 아니므로 일컬을 것이 없어, 이름할 것이 없어도
없지 않으므로 이름하며,
무생無生 여如의 성품性品은 실체實體가 없어도,
없지 않으므로 실체實體라 함이니,]
이와 같이 이름함의 실체[義:實體]는,
진실(眞實)한, [무생無生의 실제實際,] 여(如)의 모습이오니,
[무생無生 결정성結定性, 여如의 성품性品은]
여래(如來)의 [실상實相,] 여(如)의 모습이옵니다.
여(如)는, [무엇에도] 머무름이 없는
[무생無生 결정성結定性의 적멸寂滅 성품性品인] 여(如)이므로,
여(如)는, 여(如)의 모습도 끊어졌사옵니다.

◯215 중생심(衆生心)도 여래(如來)이며, 분별의 경계가 없사옵니다.

相無如故 非不如來 衆生心相 相亦如來 衆生之心 應無別境

상무여고 비불여래 중생심상 상역여래 중생지심 응무별경

[여如는, 여如의] 상(相)도 끊어진 여(如)인 까닭[緣由]에,

[상相이 없어도 단멸斷滅이나 없음이 아님이니,]

[여如의 실제實際는] 여래(如來)가 아님이 아니옵니다.

중생(衆生)의 심상(心相), 그 모습 또한, 여래(如來)이오니,

중생의 마음 성품도 응당, 분별(分別)의 경계가 끊어졌사옵니다.

◯216 중생(衆生)도 분별 없음은, 마음이 본래(本來) 청정하기 때문이다.

佛言 如是 衆生之心 實無別境 何以故 心本淨故 理無穢故

불언 여시 중생지심 실무별경 하이고 심본정고 이무예고

부처님께옵서 말씀하옵기를, 그러하니라.

중생(衆生)의 마음 성품도, 실(實)로 분별의 경계가 없느니라.

무엇 때문이냐면, [중생衆生의] 마음 성품(性品)도,

본래(本來) 청정(淸淨)한 [여如의 성품性品인] 까닭[緣由]으로,

참 성품[理]은, 때 묻음과 더러움이 없기 때문이니라.

◯217 마음이 망념(妄念)이 없으면, 분별(分別)의 경계가 끊어진다.

以染塵故 名爲三界 三界之心 名爲別境 是境虛妄 從心化生

이염진고 명위삼계 삼계지심 명위별경 시경허망 종심화생

心若無妄 即[大:續1,2: 即]無別境

심약무망 즉[대:속1,2: 즉]무별경

[마음은, 본래本來 청정淸淨한 까닭緣由으로,

참 성품은 때 묻음과 더러움이 없으나,

5음五陰과 능소能所의 안과 밖, 경계境界의]

티끌에 물든 까닭[緣由]으로 이름하여 3계(三界)이며,

3계(三界)의 마음을 이름함이 분별(分別)의 경계(境界)이니라.

이 허망한 경계는, 마음이 [일으킨 상相의 상념想念 흐름의]
변화(變化)를 좇아 일으킨 것이니,
마음이 만약, [일체一切 분별심分別心인] 망념(妄念)이 없으면
곧, [5음五陰과 능소能所] 분별(分別)의 경계가 끊어지느니라.

○218 마음이 청정(淸淨)하면, 3계(三界)도 없사옵니다.
大力菩薩言 心若在淨 諸境不生 此心淨時 應無三界
대력보살언 심약재정 제경불생 차심정시 응무삼계

대력보살(大力菩薩)이 말씀 사뢰옵기를,
마음이 만약(萬若),
[5음五陰의 티끌에 물듦 없이] 청정(淸淨)해 있으면,
[능소能所의 차별과 분별分別의 일체一切 경계境界가 끊어져,]
모든 경계(境界)가 나지 않으며,
이[是] 마음이 청정(淸淨)할 시(時)에는,
응당(應當), [취사取捨의 욕계欲界와 색성향미촉법色聲香味觸法의
색계色界와 일체一切 출입식出入識의 무색계無色界인]
3계(三界)도 없사옵니다.

○219 마음이 경계(境界)를 일으키지 않으면, 보는 바가 없다.
佛言 如是 菩薩 心不生境 境不生心 何以故 所見諸境
불언 여시 보살 심불생경 경불생심 하이고 소견제경
唯所見心 心不幻化 則[論: 即]**無所見**
유소견심 심불환화 즉[논: 즉]무소견

부처께옵서 말씀하옵기를, 그러하니라. 보살(菩薩)이여!
마음이, [변화變化의 환幻을 좇아
능소能所의] 경계(境界)를 일으키지 않으면,
경계(境界)가 마음을 일어나게 하지 않느니라.
무엇 때문이냐면,

모든 경계(境界)를 [분별分別하는 헤아림인] 소견(所見)은
오직, 마음이 [일으킨 분별分別의] 소견(所見)이니,
마음이, [색성향미촉법色聲香味觸法과] [수상행식受想行識의]
환(幻)을 따라 변화(變化)하지 않으면,
곧, [무생無生 여如의 참 성품에 들어,
경계境界를 분별分別하는 헤아림의] 소견(所見)이 없느니라.

○220 마음이 공적(空寂)하면, 3계(三界)가 없다.

菩薩 內無衆生 三性空寂 則無己衆 亦無他衆 乃至二入
보살 내무중생 삼성공적 즉무기중 역무타중 내지이입
亦不生心 得如是利 則[論： 即]無三界
역불생심 득여시리 즉[논： 즉]무삼계

보살(菩薩)이여!
안으로 [일체一切 분별分別의 3계심三界心인] 중생(衆生)이 없어,
세 가지인, [욕계欲界 취사심取捨心의 성품性品과
색계色界 상주심相住心의 성품性品과
무색계無色界 출입심出入心의] 성품(性品)이 공적(空寂)하여
곧, 중생(衆生)인 자기(自己)가 없으므로
역시(亦是), 남의 중생(衆生)도 없느니라.
내지, 2입(二入)이 지극(至極)하여 또한, 마음을 일으키지 않아,
이와 같이 [무생無生 여如의] 성품(性品), 실제[利：實際]에 들면
곧, 3계(三界)가 없느니라.

○221 마음이 본래(本來) 불생(不生)이니, 어떻게 듦이 있사옵니까?

大力菩薩言 云何二入 不生於心 心本不生 云何有入
대력보살언 운하이입 불생어심 심본불생 운하유입

대력보살(大力菩薩)이 말씀 사뢰오며 여쭈옵기를,
무엇이, [욕계欲界, 색계色界, 무색계無色界, 3계심三界心이

불생不生인] 2입(二入)으로 내지 않는 마음이오며,
[2입二入으로 3계심三界心이 일어나지 않아,
무생無生 실제實際에 든다[入]고 하시오니,]
마음이 본래(本來) 불생(不生)이온데, 어떻게 듦이 있사옵니까?

◯222 2입(二入)은, 이입(理入)과 행입(行入)이다.

佛言 二入者 一謂理入 二謂行入
불언 이입자 일위이입 이위행입

부처님께옵서 말씀하옵기를,
[3계심三界心이 일어나지 않는] 2입(二入)이란,
첫째는, [참 성품 여如에 드는] 이입(理入)이며,
둘째는, [일체 행行이 참 성품 여如를 수순하여 벗어나지 않는]
행입(行入)이니라.

◯223 금강심(金剛心)의 적정무위로 분별 없음이, 이입(理入)이다.

理入者 深信衆生不異眞性 不一不共 但以客塵之所翳障
이입자 심신중생불이진성 불일불공 단이객진지소예장
不去不來 凝住覺觀 諦觀佛性 不有不無 無己無他 凡聖不二
불거불래 응주각관 체관불성 불유불무 무기무타 범성불이
金剛心地 堅住不移 寂靜無爲 無有分別 是名理入
금강심지 견주불이 적정무위 무유분별 시명이입

이입[理入: 참 성품에 듦]이란,
중생의 참 성품[眞性]은 일체 차별이 없음[不異]을 깊게 믿어,
[일체一切와] 하나도 아니며, [5음五陰과] 더불어도 아니며,
단지, 객진[客塵: 일체상一切相]에 장애되어 가려져 있음을 알아,
[참 성품은] 가는 것도 아니며 오는 것도 아니므로,
[진성眞性 여如의 여실如實] 각관(覺觀)에 머물러 응시(凝視)하여,
불성(佛性)을 관(觀)하고 자세(仔細)히 살피어서,

[참 성품은] 유(有)도 아니며 무(無)도 아니며,
자기도 없고 남도 없으며, 범부(凡夫)와 성인(聖人)이 둘이 아닌
금강심의 성품[本地]에, 견고하게 머물러 벗어나지 않으며,
적정(寂靜) 무위(無爲)로 [일체一切 유무有無의] 분별이 없음이니,
이것을 이름하여 이입[理入: 참 성품에 듦入]이라 하느니라.

○224 상(相)이 끊어져, 일어남도 취사(取捨)도 없음이 행입(行入)이다.
行入者 心不傾倚 影無流易 於所有處 靜念無求 風鼓不動
행입자 심불경의 영무유역 어소유처 정념무구 풍고부동
猶如大地 捐離心我 救度衆生 無生無相[續1: 無生無根] **不取不捨**
유여대지 연리심아 구도중생 무생무상[속1: 무생무근] 불취불사

행입[行入: 무생행無生行에 듦]이란,
마음이, [유有와 무無의] 무엇에 기울이거나 의지(依支)하지 않아서,
[색성향미촉법色聲香味觸法과 수상행식受想行識의] 그림자가
흐르고 바뀌는 변화變化가 끊어진 [무생無生 성품性品에 들어,]
처(處)한 곳에서 생각을 고요하게 하거나 구(求)함도 없으며,
경계(境界)의 흐름이 요란(搖亂)하여도 동(動)함이 없어
마치, [움직임이 없는] 대지(大地)와 같으며,
[수상행식受想行識의] 마음과 나[自我와 四大身]를 벗어나
중생을 구제하고 제도하여도, 상(相)이 끊어져 일어남이 없어,
[제식諸識의 출입出入이 끊어진 무생無生이므로,]
무엇을 취(取)함도 없고, 무엇을 버림도 없음이니라.

○225 참 성품은, 출입심(出入心)이 없으면, 듦이 없이 든다.
菩薩 心無出入 無出入心 入不入故 故名爲入
보살 심무출입 무출입심 입불입고 고명위입

보살(菩薩)이여!
[무생無生 여如의] 마음인 [본심本心]은 출입(出入)이 없으니,

출입(出入)의 [일체一切] 분별심, [수상행식受想行識이] 없으면,
[무생無生 여如의 성품性品에] 듦[入]이 없이 드는 까닭[緣由]에,
그러함을 일컫고 이름하여, [무생無生에] 듦이라 하느니라.

○226 법(法)이, 공(空)하지 않는 법(法)은 허망(虛妄)하지 않다.
菩薩 如是入法 法相不空 不空之法 法不虛棄
보살 여시입법 법상불공 불공지법 법불허기

보살(菩薩)이여!
이와 같이 든[入], [무생無生 여如의] 법(法)은,
법(法)의 모습이 [결정성結定性이므로] 공(空)도 아님이니,
공(空)도 아닌 법(法)은, [무생無生 여如의 실체實體이므로]
법(法)의 [성품性品이 없어] 허망(虛妄)하거나
[일체 분별심, 5음五陰 속에 있어도] 여읜 것이 아니니라.

○227 없어지지 않는 법(法)은, 공덕이 구족하여 법(法)이 청정하다.
何以故 不無之法 具足功德 非心非影 法爾淸淨
하이고 불무지법 구족공덕 비심비영 법이청정

[무명심無明心의 미혹迷惑과 출입出入의 일체一切 분별심과
색수상행식色受想行識의 5음五陰 속에 있어도,
무생無生 여如의 성품性品을 잃어버리는 것이 아님은]
무엇 때문이냐면,
[무생無生 여如의 결정성結定性은, 여래장如來藏 적멸성寂滅性이니]
없어지지 않는 법(法)의 성품은, 공덕(功德)이 구족(具足)하여,
[수상행식受想行識의] 마음도 아니며,
[색성향미촉법色聲香味觸法의] 그림자[影]도 아니므로,
[무엇에도 예속隷屬되거나 치우치지 않는
무생無生 결정성結定性인 여래장如來藏 성품性品으로,]
법(法)이 청정(淸淨)한, [무생無生 여如의 성품이기] 때문이니라.

◯**228** 법(法)이, 마음도 그림자도 아닌 청정법(清淨法)이라 하시옵니까?

大力菩薩言 云何非心非影 法爾清淨

대력보살언 운하비심비영 법이청정

대력보살(大力菩薩)이, 말씀 사뢰오며 여쭈옵기를,

[무생無生 결정성結定性인 여如의 성품性品이, 어떤 성품이기에]

어찌하여, [수상행식受想行識의] 마음도 아니며,

[색성향미촉법色聲香味觸法의] 그림자[影]도 아니라고 하시며,

법(法)이 [무생無生] 청정(清淨)하다고 하시옵니까?

◯**229** 여(如)는 결정성(結定性)으로, 이름도 실체(實體)도 없다.

佛言 空如之法 非心識法 非心使所有法 非空相法 非色相法

불언 공여지법 비심식법 비심사소유법 비공상법 비색상법

非心有爲不相應法[論: 非心不相應法]

비심유위불상응법[논: 비심불상응법]

非心無爲是相應法[論: 非心無爲相應法] **非所現影 非所顯示**

비심무위시상응법[논: 비심무위상응법] 비소현영 비소현시

非自性 非差別 非名非相非義[論: 非名非相義]

비자성 비차별 비명비상비의[논: 비명비상의]

부처님께옵서 말씀하옵기를,

공(空)한 [무생無生] 여(如)의 법(法), [여래장如來藏 성품性品은]

①[무엇이든 생각하고 헤아리며 분별하는 수상행식受想行識인]

심식(心識)의 법도 아니며[非心識法],

②[마음이 머물러 있는 일체一切 만상만물만법萬相萬物萬法인]

마음이 소유(所有)한 법도 아니며[非心使所有法],

③[일체상一切相이] 공(空)한 상법(相法)도 아니며[非空相法],

④[일체一切] 색(色)의 상법(相法)도 아니며[非色相法],

⑤마음이 [유위有爲를 벗어나,]

유위(有爲)에 상응(相應)하지 않는 법도 아니며[非心有爲不相應法],

⑥마음이 [무위無爲에 들어,]

무위(無爲)에 상응(相應)한 법(法)도 아니며[非心無爲是相應法],

⑦[찰나刹那에 나타나 사라지는 현상現象인,]

나타난 생멸(生滅)의 환영(幻影)도 아니며[非所現影],

⑧뚜렷이 드러나는 현상(現象)인 존재(存在)도 아니며[非所顯示],

⑨자성(自性)도 아니며[非自性],

⑩차별(差別)도 아니며[非差別],

⑪이름도 아니며[非名],

⑫상(相)도 아니며[非相],

⑬실체[義:實體]도 아니니라[非義].

◯230 여(如)의 참 성품 실체(實體)는, 여(如)도 끊어져 없다.

何以故 義無如故[論: 如故] **無如之法**[論: 非如之法] **亦無無如**

하이고 의무여고[논: 여고] 무여 지법[논: 비여 지법] 역무무여

無有無如 非無如有

무유무여 비무여유

[보살菩薩이여!

공空한 무생無生 여如의 법法, 여래장如來藏 성품性品은,

공상空相, 색상色相, 유위불상응有爲不相應, 무위상응無爲相應,

자성自性, 실체實體도 아님은,] 무엇 때문이냐면,

[결정성結定性 여如의] 실체[義:實體]에는

여(如)의 [상相도] 없기 때문이니라.

여(如)도 끊어진 법은 역시, 여(如)가 끊어진 그것도 없느니라.

여(如)가 끊어진 것도 없으므로

[결정성結定性] 여(如)의 성품(性品)은,

[성품이] 있음의 유(有)도, [성품이] 없음의 무(無)도 아니니라.

◯231 근본(根本) 참 성품[理]은, 그 모습을 볼 수가 없다.

何以故 根理之法 非理非根 離諸諍論 不見其相

하이고 근리 지법 비리비근 이제쟁론 불견기상

[결정성結定性인 무생無生 여如의 실체實體는,
여如의 상相도 끊어져 없으므로
상相이 있음의 유有도, 상相이 없음의 무無도 아님은]
무엇 때문이냐면, 근본 참 성품[理]의 실체[法:實體]는,
참 성품[理]의 모습도 벗어났고, 근본 실(實)도 벗어났으므로,
[일체一切 분별分別과 일체一切 견견見의]
모든 다툼과 논란(論難)할 바를 초월(超越)하였으므로,
[결정성結定性 여如의 실체實體] 그 모습을
[헤아려 추측하거나 사량思量하여도,] 볼 수 없기 때문이니라.

○232 청정(淸淨)한 법(法)은, 생(生)도 아니며 멸(滅)도 아니다.

菩薩 如是淨法 非生之所生生 非滅之所滅滅
보살 여시 정법 비생지소생생 비멸지소멸멸

보살(菩薩)이여!
이와 같이 청정(淸淨)한 [무생無生 여如의] 실체[法:實體]는
[무생無生 성품性品이므로]
생(生)하는 바 생(生)이 곧, 생(生)이 아니며,
멸(滅)하는 바 멸(滅)이 곧, 멸(滅)이 아니니라.

○233 참 성품은, 생(生)도 멸(滅)도 상(相)도 아니므로 불가사의옵니다.

大力菩薩言 不可思議 如是法相 不合成 不獨成
대력보살언 불가사의 여시법상 불합성 부독성

不羈不絆[論: 不羈不伴] **不聚不散**[論: 不聚散] **不生不滅**[論: 不生滅]
불기불반[논: 불기불반] 불취불산[논: 불취산] 불생불멸[논: 불생멸]

亦無來相 及以去住[論:續1,2: 及以去相] **不可思議**
역무래상 급이거주[논:속1,2: 급이거상] 불가사의

대력보살(大力菩薩)이 말씀 사뢰옵기를,
[생生도, 멸滅도 아닌 청정淸淨 성품性品, 여如의 법法은

무생無生 결정성結定性, 여래장如來藏의 성품[性品으로]
불가사의(不可思議)이옵니다.
이와 같이, [결정성結定性 여如의] 법法의 모습[相]은,
[5온五蘊이] 합(合)하여 이루어짐도 아니며
[5온五蘊을 벗어나] 홀로 이루어짐도 아니며
[인연因緣과 5온五蘊에] 끌려 다님도 아니며
[인연因緣과 5온五蘊에] 묶임도 아니며
[인연因緣과 5온五蘊의] 모임도 아니며
[인연因緣과 5온五蘊의] 흩어짐도 아니며
[인연因緣과 5온五蘊의] 생(生)함도 아니며
[인연因緣과 5온五蘊의] 멸(滅)함도 아니므로
또한, [그 성품性品이,] 오는 현상(現象)이나
가고 머무는 것도 끊어진, [무생無生 여如의 성품性品이므로]
불가사의(不可思議)이옵니다.

◯234 여(如)는 부사의(不思議) 마음으로, 차별(差別) 없는 마음이다.
佛言 如是 不可思議 不思議心 心亦如是 何以故 如不異心
불언 여시 불가사의 부사의심 심역여시 하이고 여불이심

부처님께옵서 말씀하옵기를,
그러하니라. [결정성結定性인 여如의 성품은] 불가사의이며,
부사의(不思議) 마음인 [본심本心]이니,
[수상행식受想行識의] 마음[識心] 또한, [차별差別이 없어]
이와 같으니라.
무엇 때문이냐면, [여如의 성품性品에는,
본심本心과 식심識心의 성품性品이 차별差別이 없어]
[두 성품이 무자성無自性으로 그 실체實體가] 다르지 않는 마음,
[무생無生] 여(如)의 성품(性品)이기 때문이니라.

◯235 중생(衆生)과 불성(佛性)이 차별 없고, 성품이 열반(涅槃)이다.

心本如故 衆生佛性 不一不異 衆生之性 本無生滅 生滅之性
심본여고 중생불성 불일불이 중생지성 본무생멸 생멸지성
性本涅槃
성본열반

마음이, 본래(本來) [상相이 없는, 무생無生] 여(如)인 까닭은,
[무생無生 여如의 성품性品에는]
중생(衆生)과 불성(佛性)이 하나도 아니며 다름도 아니므로,
중생(衆生)의 성품(性品)이 본래(本來) 생멸(生滅)이 없어
생멸(生滅)의 성품이 본래, 열반(涅槃)의 성품이기 때문이니라.

◯236 상(相)이 본래 여(如)이므로, 인연(因緣)을 따라 일어남이 없다.

性相本如 如無動故 一切法相 從緣無起 起相性如 如無所動
성상본여 여무동고 일체법상 종연무기 기상성여 여무소동

성품(性品)의 상(相)이 본래(本來) [결정성結定性] 여(如)이므로,
[무생無生] 여(如)의 성품(性品)은 동(動)함이 끊어진 까닭[緣由]에
일체 법(法)의 모습이 끊어져, 인연(因緣)을 좇아 일어남이 없고,
일어난 상(相)의 성품(性品)이 또한, [결정성結定性] 여(如)이므로
[결정성結定性인] 여(如)의 성품(性品)은 동(動)한 바가 없느니라.

◯237 성(性)과 상(相)이 인연(因緣)을 따름이, 연연공공(緣緣空空)이다.

因緣性相 相本空無 緣緣空空 無有緣起
인연성상 상본공무 연연공공 무유연기

인연(因緣)의 성품(性品)과 모습이 [무자성無自性 여如이니]
상(相)이 본래(本來) 공(空)하여 끊어졌으므로
[무자성無自性 여如의 성품이] 연(緣)을 따르고 연(緣)을 따름이
[그 상相이] 공(空)하고, [그 성품性品이] 공(空)하여,
[그 성품性品이] 연(緣)을 따라 일어남이 없느니라.

◯238 연(緣)도 망견(妄見)이니, 연(緣)이 본래(本來) 생(生)이 끊어졌다.

一切緣法 惑心妄見 現本不生 緣本無故

일체연법 혹심망견 현본불생 연본무고

일체(一切) 연(緣)에 의한 [생멸生滅의] 법(法)은,
[그 성품性品의 실상實相을 모르는 상심相心의 분별分別인]
미혹(迷惑)한 마음의 [분별심分別心] 망견(妄見)이니,
[인연因緣으로] 나타남이 본래(本來) 불생(不生)임은
연(緣)이, 본래(本來) [무자성無自性이므로]
[일체一切 연緣이] 끊어진 까닭[緣由]이니라.

◯239 마음이 여(如)이며, 법(法)이 공(空)하여 없다.

心如法理 自體空無

심여법리 자체공무

마음이, [본래本來 출입出入과 생멸生滅이 끊어진] 여(如)인,
법(法)의 참 성품[理]은 [무생無生 결정성結定性으로]
자성체(自性體)가 공(空)하여 [그 실체實體가] 없느니라.

◯240 여(如)의 공왕(空王)은, 본래 머무는 곳이 없다.

如彼空王 本無住處 凡夫之心 妄分別見

여피공왕 본무주처 범부지심 망분별견

[무생無生 결정성結定性인] 여(如)의 저 [성품性品] 공왕(空王)은
본래(本來) 머문 곳이 없으나,
[무생無生 여如의 성품性品을 벗어난]
범부(凡夫)의 마음인 망념(妄念)으로, 분별(分別)하여 봄이니라.

◯241 여(如)는 유무(有無)도 아니니, 유무(有無)는 심식의 헤아림이다.

如如之相 本不有無 有無之相 見唯心識 [續1: 見惟心識]

여여지상 본불유무 유무지상 견유심식 [속1: 견유심식]

[결정성結定性, 여如의 저 성품性品은]

[체體도] 여(如)이며, [상相도] 여(如)인 모습은

본래, [그 실체實體가 없어] 유(有)도 아니며, 무(無)도 아니므로,

유무(有無)의 상(相)은 다만,

[상相에 머무른 5온五蘊의] 심식(心識)으로 헤아려 봄이니라.

◯242 여(如)의 법(法)은, 언설(言說)로 일컬을 성품(性品)이 아니다.

菩薩 如是心法[論: 如心之性] **不無自體 自體不有 不有不無 菩薩**

보살 여시심법 [논: 여심지성] 불무자체 자체불유 불유불무 보살

無不無相 非言說地

무불무상 비언설지

보살(菩薩)이여!

[결정성結定性,] 여(如)의 이[是] 마음 [무생無生] 법(法)은,

[여래장如來藏의 성품性品이므로]

자성체(自性體)가 없는 것도 아니며,

[상相이 아니니,] 자성체(自性體)가 있는 것도 아니므로,

[그 무생無生 성품性品은, 유有와 무無에 속한 것이 아니므로]

유(有)도 아니며 무(無)도 아니니라.

보살(菩薩)이여!

[결정성結定性은, 유有와 무無가 끊어진 무생성품無生性品으로]

상(相)이 없어도 없는 것이 아님이니,

[이是 여如의 성품性品은,] 언설(言說)로 드러내거나

일컬을 성품[本地]이 아니니라.

◯243 진여(眞如)는 상(相)이 없어, 6행(六行) 보살이라야 알 수 있다.

何以故 眞如之法 虛曠無相 非二乘所及[論: 非二所及] **虛空境界**

하이고 진여지법 허광무상 비이승소급 [논: 비이소급] 허공경계

內外不測 六行之士 乃能知之

내외불측 육행지사 내능지지

무엇 때문이냐면, [무생無生] 진(眞)인 여(如)의 법(法)은,
[상相과 식識이 없는 성품으로,] 비고 비어서 상(相)이 없으니,
[상相과 식견識見의 차별법差別法에 의지依支한]
2승(二乘)의 소견(所見)이 미칠 바가 아니니라.
[일체一切가] 비어 공(空)한 경계(境界)는, 내외[內外:能所]가 끊어져,
6행(六行)의 보살(菩薩)이라야 능히, 알 수 있느니라.

◯244 무엇을, 6행(六行)이라 하옵니까?

大力菩薩言 云何六行 願爲說之
대력보살언 운하육행 원위 설 지

대력보살(大力菩薩)이 말씀 사뢰오며 여쭈옵기를,
[여래장如來藏, 무생無生 여如의 성품을 아는 보살행菩薩行은]
무엇을, 6행(六行)이라 하시옵니까? 알고자 원하오니,
[밝게 가름할 수 있도록] 설(說)하여 주시옵소서.

◯245 6행(六行)은, 10신 10주 10행 10회향 10지(十地) 등각(等覺)이다.

佛言 一者十信行 二者十住行 三者十行行 四者十廻向行
불언 일자십신행 이자십주행 삼자십행행 사자십회향행
五者十地行 六者等覺行 如是行者 乃能知之
오자십지행 육자등각행 여시행자 내능지지

부처님께옵서 말씀하옵기를,
첫째는 10신행(十信行)이며, 둘째는 10주행(十住行)이며,
셋째는 10행행(十行行)이며, 넷째는 10회향행(十廻向行)이며,
다섯째는 10지행(十地行)이며, 여섯째는 등각행(等覺行)이니라.
이와 같이 행(行)하는 자는, [제식諸識이 끊어진 결정성結定性인]
[무생無生 여래장如來藏, 여如의 성품性品을] 능히 아느니라.

○246 각(覺)의 성품은 출입(出入)이 없으니, 어떻게 듦을 얻사옵니까?

大力菩薩言 實際覺利 無有出入 何等法心 得入實際

대력보살언 실제 각리 무유출입 하등법심 득입실제

대력보살(大力菩薩)이 말씀 사뢰오며 여쭈옵기를,

[6행六行의 보살菩薩이라야

무생無生 결정성結定性, 여如의 성품性品을 안다고 하시오니,]

실제(實際), [무생無生] 본각[覺:本覺]의 성품[利]은

일체(一切) 출입(出入)이 끊어졌으므로,

어떠한 법(法)과 마음으로,

이[是] [여如의] 성품(性品) 실제(實際)에 듦을 얻사옵니까?

○247 참 성품은, 무자성(無自性)의 마음으로, 참 성품에 든다.

佛言 實際之法 法無有際 無際之心 則入實際

불언 실제지법 법무유제 무제지심 즉입실제

부처님께옵서 말씀하옵기를,

[결정성結定性인] 실제(實際), [실자성實自性의] 법(法)은,

제(際)인, [자성自性이] 없는 법(法)이니,

무제(無際)인, [무자성無自性의] 마음으로

곧, [결정성結定性 여如의] 실제(實際)인 [실자성實自性에] 드느니라.

○248 무자성(無自性) 마음은, 경계 없는 지혜로 실제에 듦이옵니다.

大力菩薩言 無際心智 其智無崖[論:續1,2: 其智無涯]

대력보살언 무제 심지 기지 무애 [논:속1,2: 기지무애]

無崖之心[論:續1,2: 無涯之心] **心得自在 自在之智 得入實際**

무애지심 [논:속1,2: 무애지심] 심득자재 자재지지 득입실제

대력보살(大力菩薩)이 말씀 사뢰오며 여쭈옵기를,

[실제實際가 없는] 무제심(無際心)인

[결정성結定性 여如의 무자성심無自性心의] 지혜(智慧)는

그 지혜(智慧)는 [능소능소能所의] 경계(境界)가 없사옵니다.

경계(境界) 없는 마음, [결정성結定性]이어야

[능소能所 없는] 마음의 자재(自在)를 얻어

자재(自在)한 [결정성結定性의] 지혜(智慧)로

[여래장如來藏 여如의 성품] 실제(實際)인, [실자성實自性에] 듦을,

증득(證得)하게 되옵니다.

○249 중생(衆生)은, 어떤 법(法)으로 실제(實際)에 들 수 있사옵니까?

如彼凡夫 軟心衆生 其心多喘 以何法御 令得堅心 得入實際

여피범부 연심중생 기심다천 이하법어 영득견심 득입실제

저 범부(凡夫)와 같이

[선근善根과 지혜智慧와 의지意志가] 미약(微弱)한

마음을 가진 중생(衆生)들은,

[무생無生 여如의 성품性品, 실제實際에 이르기까지]

그 마음이 많이 벅차 힘들어 할 것이오니,

어떤 법(法)으로 다스려야

그 마음이 견고함[堅: 불퇴전不退轉]을 얻어,

[여래장如來藏 여如의 성품性品] 실제(實際)인 [실자성實自性을]

증득(證得)하여 들 수가 있겠사옵니까?

○250 큰 용(龍)이 놀라, 혼란(混亂)한 마음에 힘들어 벅찰 것이다.

佛言 菩薩 彼心喘者 以內外使 隨使流注 滴瀝成海

불언 보살 피심천자 이내외사 수사유주 적력성해

大風鼓浪[論: 天風鼓浪] **大龍驚駭 驚駭之心 故令多喘**

대풍고랑[논: 천풍고랑] 대룡경해 경해지심 고령다천

부처님께옵서 말씀하옵기를,

보살(菩薩)이여!

[여如의 성품性品, 무생無生 실제實際에 증입證入하기까지]

저들의 마음이 힘들어 하는 것은,
내외[内外:能所] 식심[使:識心]의
분별심[隨使:分別心]을 따라, [업력業力이] 흘러 모여
그 모이고 쌓임이 [업력業力의] 바다를 이루어
[업력業力의] 큰 바람에 [업풍業風의] 파도(波濤)가 치니,
[업력業力의 바다, 5음심五陰心 정식情識의] 큰 용[龍:識心:自我]이
놀라 혼란(混亂)하여, 두려운 마음에 그러한 까닭[緣由]에
많이 힘들어 벅찰 것이니라.

○251 3을 보존(保存)하여, 1을 지켜 여래선(如來禪)에 들어야 한다.

菩薩 令彼衆生 存三守一 入如來禪 以禪定故 心則無喘
보살 영피중생 존삼수일 입여래선 이선정고 심즉무천

보살(菩薩)이여! 저 중생(衆生)으로 하여금
[여如의 성품性品, 무생無生 실제實際에 증입證入하기까지]
세 가지를 보존(保存)하므로, 하나를 지켜 여래선(如來禪)에 들면,
선정(禪定)에 의해 마음이 곧, 힘듦이 없으리라.

○252 어떤 것이, 3을 보존하여 여래선(如來禪)에 드는 것이옵니까?

大力菩薩言 何謂存三守一 入如來禪
대력보살언 하위존삼수일 입여래선

대력보살(大力菩薩)이 말씀 사뢰오며 여쭈옵기를,
어떤 것이, [여如의 성품性品 실제實際에 증입證入하기 위해]
세 가지를 보존(保存)함이며,
또, 하나를 지키어 여래선(如來禪)에 드는 것이옵니까?

○253 3해탈(三解脫)로, 일심(一心) 여(如)의 여래선(如來禪)에 든다.

佛言 存三者 存三解脫 守一者 守一心如 入如來禪者
불언 존삼자 존삼해탈 수일자 수일심여 입여래선자

부처님께옵서 말씀하옵기를,

[여如의 성품性品 실제實際에 들기 위해]

세 가지를 보존(保存)하는 것은, 3해탈(三解脫)을 보존(保存)함이며,

또, 하나를 지키는 것은, 일심(一心)의 여(如)를 지켜,

여래선(如來禪)에 드는 것이니라.

◯254 참 성품[理]을 관(觀)하여, 여(如)의 실제(實際)에 든다.

理觀心淨如[論:續1,2: 理觀心如] **入如是心地**[論:續1,2: 入如是地]

이관심 정여[논:속1,2: 이관심 여] 입여시심지[논:속1,2: 입여시지]

即[大:續1,2: 即] **入實際**

즉[대:속1,2: 즉] 입실제

마음 청정(淸淨)한 [무생無生] 여(如)의 성품(性品)

참 성품[理:眞性]을 관(觀)하여,

[5음五陰이 끊어진] 이 마음 본래 성품[本地], 여(如)에 듦[入]이

곧, [무생無生 여如의] 실제(實際)에 듦[入]이니라.

◯255 3해탈(三解脫)과 참 성품 관(觀)하는 삼매(三昧)는 무엇이옵니까?

大力菩薩言 三解脫法 是何等事 理觀三昧 從何法入

대력보살언 삼해탈법 시하등사 이관삼매 종하법입

대력보살(大力菩薩)이 말씀 사뢰오며 여쭈옵기를,

[무생無生 여如에 드는]

3해탈법(三解脫法), 이것은 어떠한 것이오며,

참 성품[理]을 관(觀)하는 [여如의] 삼매(三昧)는

어떤 법(法)을 좇아 들게 되옵니까?

◯256 3해탈(三解脫)이 허공, 금강, 반야(般若)며, 여(如)가 참 성품이다.

佛言 三解脫者 虛空解脫 金剛解脫 般若解脫

불언 삼해탈자 허공해탈 금강해탈 반야해탈

理觀者[論:續1,2: 理觀心者] **心如理淨 無可不心**
이관자[논:속1,2: 이관심자] 심 여리정 무 가부심

부처님께옵서 말씀하옵기를,

3해탈(三解脫)이란,

[색色 자재自在의] 허공해탈(虛空解脫)이며

[식識 자재自在의] 금강해탈(金剛解脫)이며

[심心 자재自在의] 반야해탈(般若解脫)이니라.

참 성품[理]을 관(觀)하는 것은

마음이 여(如)의 참 성품[理]이니

[일체一切 분별이 끊어져, 식識의 출입이 없어] 청정(淸淨)하여

옳고 그름과 순(順)과 역(逆)의 분별[可不]이 없는 마음이니라.

○ **257** 보존(保存)함과 관(觀)함을, 어떻게 해야 하옵니까?

大力菩薩言 云何存用 云何觀之
대력보살언 운하존용 운하관지

대력보살(大力菩薩)이 말씀 사뢰오며 여쭈옵기를,

어떻게 함이 [3해탈三解脫을] 보존(保存)함의 행(行)이며,

어떻게 함이 [여如의 참 성품을] 관(觀)하는 것이옵니까?

○ **258** 마음을 행(行)함에 불이(不二)가, 보존(保存)함의 행(行)이다.

佛言 心事不二 是名存用 內行外行 出入不二 不住一相
불언 심사불이 시명존용 내행외행 출입불이 부주일상

부처님께옵서 말씀하옵기를,

[무생행無生行에는,] 마음을 행(行)함에

[능소能所 없는] 불이(不二)인 이것을 이름하여

[3해탈三解脫을] 보존(保存)함의 행(行)이니라.

[이는,] 안[內:能]으로 행(行)함과

밖[外:所]으로 행(行)하는 출입(出入)이 [끊어져,] 불이(不二)인,

하나의 [공空한] 모습[一相:空相]에도 머무르지 않느니라.

◯259 얻음도 잃음도 없는 청정심(淸淨心)에 듦이, 관(觀)이다.

心無得失 一不一地 淨心流入 是名觀之
심무득실 일불일지 정심 유입 시명 관지

[무생無生 여如의] 마음인 [무생행無生行에는]
무엇을 얻음도 잃음도 없어,
[공空한] 하나[一:空]도 아닌, [무생無生] 여(如)의 성품[一地:本地],
청정심(淸淨心)에 흘러든 이것을 이름하여, 관(觀)이라 하느니라.

◯260 2상(二相)이 없어, 보살도로 미래에 불보리(佛菩提)를 이루리라.

菩薩 如是之人 不在二相 雖不出家 不住在家
보살 여시지인 부재이상 수불출가 부주재가

雖無法服[論:續1,2: 故雖無法服]
수무법복[논:속1,2: 고수무법복]

而[論:續1,2: 而 없음]**不具持波羅提木叉戒**[續2: 戒 없음]
이[논:속1,2: 이 없음]불구지바라제목차계[속2: 계 없음]

不入布薩 能以自心 無爲自恣 而獲聖果 不住二乘 入菩薩道
불입포살 능이자심 무위자자 이획성과 부주이승 입보살도

後當滿地 成佛菩提
후당만지 성불보리

보살(菩薩)이여!
[허공해탈虛空解脫, 금강해탈金剛解脫,
반야해탈般若解脫, 3해탈三解脫을 보존保存하여
무생無生 여如의 청정淸淨을 지키는] 이와 같은 사람은
[유무有無와 식식識의 출입出入,] 2상(二相)이 있지 않으므로,
비록 출가(出家)하지 않았어도 재가(在家)에 머묾도 아니니라.
비록 법복(法服)도 없고,
바라제목차계(波羅提木叉戒)를 지니어 갖추지 않아

포살(布薩)에 들지 않았어도

능히, 스스로 마음이 무위(無爲)로 자재(自在)하여

걸림이 없는 성과(聖果)를 얻었으므로,

[선정禪定과 해탈解脫을 구求하는] 2승(二乘)에 머무르지 않고

보살도(菩薩道)에 들었느니라.

후일(後日)에는 당연(當然)히,

[무생無生 결정성結定性, 본성本性 여여如의] 지혜(智慧)가 충만하여,

불보리(佛菩提)를 원만(圓滿)히 이루리라.

○261 열반에 들어 여래의 옷을 입고, 보리좌(菩提坐)에 앉음이옵니다.

大力菩薩言 不可思議 如是之人 非出家 非不出家

대력보살언 불가사의 여시지인 비출가 비불출가

何以故 入涅槃宅 著[論:着]如來衣 坐菩提座 如是之人

하이고 입열반택 착[논: 착]여래의 좌보리좌 여시지인

乃至沙門 冝應敬養[大:續1,2: 宜應敬養]

내지사문 의응경양[대:속1,2: 의응경양]

대력보살(大力菩薩)이 말씀 사뢰옵기를, 불가사의이옵니다.

이와 같은 사람은, [출가의 모습이 없어] 출가(出家)도 아니며,

[그러나, 세속을 벗어났으니] 출가(出家)가 아님도 아니옵니다.

무슨 연유(緣由)인가 하오면,

[식識의 출입出入이 끊어진] 열반(涅槃)의 집[宅]에 들어

여래(如來)의 옷[衣]을 입고 보리좌(菩提座)에 앉음이오니,

이와 같은 사람은 또한, [출가出家의] 사문(沙門)이어도 응당히,

공경(恭敬)하며 공양(供養)할 것이옵니다.

○262 3계(三界)를 초월한 정각(正覺)에 들었으니, 공경 공양해야 한다.

佛言 如是 何以故 入涅槃宅 心超三界[論: 心起三界]

불언 여시 하이고 입열반택 심초삼계[논: 심기삼계]

著[論: 着]**如來衣 入法空處 坐菩提座**
착[논: 착] 여래의 입법공처 좌보리좌
登正覺地[論:續1,2: 登正覺一地] **如是之人 心超二我**[續1,2: 心超二乘]
등정각지[논:속1,2: 등정각일지] 여시지인 심초이아[속1,2: 심초이승]
何況沙門 而不敬養
하황사문 이불경양

부처님께옵서 말씀하옵기를,
그러하니라. 무엇 때문이냐면,
[출입식出入識이 끊어져] 열반(涅槃)의 집[宅]에 들어
마음이 3계(三界)를 초월(超越)하여 여래(如來)의 옷[衣]을 입고
법(法)이 공(空)한 성품(性品)에 들어 보리좌(菩提座)에 앉아
정각(正覺)의 성품[地]에 들었기 때문이니라.
이와 같은 사람은 [능能과 소所가 끊어져,]
마음이 [법法과 식識의] 2아(二我)를 초월(超越)하였으니
어찌 하물며, [출가出家한] 사문(沙門)이라 하여,
공경(恭敬)하고 공양(供養)하지 않겠느냐?

◯ 263 여(如)의 대해(大海)는, 2승(二乘)의 지혜로는 보지 못하옵니다.
大力菩薩言 如彼一地 及與空海 二乘之人 爲不見也
대력보살언 여피일지 급여공해 이승지인 위불견야

대력보살(大力菩薩)이 말씀 사뢰옵기를,
[무생無生] 여(如)의 저 [부사의不思議 결정성結定性]
한 성품[一地:本地]은,
일체(一切)가 공(空)한 [여래장如來藏 성품性品의] 바다이므로,
[상견相見에 의지依支한] 2승(二乘)의 사람은
지혜[見]가 미치지 못하며, 보지도 못하옵니다.

◯264 2승(二乘)은 삼매(三昧)를 탐착하여, 보리(菩提)를 얻지 못한다.

佛言 如是 彼二乘人 味著[論: 味着]**三昧 得三昧身 於彼空海一地**

불언 여시 피이승인 미착[논: 미착]삼매 득삼매신 어피공해일지

如得酒病 惛醉不醒 乃至數劫 猶不得覺 酒消始悟

여득주병 혼취불성 내지수겁 유불득각 주소시오

方修是行[論:續1: 方脩是行] **後得佛身**

방수시행[논:속1: 방수시행] 후득불신

부처님께옵서 말씀하옵기를, 그러하니라.

저 2승(二乘)의 사람은, [멸정滅定] 삼매(三昧)의 맛을 집착하여

[고요함을 탐착하고 즐기는] 삼매(三昧)를 얻은 몸으로는

저 공(空)한 [여래장如來藏 성품性品] 바다[海],

[무생無生 여如의] 한 성품[一地:本地] [결정성結定性에] 이르려면,

술병(酒病)을 얻음과 같이

고요한 혼미(昏迷)에 취(醉)하여 깨어나지 못해,

수 겁(劫)이 지난 뒤에도 오히려, 보리[覺:菩提]를 얻지 못하므로,

[고요함을 즐기고 탐착貪着하는

혼미昏迷의] 술병[酒病]에서 깨어나야 함을 비로소 깨닫고,

방편(方便)의 수행(修行)으로, 이[是] [무생無生의] 행(行)에 들어

후일(後日)에 불각[佛身:佛覺]을 얻게 되느니라.

◯265 천제(闡提)를 벗어, 6행으로 금강지(金剛智)에서 자비행을 한다.

如彼人者 從捨闡提 即[大:續1,2: 即]**入六行 於行地所 一念淨心**

여피인자 종사천제 즉[대:속1,2: 즉]입육행 어행지소 일념정심

決定明白 金剛智力 阿鞞跋致 度脫衆生 慈悲無盡

결정명백 금강지력 아비발치 도탈중생 자비무진

[멸정滅定 삼매三昧를 탐착貪着하는] 저와 같은 사람은

[성불成佛의 인연因緣이 없는 미혹행迷惑行인]

천제(闡提)를 버림을 좇아,

곧, 6행(六行)인 [10신행十信行, 10주행十住行, 10행행十行行,

10회향행十廻向行, 10지행十地行, 등각행等覺行에] 들어,
그 행(行)의 수행지(修行地)에서, 일념 청정심(淸淨心)이 오롯하여
결정(結定) 명백한 금강지혜력(金剛智慧力)의 [공능력功能力으로]
불퇴전(不退轉)에 이르러, 중생을 제도하여 해탈(解脫)하게 하며,
다함 없는 자비행(慈悲行)을 하게 되느니라.

○266 계(戒)를 지니지 않아, 사문(沙門)을 공경하지 않을 것이옵니다.
大力菩薩言 如是之人 應不持戒 於彼沙門 應不敬仰
대력보살언 여시지인 응불지계 어피사문 응불경앙

대력보살(大力菩薩)이 말씀 사뢰옵기를,
[본성本性 여如의 성품性品을 수순隨順하는 저 인자仁者는,
3해탈三解脫을 보존保存하여 일심一心 여如를 수순隨順함으로
마음이 3계三界를 초월超越하여 여래如來의 옷을 입고,
법法이 공空한 성품性品에 들어 보리좌菩提座에 앉아
정각正覺의 성품性品에 들었으니] 이와 같은 사람은,
응당(應當)히 [신구의身口意 행행行을 다스리는]
계(戒)를 지니지 않았으므로,
저 사문(沙門)을 응당(應當)히 공경(恭敬)하거나,
우러러보지 않을 것이옵니다.

○267 8종식(八種識)이 멸하여 9식(九識)에 든, 청정(淸淨) 공(空)이다.
佛言 爲說戒者 不善慢故 海波浪故 如彼心地
불언 위설 계자 불선 만고 해파 랑고 여피심지
八識海澄[論: 八識海澂] **九識流淨 風不能動 波浪不起 戒性等空**
팔식해징[논: 팔식해징] 구식 유정 풍불능동 파랑불기 계 성등공

부처님께옵서 말씀하옵기를, 계(戒)를 설(說)하는 것은,
[아상我相을 일으켜] 선(善)하지 않고,
[무명심無明心의] 어리석은 오만(傲慢)함이

바다의 파도처럼 물결치기 때문이니라.

[그러나,] 저 [수행자修行者의 여如의] 성품[本地] 마음은,

8식(八識)의 바다가 맑아져 9식(九識) 청정(清淨)에 흘러들어

일체(一切) 경계(境界)의 바람에 능히, 움직임이 없어,

[제식출입諸識出入] 파도의 물결이 일어나지 않아,

계(戒)의 성품이 평등(平等)한, [본성本性 여如의] 공(空)함이니라.

○268 제식(諸識)이 멸(滅)하여, 3불(三佛)을 벗어나지 않는다.

持者迷倒 如彼之人 七六不生 諸集滅定 不離三佛

지자미도 여피지인 칠육불생 제집멸정 불리삼불

[무명심無明心] 미혹(迷惑)으로 전도(顚倒)되어

[상相에 머무른] 자(者)가 계(戒)를 지님이니,

저 여(如)의 성품(性品)을 수순(隨順)하는 사람은

7식(七識)과 6식(六識)이 일어나지 않으므로

모든 집착[集]이 멸(滅)한, [무생無生 여如의] 정(定)이니,

[법보화신法報化身 성품의 자성自性 청정清淨한] 3신불(三身佛)을
벗어나지 않느니라.

○269 보리(菩提)에 들어 3무상(三無相)을 수순하니, 누구나 공경한다.

而發菩提 三無相中 順心玄入 深敬三寶 不失威儀 於彼沙門

이발보리 삼무상중 순심현입 심경삼보 부실위의 어피사문

不無恭敬

불무공경

[무생無生 각명覺明의] 보리(菩提)를 발(發)하여,

[허공해탈虛空解脫, 금강해탈金剛解脫, 반야해탈般若解脫의]
3무상(三無相) 속에,

[상相이 공空한 공상역공空相亦空의 허공해탈虛空解脫과

이理가 공空한 공공역공空空亦空의 금강해탈金剛解脫과

공空한 지혜까지 공空한 소공역공所空亦空의 반야해탈般若解脫,
무상공능無相功能] 수순심(隨順心)의 현묘(玄妙)함에 들어,
[자성自性 청정불淸淨佛의 성품을 깊이 공경(恭敬)하여 수순하며
자성自性 무상법無相法의 성품을 깊이 공경(恭敬)하여 수순하며
자성自性 무상행無相行의 성품을 깊이 공경(恭敬)하여 수순하는
불법승佛法僧 청정자성淸淨自性] 3보(三寶)를 깊이 공경(恭敬)하며,
[무생심無生心 무상법행無相法行] 위의(威儀)의 여실(如實)함을
잃지 않으므로, 저 사문(沙門)을 공경(恭敬)하지 않음이 없으리라.

◯270 동(動)과 부동(不動) 없는 3공취(三空聚)에, 3유심(三有心)이 없다.
菩薩 彼仁者 不住世間動不動法 [論：大·續1,2： 不住世間動不動法]
보살 피인자 부주세간동부동법 [논：대·속1,2： 부주세간동부동법]
入三空聚 滅三有心
입삼공취 멸삼유심

보살(菩薩)이여!
[본성本性 여如의 성품性品을 수순隨順하는] 저 인자[仁者]는,
세간(世間)의 동(動)함이나 부동법(不動法)에도 머무르지 않으며,
[상相이 공空한 공상역공空相亦空과
이理가 공空한 공공역공空空亦空과
지혜智慧가 공空한 소공역공所空亦空인] 3공취(三空聚)에 들어,
[욕유심欲有心인 취사심取捨心과 색유심色有心인 상주심相住心과
무색유심無色有心인 출입식出入識의] 3유심(三有心)을 멸(滅)하였느니라.

◯271 보리심(菩提心)의 3계심(三界心) 멸행(滅行)이, 불가사의이옵니다.
大力菩薩言 彼仁者
대력보살언 피인자
於果足滿德佛 [論： 於果滿足德佛] [續1,2： 果滿於足德佛]
어과족만덕불 [논： 어과만족덕불] [속1,2： 과만어족덕불]

如來藏佛 形像佛 如是佛所 發菩提心[論:續1,2: 而發菩提心]
여래장불 형상불 여시불소 발보리심[논:속1,2: 이발보리심]
入三聚戒 不住其相 滅三界心[論:續1,2: 滅三有心]
입삼취계 부주기상 멸삼계심[논:속1,2: 멸삼유심]
不居寂地 不捨可衆 入不調地 不可思議
부거적지 불사가중 입불조지 불가사의

대력보살(大力菩薩)이 말씀 사뢰오며 여쭈옵기를,
[본성本性 여如의 성품性品을 수순隨順하는] 저 인자[仁者]는
[과구족果具足 원만圓滿 보신체報身體인] 과족만덕불(果足滿德佛)과
[청정법신체淸淨法身體인] 여래장불如來藏佛과
[법신응화法身應化 청정수연일신淸淨隨緣一身인] 형상불(形象佛),
이와 같은 불소(佛所)에서 보리심(菩提心)을 발하여,
[3취정계三聚淨戒인
온갖 선善을 보존保存하는 섭률의계攝律儀戒와
온갖 선善을 닦는 섭선법계攝善法戒와
중생衆生을 교화敎化하는 섭중생계攝衆生戒인]
3취정계(三聚淨戒)에 들었어도,
그 [정계淨戒의] 상(相)에 머무르지 않으며,
[욕계취사심欲界取捨心과 색계상주심色界相住心과
무색계출입식無色界出入識인] 3계(三界)의 마음이 멸(滅)하였어도,
[일체 식식을 벗어난] 적멸(寂滅)의 성품[本地]에 머물지 않아
가히, [대비심大悲心으로] 중생衆生을 버리지도 않으므로
[무진번뇌無盡煩惱의] 중생세계[不調地]에 듦[入]이
불가사의(不可思議)이옵니다.

◯272 사리불(舍利弗)이, 게송(偈頌)을 올리었다.
爾時 舍利弗 從座而起 前說偈言
이시 사리불 종좌이기 전설게언

이때 사리불(舍利弗)이,
[여래如來의 심오深奧한 무생無生 결정성結定性의 지혜智慧인
여如의 설법說法을 듣고 참으로 놀랍고 부사의不思議함이라,
여래如來의 위없는 심오深奧한 불가사의 지혜智慧와
중생衆生을 위하는 더없는 연민憐愍의 깊은 대비심大悲心,
무한충만無限充滿 깊은 감화感化의 자상仔詳한 설법說法에]
곧, 자리에서 일어나 앞으로 나가, 게송(偈頌)을 올리었다.

◯273 열반(涅槃)에 머묾이 없어, 높은 곳 피안(彼岸)에도 머물지 않네.
具足波若海[論:續1,2: 具足般若海] **不住涅槃城 如彼妙蓮華**
구족파야해[논:속1,2: 구족반야해] 부주 열반성 여피묘련화
高原非所出
고원 비소출

구족(具足)한 바라밀[波] 무생반야(無生般若)의 바다에 들었어도
열반(涅槃)의 부사의(不思議) 성(城)에도, 머물지 않으시며
저와 같은 지혜(智慧)의 청정묘법(淸淨妙法) 연화(蓮華)장엄이어도
높은 피안(彼岸) 무상법처(無上法處)에도 머물지[出所] 않으시네.

◯274 중생구제하고자, 진흙 같은 곳에 지혜의 연꽃으로 오시었네.
諸佛無量劫 不捨諸煩惱 度世然後得 如泥華所出
제불무량겁 불사 제번뇌 도세연후득 여니화소출

모든 부처님께옵서 무량(無量)한 겁(劫)의 세월(歲月) 속에도
[고통苦痛받는 중생衆生들을 깊이 생각하는]
자비(慈悲)의 연민(憐愍), 그 모든 번뇌(煩惱)를 버리지 않으시고
고해(苦海)의 세간중생(世間衆生)을 다 구제(救濟)한 연후(然後)에
무상지혜(無上智慧) 증입처(證入處)에 들고자
5탁악세 진흙[泥:五濁惡世] 같은 곳에 지혜의 법연[法蓮:佛]으로 오시었네.

○275 3공취(三空聚)는, 보리(菩提)의 참된 도(道)라네.

如彼六行地 菩薩之所修[論：菩薩之所脩] **如彼三空聚**
여피육행지 보살지소수[논：보살지소수] 여피삼공취

菩提之眞道[論：菩提之直道]
보리지진도[논：보리지직도]

[10신十信 등각等覺] 저와 같은 6행(六行)의 수행지(修行地)는

[무생지혜無生智慧의] 보살(菩薩)들이 닦고 행(行)하는 바이며,

[공상空相 공공空空 소공所空] 저와 같은 3공취(三空聚)는

[무생無生 결정성結定性의 여如의 법法에 드는]

무생(無生) 보리(菩提)의 참된 도(道)이옵니다.

○276 부처님처럼, 중생구제(衆生救濟) 구족(具足)한 연후에 벗어오리다.

我今住不住 如佛之所說 來所還復來 具足然後出
아금주부주 여불지소설 내소환부래 구족연후출

저도 이제, [5탁악세五濁惡世] 머물 곳이 아니어도 머물러

[중생구제 연민憐愍의] 부처님께옵서 설(說)하시는 바와 같이

[나도] 오는 바, 세세생생[還：世世生生] [중생계에] 다시 와서

[고해苦海의] 중생구제(衆生救濟), 구족(具足)한 연후(然後)에 벗어나리다.

○277 모든 중생(衆生)을, 둘 없는 한 성품 정각(正覺)에 들게 하오리다.

復令諸衆生 如我一無二 前來後來者 悉令登正覺
부령제중생 여아일무이 전래후래자 실령등정각

또한, 모든 [차별差別 성품性品] 중생(衆生)으로 하여금

나와 같이, 둘 없는[無二]

무생(無生) 여(如)의 한[一] 성품(性品)에 이르게 하여

[세세世世 인연따라] 앞에 온 이나, 뒤에 오는 자(者)이어도

모두로 하여금,

[무생無生 보리菩提의] 정각(正覺)에 오르도록 하겠사옵니다.

○278 그대는, 무량 중생을 생사고해(生死苦海)에서 초월하게 하리라.

爾時 佛告 舍利弗言 不可思議 汝當於後 成菩提道[論: 成菩薩道]
이시 불고 사리불언 불가사의 여당어후 성보리도[논: 성보살도]

無量衆生 超生死苦海[論:續1,2: 超生死海]
무량중생 초생 사고해[논:속1,2: 초생 사해]

이때 부처님께옵서 사리불(舍利弗)에게 말씀하옵기를,

[중생구제衆生救濟의 그 원력願力과 그 선근善根을 일으킴은

참으로] 불가사의(不可思議)이니라.

그대는, 당연히 후(後)에 보리도(菩提道)를 이루어,

[중생衆生들이, 고해苦海에서 다함 없는 고통을 받음을 보며

지혜智慧의 대비심大悲心으로]

무량 중생을, 생사고해(生死苦海)에서 초월하게 할 것이니라.

○279 모두 보리(菩提)를 깨달아, 5공(五空)의 바다에 들었다.

爾時 大衆 皆悟菩提 諸小衆等 入五空海
이시 대중 개오보리 제소중등 입오공해

이때 대중(大衆)들이,

[부처님께옵서 설설說說하옵시는,

무생반야無生般若 결정성結定性의 지혜, 여如의 설법說法을 듣고]

모두, [여如의 실상實相] 무생보리(無生菩提)를 깨달았으며,

모든 소승(小乘)의 군중(群衆)들도,

[3계三界, 6도六道, 법상法相, 명상名相, 심식心識이 무생無生인,]

5공(五空)의 바다[無生淸淨大海]에 들었다.

金剛三昧經 第六 眞性空品
금강삼매경 제육 진성공품

○280 보살도(菩薩道)를, 어떻게 중생(衆生)에게 설(說)해야 하옵니까?

爾時 舍利弗 而白佛言 尊者 修菩薩道 無有名相 三戒無儀
이시 사리불 이백불언 존자 수보살도 무유명상 삼계무의
云何攝受 爲衆生說 願佛慈悲 爲我宣說
운하섭수 위중생설 원불자비 위아선설

이때 사리불(舍利弗)이 부처님께 말씀 사뢰오며 여쭈옵기를,

세존(世尊)이시여! 보살도(菩提道)를 닦음에는

[무생법無生法이라] 이름과 상(相)이 없다고 하시니,

[섭률의계攝律儀戒, 섭선법계攝善法戒, 섭중생계攝衆生戒인]

3취정계(三聚淨戒)에 위의(威儀)가 없다면,

어떻게 [그 법法을] 섭수(攝受)해야 하오며,

중생(衆生)들을 위해 어떻게 [그 법(法)을] 설(說)해야 하옵니까?

원하오니, 부처님의 자비로움으로

[그 길을 가름하지 못하는] 저희들을 위해

베풀어 설(說)하여 주시옵소서.

○281 여(如)의 일처(一處)에서 다스리면, 모든 인연(因緣)이 끊어진다.

佛言 善男子 汝今諦聽 爲汝宣說 善男子 善不善法 從心化生
불언 선남자 여금체청 위여선설 선남자 선불선법 종심화생

一切境界 意言分別 制之一處 衆緣斷滅
일체경계 의언분별 제지일처 중연단멸

부처님께옵서 말씀하옵기를,

선남자(善男子)여! 그대들은 자세(仔細)히 살피어 들을지니라.

그대들을 위해 베풀어 설(說)하리라.

선남자(善男子)여! 선(善)하거나 선(善)하지 않는 법(法)은

[일체一切 분별分別의 5음심五陰心인]

마음의 변화(變化)를 좇아 일어난 것이니라.

일체 경계가, 생각[意]과 언어(言語)의 분별이며 차별(差別)이니,

[무생無生 여如의] 일처[一處:如處]에서 다스리면[制]

모든 인연(因緣)이 끊어져, 멸(滅)하느니라.

○282 참 성품 행은, 6도(六道)가 멸(滅)해 3계(三戒)가 구족(具足)이다.

何以故 善男子 一本不起 三用無施 住於如理 六道門杜
하이고 선남자 일본불기 삼용무시 주어여리 육도문두

四緣如順 三戒具足
사연여순 삼계구족

무엇 때문이냐면, 선남자(善男子)여!

하나[一:如]의 [무생無生] 근본(根本)은 일어나지 않으므로,

[3취정계三聚淨戒] 세 가지의 작용에도

[무생심無生心 여如의 성품性品이니] 행[施]함이 없어,

여(如)의 참 성품[理]에 머물러 6도(六道)의 문(門)이 닫히고,

4연(四緣)에 여(如)의 성품(性品)을 수순(隨順)하여

[섭률의계攝律儀戒, 섭선법계攝善法戒, 섭중생계攝衆生戒인]

3계(三戒)가, [여如의 성품性品으로] 구족(具足)하기 때문이니라.

○283 무엇이 4연(四緣) 여(如)의 수순이며, 3계(三戒)가 구족이옵니까?

舍利弗言 云何四緣如順 三戒具足
사리불언 운하사연여순 삼계구족

사리불(舍利弗)이 말씀 사뢰오며 여쭈옵기를,
어떤 것이, 4연(四緣)에 [무생無生] 여(如)의 성품을 수순함이며,
[섭률의계攝律儀戒, 섭선법계攝善法戒, 섭중생계攝衆生戒인]
3계(三戒)가 구족(具足)한 것이옵니까?

○ 284 4연(四緣)이란 것은

佛言 四緣者

불언 사연 자

부처님께옵서 말씀하옵기를,
[하나의 근본根本이 일어나지 않는, 여如의 성품을 수순하는]
4연(四緣)이라 함은,

○ 285 첫째, 택멸(擇滅)을 취하는 연(緣)이니 섭률의계(攝律儀戒)이다.

一謂作擇滅力取緣 攝律儀戒

일위작 택 멸 력 취 연 섭 률 의 계

첫째는, [일체一切 심신心身의 행行에 지혜로 분별하여 멸滅하는]
택멸(擇滅)의 힘[力]을 취(取)하는 연(緣)을 지음이니,
[3취정계三聚淨戒 중에] 섭률의계(攝律儀戒)이니라.

○ 286 둘째, 본성 청정 힘을 모으는 연이니 섭선법계(攝善法戒)이다.

二謂本利淨根力 所集起緣 攝善法戒

이위본리 정근력 소 집기 연 섭선법계

둘째는, [일체一切 심신心身의 행行에 지혜智慧로 분별分別하여]
본(本) 성품 실제[利:實際]인 청정(清淨) 근(根)의 힘[力]을 모으며,
[무량선근無量善根을] 일으키는 연(緣)을 지음이니,
[3취정계三聚淨戒 중에] 섭선법계(攝善法戒)이니라.

◯287 셋째, 본성지혜 대비력(大悲力)의 연이니 섭중생계(攝衆生戒)이다.

三謂本慧大悲力緣 攝衆生戒

삼위본혜대비력연 섭중생계

셋째는, 본성(本性)의 청정지혜(淸淨智慧)로
[중생구제衆生救濟] 대자비력(大慈悲力)의 연(緣)을 지음이니,
[3취정계三聚淨戒 중에] 섭중생계(攝衆生戒)이니라.

◯288 넷째, 일각(一覺) 지혜의 연(緣)이니, 여(如) 수순(隨順)이다.

四謂一覺通智力緣 順於如住 是謂四緣

사위일각통지력연 순어여주 시위사연

넷째는, [무생無生] 일각(一覺)을 통(通)한
[본성本性 여如의 성품,] 지혜력(智慧力)의 연(緣)을 지음이니,
[무생無生] 여(如)의 성품(性品)에 머물러 수순(隨順)함이니라.
이것이, [여如의 성품性品을 수순隨順하는] 4연(四緣)이니라.

◯289 4대연(四大緣)으로 행(行)과 상(相)을 벗어나, 구함도 끊어졌다.

善男子 如是四大緣力 不住事相 不無功用 離於一處

선남자 여시사대연력 부주사상 불무공용 이어일처

則[論: 即]不可求

즉[논: 즉]불가구

선남자(善男子)여! 이와 같이
[여如의 성품性品을 수순隨順하는] 4대연(四大緣)의 힘으로
일체(一切) 행[事:行]과 상(相)에 머무르지 않으므로,
성품[功:功能]의 행[用:行]이 없지 않으나
[일체一切 상相과 식識,] 그 어느 곳[一處]에도 머묾이 없어
곧, [여如의 마음을 어디에도] 가히 구(求)할 수 없느니라.

○290 여(如) 수순이 6행 통섭(通攝)이니, 불보리의 일체지(一切智)이다.

善男子 如是一事 通攝六行
선남자 여시일사 통섭육행

是佛菩提薩婆若海 [論: 是佛菩提薩般若海]
시불보리 살 바 야 해 [논: 시불보리살반야해]

선남자여! [무생無生] 여(如)의 이[是] 여수순행(如隨順行)

일사[一事:如隨順行]로

[10신十信, 10주十住, 10행十行, 10회향十廻向, 10지十地, 등각等覺의]

6행(六行)을 두루 통섭(通攝)함이니,

이것이, [무상無上 여각행如覺行인]

불보리(佛菩提) 일체지(一切智)의 바다이니라.

○291 무주행(無住行)이, 진공(眞空)이며 상락아정(常樂我淨)이며
대반열반(大般涅槃)이옵니다.

舍利弗言 不住事相 不無功用 是法眞空 常樂我淨 超於二我
사리불언 부주사상 불무공용 시법진공 상락 아정 초어이 아

大般涅槃
대반 열반

사리불(舍利弗)이 말씀 사뢰옵기를,

일체(一切) 행[事:行]과 상(相)에 머무르지 않으나,

[무생無生 여여의] 성품[功:功能] 작용(作用)이 없지 않으니

이 법(法)이, [상相 없는 참 성품 무생無生] 진공(眞空)이며,

[무생無生 여如의 심계心界,] 상락아정(常樂我淨)이며,

[자아自我와 일체상一切相, 아我와 법法의] 2아(二我)를 초월한

대반열반(大般涅槃)이옵니다.

○292 머묾 없음이 대력관(大力觀)이며, 37도품 행(行)이옵니다.

其心不繫 是大力觀 是觀覺中 應具三十七道品法
기심불계 시대력관 시관각중 응구삼십 칠도품법

[무생無生 여如의] 그 마음,

[아我와 법法의 일체상一切相에] 얽매임 없으니,

이것이, [대 지혜력智慧力인 무생無生] 대력관(大力觀)이옵니다.

이[是] 각관(覺觀) 중에는

응당히, 37도품법(三十七道品法)의 [실제實際 실공덕實功德이]

온전(穩全)히 갖추어졌사옵니다.

○293 37도품이 하나의 실체이며, 그 법의 실체(實體)를 얻을 수 없다.

佛言 如是 具三十七道品法 何以故 四念處 四正勤 四如意足

불언 여시 구삼십 칠도품법 하이고 사념처 사정근 사여의족

五根 五力 七覺分[論: 七覺] **八正道等 多名一義 不一不異**

오근 오력 칠각분[논: 칠각] 팔정도등 다명일의 불일불이

以名數故 但名但字 法不可得

이명수고 단명단자 법불가득

부처님께옵서 말씀하옵기를, 그러하니라.

[여如의 일법一法인 여如의 일행一行으로

6행六行을 한목 통섭通攝한 대력관大力觀인 각관覺觀은,

불佛의 무상보리無上菩提 일체一切 지혜智慧의 바다이므로]

37도품법의 [실공덕實功德이 온전穩全히] 갖추어졌느니라.

무엇 때문이냐면,

4념처(四念處), 4정근(四正勤), 4여의족(四如意足), 5근(五根),

5력(五力), 7각분(七覺分), 8정도(八正道) 등, 이름함이 많아도,

하나의 [여如의] 실체[義:實體]이니,

[그 실체實體는 37도품법과] 하나도 아니며 다름도 아니어서,

[37도품법三十七道品法 각각各各은] 분별(分別)을 따라 이름하고

헤아림을 따라 수(數)를 일컫는 까닭[緣由]으로

다만, [37도품법을] 이름하여도, 단지(但只) 문자(文字)일 뿐,

[37도품三十七道品] 그 법(法)의 [체성體性인 실체實體를]

가히 얻을 수 없느니라.

○294 하나의 실체(實體)는 여(如)이며, 일체(一切)가 구족(具足)하다.

不得之法 一義無文 無文相義[論: 無文之相] **眞實空性 空性之義**
부득지법 일의무문 무문상의[논: 무문지상] 진실공성 공성지의
如實如如 如如之理 具一切法
여실여여 여여지리 구일체법

[37도품법三十七道品法의 실체實體인 여如의 성품性品은]
얻을 수 없는 법(法)으로,
하나[一:如]의 실체[義:實體] [여如의 성품性品은,]
문자(文字)가 끊어졌느니라.
문자(文字)와 모습[相]도 끊어진 [여如의] 실체[義:實體]는
[무생無生 여如의] 진실(眞實) 공성(空性)이니라.
공(空)한 성품(性品) 실체[義:實體]인 여(如)의 실(實)은,
[체體도 여如이며, 상相도 여如인] 여여(如如)의 성품(性品)이니라.
[체體도 여如이며, 상相도 여如인]
여여(如如)의 참 성품[理:眞性] [여래장如來藏의 성품性品은,]
[여래如來의 일체一切 지혜와 삼라만상의 일체총지一切總持이니]
불가사의 일체(一切) 법(法)의 공덕(功德)이 구족(具足)하니라.

○295 여(如)에 든[入] 자(者)는, 3계(三界) 고해(苦海)를 벗어났다.

善男子 住如理者[續2: 住於如理] **過三苦海**
선남자 주여리 자[속2: 주어여리] 과삼고해

선남자(善男子)여!
[무생無生 진실眞實 공성空性이며, 무생無生 결정성結定性인]
여(如)의 참 성품[理]에 머무른 자(者)는,
[욕계欲界의 취사심取捨心과 색계色界의 상주심相住心과
무색계無色界의 출입심出入心이 공적空寂하여]

3계(三界)의 괴로움 바다를 벗어났느니라.

◯ 296 여(如)는, 언설이 불가(不可)인데 어떻게 설법을 하시옵니까?

舍利弗言 一切萬法 皆悉言文[論: 皆悉文言] **言文之相**[論: 文言之相]
사리불언 일체 만법 개실언문[논: 개실문언] 언문지상[논: 문언지상]

卽[大:續1,2: 卽]**非爲義 如實之義 不可言議**[論:續1,2: 不可言說]
즉[대:속1,2: 즉]비위의 여실 지의 불가언 의[논:속1,2: 불가언설]

今者如來 云何說法
금자여래 운하설법

사리불(舍利弗)이 말씀 사뢰오며 여쭈옵기를,

일체(一切) 만법(萬法)이 모두 다, [법法을 일컫고 드러내는]

말[言]과 글[文]이옵니다.

말[言]과 글의 상(相)이 곧, 실체[義:實體]가 아니라고 하시오니,

여(如)의 실(實)인 실체[義:實體]는

언설(言說)로 가히 사의[議:思議]할 수 없사온데

지금, 여래(如來)께옵서는,

어떻게, [언어言語와 문자文字가 끊어진 여如의] 법(法)을

설(說)하시고 계시옵니까?

◯ 297 여래설(如來說)은 실상(實相)을 말할 뿐, 문자(文字)가 아니다.

佛言 我說法者 以汝衆生 在生說故 說不可說 是故說之
불언 아설법자 이여중생 재생설고 설불가설 시고설지

我所說者 義語非文
아소설자 의어비문

부처님께옵서 말씀하옵기를,

내가,

[언어言語와 문자文字가 끊어진 여如의] 법을 설(說)하는 것은,

그대와 중생(衆生)들이 언설(言說)에 의지한 삶을 사는 까닭으로,

가히 설(說)할 수 없는 것을 설(說)함이니라.
이러한 까닭[緣由]으로 설(說)하여도, 내가 설(說)하는 것은,
[언어言語와 문자文字가 끊어진] 실상[義:實相]을 말할 뿐,
[실상實相을 벗어난] 문자(文字)가 아니니라.

○298 실상(實相)의 말이 아니면 체성(體性)이 없어, 허망한 말이다.
衆生說者 文語非義 非義語者 皆悉空無 空無之言 無言於義
중생설자 문어비의 비의어자 개실공무 공무지언 무언어의
不言義者 皆是妄語
불언 의자 개시 망어

중생(衆生)들의 언설(言說)은,
[언어言語와 문자文字가 끊어진] 실상[義:實相]이 아닌,
[중생衆生의 사량思量과 분별分別에 의한] 문자(文字)의 말이니라.
실상[義:實相]의 말[語]이 아닌 것은, 모두 다 [분별分別의 상相일 뿐,
그 실체實體가 없어] 헛된[空無] 것이니라.
헛된[空無] 말[語]은, 그 실체[義:實體]가 없는 말[言]이므로,
실상[義:實相]의 말[言]이 아닌 것은
모두, 이것은 [분별分別과 사량思量의 헤아림인
실상實相을 벗어난] 허망(虛妄)한 [분별分別의] 말[言]이니라.

○299 실상(實相)의 말[語]은 여(如)이며, 공(空)과 실(實)을 벗어났다.
如義語者 實空不空 空實不實 離於二相
여의어자 실공불공 공실부실 이어이상
中閒不中[大:續1,2: 中間不中]
중간부중[대:속1,2: 중간 부중]

[언어言語와 문자文字가 끊어진]
여(如)의 [실체實體의 근본根本] 실상[義:實相]을 말[語]하는 것은,
실(實)이 공(空)이어도,

[그 공空이, 무생無生 여如의 성품性品 결정성結定性일 뿐,
중생이 생각하는, 텅 비어 없는 허망虛妄한] 공(空)이 아니며,
공(空)이,
[즉, 무생無生 결정성結定性인 여如의 성품性品] 실(實)이어도
[중생衆生이 분별分別하고 생각하며 사유思惟하는 유有나,
상견相見의 유위有爲인] 실(實)도 아니니라.
[그러므로, 중생衆生의 분별分別과 사유思惟의 공空과 실實,
유有와 무無의] 두 모습을 벗어났으므로
[이는, 무無인 공空도 아니며, 유有인 실實도 아니며,
또한, 유有와 무無도 아닌] 중간(中間)의 중(中)도 아니니라.

◯300 3상(三相)을 벗어나 견(見)의 처소(處所)가 없어, 여여여설이다.

不中之法 離於三相 不見處所 如如如說
부중지법 이어삼상 불견처소 여여여설

[유有와 무無와] 중(中)도 아닌 법(法)은,
[일체一切 사량思量과 분별상分別相인 유有, 무無, 중中의]
3상[三相:有・無・中]을 벗어나 견(見)의 처소(處所)가 없어,
[일체一切 상相도, 유有 무無 없는 결정성結定性 여如이며
일체一切 행行도, 유有 무無 없는 결정성結定性 여如이며
일체一切 체體도, 유有 무無 없는 결정성結定性 여如이므로
유有와 무無와 중中이 없는 결정성結定性인]
여여여설(如如如說)이니라.

◯301 여설(如說)은, 유무(有無)의 존재(存在)가 아님을 설(說)한다.

如無無有 無有於無 如無有無 有無於有
여무무유 무유어무 여무유무 유무어유
如有無不在[論:續1,2: 有無不在] **說不在說故**[論:續1,2: 說不在故]
여유무부재[논:속1,2: 유무부재] 설부재설고[논:속1,2: 설부재 고]

[결정성結定性 여여여설如如如說의] 여(如)에는
[중생衆生들이 생각하고 분별分別하며 사유思惟하는]
유(有)도, 무(無)도, [중中도,] 없느니라.
[결정성結定性인 여설如說에] 유(有)와 무(無)와 [중中이] 없음은,
[결정성結定性] 여(如)에는,
[일체상견一切相見의 분별分別인] 유(有)도, 무(無)도, [중中도,]
끊어졌기 때문이니라.
유(有)와 무(無)와 [중中, 일체상견一切相見인] 유견(有見)이어도,
[결정성結定性인] 여(如)는
유(有)와 무(無)와 [중中의] 존재(存在)가 아니므로,
[여如의 일체一切] 설(說)은
[유有와 무無와 중中의] 존재(存在)가 아닌 까닭[緣由]을
설(說)하느니라.

○302 여(如)는, 유(有)도 무(無)도 아니므로 여(如)라고 한다.

不在於如 如不有如 不無如說
부재어여 여불유여 불무여설

[유有, 무無, 중中의] 존재(存在) 아님이 여(如)이니,
여(如)는, 유(有)가 아니므로 여(如)이며,
무(無)도 아니므로 여(如)이며,
[중中도 아니므로 여如라고] 말하느니라.
[왜냐하면, 무생無生 여如에는, 유有도, 무無도, 중中도 끊어진,
무생無生 결정성結定性이기 때문이니라.]

○303 천제(闡提)는, 어떤 등급에 머물러 여래(如來)의 실상에 드옵니까?

舍利弗言 一切衆生 從一闡提 闡提之心 住何等位
사리불언 일체중생 종일천제 천제지심 주하등위

得至如來如來實相
득지여래여래실상

사리불(舍利弗)이 말씀 사뢰오며 여쭈옵기를,

일체중생(一切衆生)이,

[성불成佛의 인연因緣이 없는] 일천제(一闡提)의 삶을 좇다가,

[중생衆生이 성불成佛하고자 마음을 일으켜 수행修行에 들면

그 수행修行의 과정過程 속에] 천제(闡提)의 마음으로부터,

어떤 순위(順位)의 등급(等級)에 머물러야

여래(如來)께옵서 성취[得至:成就]한,

여래(如來)의 실상(實相)을 얻을 수가 있사옵니까?

◯304 여래(如來)의 실상(實相) 과정에까지, 5등급 수행(修行)에 머문다.

佛言 從闡提心 乃至如來 如來實相 住五等位
불언 종천제심 내지여래 여래실상 주오등위

부처님께옵서 말씀하옵기를,

[중생이 성불成佛하고자 마음을 일으켜, 수행 과정過程에 들면]

천제(闡提)의 마음으로 좇아,

여래(如來)가 이른 여래(如來)의 실상(實相)에까지,

5등급(五等級)의 수행과정 순위(順位)에 머무르게 되느니라.

◯305 첫째 신위(信位)이니, 진여(眞如)가 망심(妄心)에 가림을 믿음이다.

一者 信位 信此身中 眞如種子 爲妄所翳 捨離妄心 淨心淸白
일자 신위 신차신중 진여종자 위망소예 사리망심 정심청백

知諸境界意言分別
지제경계 의언분별

첫째는, [청정淸淨한 물듦 없는 성품性品, 진여眞如의 믿음인

6식六識이 전변轉變하여 끊어지는

대승大乘의] 신위(信位)이니라. 신위자(信位者)는, 이 몸 가운데,

[생사生死와 생멸生滅의 일체상一切相 그 무엇에도 물듦 없는,
청정清淨 진여真如의 종자種子가 있음을 앎이나,]
진여(真如)의 종자(種子)가
[일체상一切相 분별分別의] 망심(妄心)에 가린 바임을 믿으며,
[일체상一切相 분별分別의] 망심(妄心)을 버리고 벗어나면
[색성향미촉법色聲香味觸法 그 무엇에도 물듦 없는]
맑은 마음이 청정명백(清淨明白)하여,
[일체一切 색성향미촉법色聲香味觸法과 수상행식受想行識의]
모든 경계가, 의식[意]과 언어(言語)의 헤아림인 분별(分別)과
차별상(差別相)임을 아느니라[신위信位:대승공지大乘空智:6식멸과六識滅果].

○306 둘째 사위(思位)이니, 경계가 나의 본식(本識)이 아님을 앎이다.
二者 思位 思者觀諸境界 唯是意言 意言分別 隨意顯現
이자 사위 사자관제경계 유시의언 의언분별 수의현현
所見境界 非我本識 知此本識 非法非義 非所取 非能取
소견경계 비아본식 지차본식 비법비의 비소취 비능취
둘째는, [모든 능소能所의 일체一切가 무자성無自性인
청정경계清淨境界를 관觀하는 제7식第七識 말나식末那識인
자아의식自我意識이 끊어져 전변轉變하는
일승一乘의] 사위(思位)이니라. 사위자(思位者)는,
모든 경계(境界)가, [실체實體 없는 무자성無自性임을] 관(觀)하여,
오직, 이[是] 모두가
[능소能所 분별分別의] 의식(意識)과 언어(言語)의 상(相)이며,
일체(一切)가, 의식(意識)과 언어(言語)의 헤아림인 분별과 차별로,
의식(意識)이 일어남을 따라 나타난
현상(現象)임을 보는 바[能所相]의 경계(境界), [이 식심識心이,]
나의 [청정清淨한 본래本來] 본심(本識:本心)이 아님을 앎이니라.
이[是] [청정清淨한 본래本來] 본심(本識:本心)을 알면,

법(法)도 아니며, 실체[義:實體]도 아니며,

대상(對相)을 취함[所取]도 아니며,

마음이 일어나 취함[能取]도 아님을 아느니라[사위思位:일승원지一乘圓智:일승본심진여지一乘本心眞如智:제7식멸과第七識滅果)].

○307 셋째 수위(修位)이니, 원융각명(圓融覺明)으로 얽매임을 벗음이다.

三者 修位 修者常起能起 起修同時 先以智導 排諸障難

삼자 수위 수자상기능기 기수동시 선이지도 배제 장난

出離盖纏[大: 出離盖纏][論:續1,2: 出離蓋纏]

출리개전 [대: 출리개전] [논: 속1,2: 출리개전]

셋째는, [능소能所에 얽매임을 벗어난 닦음인

제8식第八識 능소출입식能所出入識이 끊어져 전변轉變하는

일불승一佛乘의] 수위(修位)이니라.

수위자(修位者)는, 항상(恒常), [능소能所 없는 원융성품圓融性品을

장애障礙하는] 경계(境界)가 일어남을 따라, 스스로 능히,

[원융,각성각명,성품작용圓融,覺性覺明,性品作用의] 닦음을 일으키되,

[능소能所] 경계(境界)의 일어남과

[원융,각성각명圓融,覺性覺明 지혜작용의] 닦음을 동시에 함이니,

먼저, [능소能所 없는, 쌍차쌍조雙遮雙照 원융각명圓融覺明의]

지혜(智慧)로 이끌어

[제8식第八識 능소출입식能所出入識이 끊어진 원융성품圓融性品,

쌍차쌍조雙遮雙照 원융,각성각명圓融,覺性覺明의 작용으로]

모든 [능소能所 식識] 장애(障礙)의 어려움을 물리쳐,

[능소能所의 무명경계無明境界] 업력(業力)에 덮힘과

[능소能所의] 경계(境界)에 얽매임을 벗어나는 것이니라[수위修位:일불승원융각명지一佛乘圓融覺明智:일불승각조쌍차쌍조행一佛乘覺照雙遮雙照行:제8식출입식멸과第八識出入識滅果)].

○308 넷째 행위(行位)이니, 대반열반으로 공(空)한 무한(無限)에 든다.

四者 行位 行者離諸行地 心無取捨 極淨根利 不動心如
사자 행위 행자이제행지 심무취사 극정근리 부동심여
決定實性 大般涅槃 唯性空大
결정실성 대반열반 유성공대

넷째는, [모든, 수행의 무위동각無爲動覺 수행과修行果를 벗어난,
무기부동無記不動 무명함장식無明含藏識이 끊어져 전변轉變한
전변,무위지혜,열반성품轉變,無爲智慧,涅槃性品인 불승佛乘의]
행위(行位)이니라. 행위자(行位者)는,
모든 [무위동각無爲動覺] 수행지[修行地:動覺地]를 벗어난 것이니,
마음에 [능소能所] 취사[取捨:覺行]의 [지혜행智慧行이] 끊어져,
지극(至極)한 청정근(淸淨根)인,
[무위,부동열반,성품無爲,不動涅槃,性品] 실제[利:實際]이며,
[마음이 일체一切에 동動함 없는 무위열반無爲涅槃] 부동심(不動心),
여(如)의 성품 결정실성(決定實性)인 대반열반(大般涅槃)으로,
오직 성품이 공(空)한 [무위,열반공성無爲,涅槃空性의 무한無限 무변성
無邊性에] 이르렀느니라[행위行位:불승부동지佛乘不動智:불승부동열반성지
佛乘不動涅槃性智:무명함장식멸과無明含藏識滅果].

○309 다섯째 사위(捨位)는, 여(如)에도 머묾 없는 여래에 이른 것이다.

五者 捨位 捨者不住性空 正智流易 大悲如相 相不住如
오자 사위 사자부주성공 정지유역 대비여상 상부주여
三藐三菩提 虛心不證 心無邊際 不見處所 是至如來
삼먁삼보리 허심부증 심무변제 불견처소 시지여래

다섯째는, [일체,무위동각一切,無爲動覺과
일체,무위정각一切,無爲定覺의 일체一切 깨달음과
무상無上 깨달음의 증각지혜證覺智慧까지도 모두 벗어난
불가사의不可思議 일체초월一切超越 무생결정성無生結定性인

불성여래장佛性如來藏 무생공능無生功能 부사의결정각不思議結定覺
여래성품如來性品인] 사위(捨位)이니라. 사위자(捨位者)는,
[무생無生 본성本性의 일체초월一切超越 절대성絕對性,
완전한 무생공능無生功能 여如의 성품 무생無生 결정성結定性에 들어,]
성품이 파괴(破壞)됨이 없는 공(空)함에도 머물지 않으며,
[시각始覺도 본각本覺도 끊어진, 여래장如來藏 무상각명無上覺明
결정성結定性 인印의] 바른 정각(正覺) 정지혜(正智慧)로 바뀌어,
여(如)의 모습 대자비(大慈悲)에도, 여(如)에 머물지 않는
[무생無生] 청정상(淸淨相)이니,
[무상불각無上佛覺인] 아뇩다라삼먁삼보리(阿耨多羅三藐三菩提)도
마음을 비워 증득(證得)하지 않으며,
마음이 끝없는, [일체초월一切超越 절대성絕對性]
무생(無生) 무한무변(無限無邊) 무한초월(無限超越)에 이르러,
[일체一切 깨달음과 일체 지혜와 일체一切 무량성과無量聖果의]
일체견(一切見)의 처소(處所)가 끊어졌으니,
이것이 여래(如來)에 이른 것이니라[사위捨位:일체초월一切超越 여래결정
각如來結定覺:무생여래결정성지無生如來結定性智].

○310 5종(五種)이 일각(一覺)의 작용이니, 본성(本性)을 수순함이다.
善男子 五位一覺 從本利入 若化衆生 從其本處
선남자 오위일각 종본리입 약화중생 종기본처

선남자(善男子)여!
다섯 종류(種類) 순위(順位)의 등급(等級)이
[무생본성無生本性 여如의] 일각(一覺)의 작용이니,
본성(本性)의 성품, [여如의] 실제[利:實際]를 수순하여 듦이니라.
만약(萬若), 중생(衆生)을 교화(敎化)하려면,
[중생衆生의] 그 본래(本來) 본성(本性),
[여如의] 성품[處]을 수순(隨順)하도록 해야 하느니라.

○311 어떻게 함이, 본성(本性)을 수순(隨順)함이옵니까?

舍利弗言 云何從其本處

사리불언 운하 종기 본처

사리불(舍利弗)이 말씀 사뢰오며 여쭈옵기를,

어떻게 함이,

[파괴破壞됨이 없는 무생無生 결정성結定性 여如의 일각一覺인]

그 본성(本性)의 성품(性品)을 수순(隨順)함이옵니까?

○312 자성(自性) 결정성인 보리심(菩提心)으로, 성도(聖道)를 이룬다.

佛言 本來無本處 於無處空際 入實發菩提心[論：入實發菩提]

불언 본래무본처 어무처공제 입실발보리심 [논: 입실발보리]

而滿成聖道

이만성성도

부처님께옵서 말씀하옵기를,

본래(本來) 본성(本性)은 처소(處所)가 없어,

[일체상一切相과 일체一切 제식諸識의 상념想念이 끊어지면

상相과 심心의 일체처一切處에] 처(處)함이 끊어진

[무생無生 실제實際 적멸寂滅의] 공(空)한 자성[際:自性]이므로,

[무생無生] 결정성[實:結定性]에 들어 보리심(菩提心)을 발하여

성도(聖道)를 원만(圓滿)하게 이루느니라.

○313 허공(虛空)을 잡음과 같아, 얻음도 얻지 못함도 아니다.

何以故 善男子 如手執彼空 不得非不得

하이고 선남자 여수집피공 부득비부득

무엇 때문이냐면, 선남자(善男子)여!

[본성本性은, 본래本來 무생無生 성품이므로, 처소處所가 없어

보리심菩提心을 발發하여 성도聖道를 이룸도,]

손[手]으로 저 허공(虛空)을 잡음과 같음이니

[무생無生이므로] 얻음도 아니며,

[그러나, 성품性品에 듦[入]이 없지 않으므로]

얻지 아니함도 아니니라.

○314 본성(本性)을 수순하면, 생멸심(生滅心)이 적멸(寂滅)하옵니다.

舍利弗言 如尊所說[續1,2: 如尊者所說] **在事之先 取以本利**

사리불언 여존소설 [속1,2: 여존자소설] 재사지선 취이본리

是念寂滅

시념적멸

사리불(舍利弗)이 말씀 사뢰옵기를,

세존(世尊)께옵서 설(說)하신 바는

[무생無生 결정성結定性, 여如의 성품性品] 수순행[事]에 있어서

먼저[于先], [무생無生 여如의 일각一覺의]

본(本) 성품(性品) 실제[利:實際]에 수순[取:隨順]하여,

이[是] 일체(一切) 생멸심[念:生滅心]을 적멸(寂滅)하게 하시옵니다.

○315 여(如)는 공덕총지(功德總持)이며, 원융불이(圓融不二)옵니다.

寂滅是如 摠持諸德 該羅萬法 圓融不二 不可思議

적멸시여 총지제덕 해라만법 원융불이 불가사의

적멸(寂滅)한 이[是] 여(如)의 성품(性品)은,

[제불諸佛의 일체지혜一切智慧와 삼라만상森羅萬象 만법萬法의

근원根源으로] 모든 공덕(功德) 총지(總持)의 성품(性品)이니,

두루 만법(萬法)을 갖춘 [여如의 결정성結定性이므로]

원융불이(圓融不二)이오니, 불가사의이옵니다.

○316 이[是] 법(法)이 반야바라밀이며, 대신 대명 무상주(無上呪)입니다.

當知是法 即[大:續1,2: 卽]**是摩訶般若波羅蜜 是大神呪 是大明呪**

당지시법 즉 [대:속1,2: 즉]시마하반야바라밀 시대신주 시대명주

是無上呪[論: 是無上明呪] **是無等等呪**
시무상주[논: 시무상명주] 시무등등주

당연히, 이 [무생無生 결정성結定性인 여(如)의] 법(法)을 앎이
곧, 이[是] 마하반야바라밀(摩訶般若波羅蜜)이며,
이[是] [무생공능無生功能 불가사의] 대신주(大神呪)이며,
이[是] [무생각명無生覺明 불가사의] 대명주(大明呪)이며,
이[是] [무생결정성無生結定性 불가사의] 무상주(無上呪)이며,
이[是] [무생실제無生實際 불가사의] 무등등주(無等等呪)이옵니다.

○317 진여(眞如)는 공성(空性)이니, 식(識)의 흔적이 없다.
佛言 如是如是 眞如空性 性空智火 燒滅諸結 平等平等
불언 여시여시 진여공성 성공지화 소멸제결 평등평등
等覺三地 妙覺三身 於九識中 皎然明淨 無有諸影
등각삼지 묘각삼신 어구식중 교연명정 무유제영

부처님께옵서 말씀하옵기를, 그렇고 그러하니라.
진(眞)인 여(如)의 공성(空性)은, 성품이 공한 지혜의 불(火)이니,
모든 [제식諸識의] 얽매임을 불태워 소멸(消滅)하므로
[일체一切 차별상差別相이] 평등(平等)하고
[일체一切 차별差別의 성품性品이] 평등(平等)하며
[지혜智慧의 성품性品이 평등平等한] 등각(等覺) 3지(三地)와
묘각(妙覺) [법法, 보報, 응화應化의] 3신(三身)이,
[청정본성清淨本性인] 9식(九識) 가운데 밝고 밝으며
[일체상一切相과 일체식一切識에] 걸림없이 청정하여
모든 식(識)의 그림자가 없느니라.

○318 성품(性品)이 공(空)하므로, 공(空)한 모습도 공(空)하다.
善男子 是法非因非緣 智自用故 非動非靜 用性空故
선남자 시법비인비연 지자용고 비동비정 용성공고

義非有無[續1,2: 非有非無] **空相空故**
의비유무[속1,2: 비유비무] 공상공고

선남자(善男子)여! 이[是] [여如의] 법(法)은

[무엇에 인연한 결과인,] 인(因)도 아니며 연(緣)도 아님은,

[본래本來 성품의] 자성공능[自:自性功能] 자재작용[用:自在作用]인

무생본지[智:無生本智]의 성품(性品)인 까닭[緣由]으로

동(動)도 아니며 정(靜)도 아님은,

무생본지(無生本智) 성품의 작용이 [본래] 공(空)한 까닭이니라.

그 실체[義:實體]가 유(有)도 무(無)도 아님은,

[그 성품性品 실체實體는]

공(空)한 모습도 [끊어져] 공(空)하기 때문이니라.

◯319 실체(實體)의 관(觀)에 들어야, 여래(如來)를 본다.

善男子 若化衆生 令彼衆生 觀入是義 入是義者 是見如來
선남자 약화중생 영피중생 관입시의 입시의자 시견여래

선남자(善男子)여! 만약(萬若) 중생(衆生)을 교화(敎化)하려면,

저 중생(衆生)들로 하여금, [공(空)한 모습도 끊어진 성품性品]

이[是] [여如의] 실체[義:實體]의 관(觀)에 들게 해야 하느니라.

이[是] [무생無生 여如의] 실체[義:實體]에 든[入] 자(者)는

[공空한 것도 끊어진, 무생無生 결정성結定性의 성품性品인]

이[是] 여래(如來)를 보리라.

◯320 여래의관(如來義觀)은, 4선(四禪) 유정(有頂)을 초월하옵니다.

舍利弗言 如來義觀 不住諸流 應離四禪 而超有頂
사리불언 여래의관 부주제류 응리사선 이초유정

사리불(舍利弗)이 말씀 사뢰옵기를,

여래(如來)의 [여如의] 실체[義:實體]를 관(觀)하는

여래실관(如來實觀)은,

모든 [색색과 상相과 식識과 심心과 견見과
일체一切 수행 과위果位의] 흐름에도 머물지 않으므로,
응당 4선(四禪)을 벗어나, 유정(有頂)을 초월(超越)함이옵니다.

◯321 모든 법(法)은 분별(分別)의 이름이니, 4선(四禪)도 이와 같다.
佛言 如是 何以故 一切法名數 四禪亦如是
불언 여시 하이고 일체법명수 사선역여시

부처님께옵서 말씀하옵기를, 그러하니라. 무엇 때문이냐면,
일체(一切) 법(法)은, [상相과 식識의] 분별(分別)이 있어 이름하며,
헤아릴 것이 있어 수(數)이니, 4선(四禪) 역시, 이와 같으니라.

◯322 여래(如來)는 심자재(心自在)이니, 평등(平等)한 성품(性品)이다.
若見如來者 如來心自在 常在滅盡處 不出亦不入 內外平等故
약견여래자 여래심자재 상재멸진처 불출역불입 내외평등고

만약(萬若), 여래(如來)를 본[見] 자(者)는,
여래(如來)는 [무생無生 결정성結定性 여如의] 심자재(心自在)이니,
항상(恒常) [무생無生 여如의] 멸진처(滅盡處)에 있어
[무엇으로부터] 나옴도 아니며 또한, 듦[入]도 아님은,
내외(內外)가 끊어진 [무생無生 여如의] 평등(平等)한 성품인
까닭[緣由]이니라.

◯323 저 모든 선관(禪觀)은, 상념(想念)의 공정(空定)이다.
善男子 如彼諸禪觀 皆爲想空定[論: 皆爲故想定]
선남자 여피제 선관 개위상공정[논: 개위고상정]

선남자여! [모든 식識의 작용인] 저와 같은 모든 선관(禪觀)은,
[여래如來의 여如의 실관實觀인, 여래실관如來實觀이 아니므로,]
모두, [식識에 의지함이 있는] 상념(想念)의 공정(空定)이니라.

○324 여관(如觀)은 실(實)일 뿐, 상(相)을 관(觀)하거나 봄이 아니다.

是如非復彼 何以故 以如觀如實 不見觀如相

시 여 비 부 피 하 이 고 이 여 관 여 실 불 견 관 여 상

이[是] [무생無生 여如의 결정성結定性을 관觀하는] 여관(如觀)은,
[제식諸識의 작용인 유위有爲의 유상관有想觀이나,
무위無爲의 무상관無想觀인] 저 관행(觀行)으로
다시 돌아가지 않느니라.
무엇 때문이냐면, 여(如)의 성품(性品)을 관(觀)함은
[일체 식識이 끊어진 무생無生] 여(如)의 성품(性品) 실(實)일 뿐,
여(如)의 상(相)을 관(觀)하거나, 봄(見)이 아니니라.

○325 모든 상(相)이 적멸(寂滅)이며, 적멸(寂滅)이 여(如)의 실체이다.

諸相相已寂滅[論:續1,2: 諸相已寂滅] **寂滅卽如義**[大·續1,2:
제 상 상 이 적 멸 [논:속1,2: 제 상 이 적 멸] 적 멸 즉 여 의 [대:속1,2:
寂滅卽如義]
즉멸즉여의]

[여如를 관觀하는 여관如觀은,] 모든 제상[相:所相:對相]과
심상[相:能相:心相]이 이미 적멸(寂滅)하여,
[무생無生] 적멸(寂滅)이 곧, 여(如)의 실체[義:實體]이기
때문이니라.

○326 상념(想念)의 선정(禪定)은 동(動)함이니, 선(禪)이 아니다.

如彼想禪定 是動非是禪

여 피 상 선 정 시 동 비 시 선

저와 같은 [유위有爲 유상관有想觀과 무위無爲 무상관無想觀인]
상념(想念)의 선정(禪定)은, 이는 동(動)이므로
이는, 선(禪)이 아니니라.

○327 선(禪)의 성품(性品)은, 동(動)함 없는 본성(本性)의 성품이다.

何以故 禪性離諸動 非染非所染 非法非影 離諸分別
하이고 선성리제동 비염비소염 비법비영 이제분별

本利義故[論:續1,2: 本義義故]
본리의고[논:속1,2: 본의의고]

무엇 때문이냐면,

선(禪)의 성품(性品)은, 모든 [식식諸識의] 동(動)함이 끊어졌으므로,

[동動과 정靜에] 물듦도 아니며 물들 바도 아니므로

[제식諸識의] 법(法)도 아니며 상념(想念)인 그림자도 아니며,

모든 [제식諸識의] 분별(分別)과 차별(差別)을 벗어난

본성(本性)의 성품(性品), [무생無生 여如의] 실제[利:實際]이며

[무생無生 여如의] 실체[義:實體]이기 때문이니라.

○328 이것이 관(觀)이며, 정(定)이며, 선(禪)이다.

善男子 如是觀定 乃名爲禪
선남자 여시관정 내명위선

선남자(善男子)여! [동動과 정靜, 능能과 소所,

일체(一切) 분별(分別)의 상념想念을 벗어나,

미혹과 깨달음에 물듦 없는 무생無生 여실如實의] 이와 같음이

곧, 관(觀)이며, 정(定)이며, 또한, 이름함이 선(禪)이니라.

○329 여래(如來)는, 여(如)의 성품 실(實)로써 교화(敎化)하시옵니다.

舍利弗言 不可思議 如來常以如實 而化衆生
사리불언 불가사의 여래상이여실 이화중생

사리불(舍利弗)이 말씀 사뢰옵기를,

[무생無生 여如의 결정성結定性을 관觀하는 여래실관如來實觀이]

불가사의(不可思議)이옵니다.

여래(如來)께옵서는 항상, [무생無生] 여(如)의 성품 실(實)로써,

중생(衆生)을 교화(敎化)하시옵니다.

○330 둔근(鈍根)은, 어떤 방편(方便)으로 여(如)에 들 수 있사옵니까?

如是實義 多文廣義 利根衆生 乃可修之[續1: 乃可脩之]
여시실의 다문광의 이근중생 내가수지[속1: 내가수지]

鈍根衆生 難以措意 云何方便 令彼鈍根 得入是諦
둔근중생 난이조의 운하방편 영피둔근 득입시제

이와 같이, [여如의] 실(實)의 실체[義:實體]를 드러내는
글의 종류(種類)도 많고, 그 뜻[義]도 광범위(廣範圍)하여,
지혜로운 이근(利根)의 중생(衆生)은 가히, 닦을 수 있겠으나,
둔근(鈍根)의 중생(衆生)은 [여如의 성품과] 뜻[意]을 가름하여도
[그 뜻義과 실체實體를] 헤아리기도 어려우니
어떤 방편(方便)으로, 저 둔근(鈍根)으로 하여금,
이[是] [무생無生 여如의 실제實際] 진리[眞諦]를 증득(證得)하여
[무생無生 실상實相에] 증입(證入)할 수가 있사옵니까?

○331 둔근(鈍根)은, 4구게(四句偈)를 지니면 실상(實相)에 든다.

佛言 令彼鈍根 受持一四句偈 即[大:續1,2: 即]**入實諦**
불언 영피둔근 수지일사구게 즉[대:속1,2: 즉]입실제

一切佛法 攝在一四偈中[論: 攝在一偈中][續1,2: 攝在一四句偈中]
일체불법 섭재일사게중[논: 섭재일게중][속1,2: 섭재일사구게중]

부처님께옵서 말씀하옵기를,
[무생無生 여如의 진리眞理를 헤아려도 알 수 없는]
저 둔근(鈍根)으로 하여금,
[무생無生 여如의 진리眞理]
한 4구게(四句偈)를 받아 지니어, [사유思惟하게 하면,]
곧, [여如의] 실제(實際)인 진리[諦]에 들게 되느니라.
일체(一切) 불법(佛法)이, 한[一] 4구게(四句偈) 속에 모두 갖추어,

총섭(總攝)해 있느니라.

◯332 4구게(四句偈)를 설(說)하여 주옵소서.

舍利弗言 云何一四句偈 願爲說之
사리불언 운하일 사구게 원위설 지

사리불(舍利弗)이 말씀 사뢰오며 여쭈옵기를,
어떤 것이, [일체一切 불법佛法을 총섭總攝한, 여如의 진리眞理]
한[一] 4구게(四句偈)이온지,
[모든 중생이 깨달아, 여如의 진리 실제實際에 들기를 간곡히]
원하오니, 설(說)하여 주시옵소서.

◯333 세존(世尊)께서, 4구게(四句偈)를 설(說)하셨다.

於是 尊者 而說偈言
어시 존자 이설 게언

[여래如來 없는 미래未來 세상世上, 그 중생까지 염원念願하는,
사리불의 마음, 그 연민憐愍을 헤아리어 대비심을 발發하니]
이때 세존(世尊)께옵서, 게(偈)를 설(說)하셨다.

◯334 실체(實體)는, 생(生)도 아니며, 멸(滅)도 아니다.

因緣所生義 是義滅非生 滅諸生滅義 是義生非滅
인연소생의 시의멸비생 멸제생멸의 시의생비멸

인연(因緣)으로 소생(所生)한 실체[義:相] 상(相),
이[是] 실체[義:相]는 [공空하여] 이미 멸(滅)해 생(生)이 아니네.
모든 생멸(生滅)이 멸(滅)한 실체[義:理] [참 성품]
이[是] 실체[義:理]는 생(生)도 멸(滅)도 아니네.

◯335 대중이, 4구게(四句偈)를 듣고, 반야(般若)의 지혜에 들었다.

爾時 大衆 聞說是偈 僉大歡喜 皆得滅生 滅生般若
이시 대중 문설시게 첨대환희 개득멸생 멸생반야

性空智海[續2: 性空智海 없음]
성공지해[속2: 성공지혜 없음]

이때 대중(大衆)들이,

이[是] [여如의 성품性品] 4구게(四句偈)의 설(說)하심을 듣고,

모두가 [무한무변제無限無邊際 불가사의 여如의 성품性品

부사의不思議의] 기쁨과 환희(歡喜)로움에 들어[入],

모두, [5온五蘊이 적멸寂滅한 무생지無生智에 증입證入해]

생(生)이 멸(滅)한 [불가사의 무생無生] 성품을 증득(證得)하여,

생(生)이 멸(滅)한 [무생無生 여如의] 반야(般若)로,

성품(性品)이 본래(本來) 공(空)한 [적멸해寂滅海]

[무생無生] 지혜(智慧)의 바다에 들었다.

金剛三昧經 第七 如來藏品
금강삼매경 제칠 여래장품

○336 생멸(生滅)의 실체가 불생불멸이며, 불(佛)의 보리(菩提)이옵니다.

爾時 梵行長者 從本際起 而白佛言 尊者 生義不滅 滅義不生
이시 범행장자 종본제기 이백불언 존자 생의불멸 멸의불생

如是如義 即[大:續1,2: 即]**佛菩提**
여시여의 즉[대:속1,2: 즉]불보리

이때 범행장자(梵行長者)가

[무생無生 적멸寂滅] 본제(本際)에서 일어나

부처님께 말씀 사뢰오며 여쭈옵기를,

세존(世尊)이시여!

생(生)의 실체[義:實體]가 [생생이 아니므로] 불멸(不滅)이오며,

멸(滅)의 실체[義:實體]도 [멸멸이 아니므로] 불생(不生)이옵니다.

[생생도 없고 멸멸도 없는 결정성結定性의 성품性品은]

이와 같이, [무생無生] 여(如)의 실체[義:實體]이므로

곧, 불(佛)의 [무상無上] 보리(菩提)이옵니다.

○337 보리(菩提)의 무궁지혜의 성품은, 분별(分別)이 끊어졌사옵니다.

菩提之性 則[論: 即]**無分別 無分別智 分別無窮 無窮之相**
보리지성 즉[논: 즉]무분별 무분별지 분별무궁 무궁지 상

唯分別滅[續1,2: 惟分別滅]
유분별멸[속1,2: 유분별멸]

[무생無生] 보리(菩提)의 성품(性品)은

[일체식一切識을 벗어난 무생각명無生覺明이므로]

곧, 일체(一切) 분별(分別)이 끊어졌사옵니다.

이[是] 분별(分別) 없는 무생지혜(無生智慧)의 성품(性品)은,

[시방十方 두루 모습 없이 항상(恒常), 밝게 깨어 있어,

무엇이든 분별分別 없이 밝게 깨닫고, 밝게 보는 지혜智慧의]

분별(分別)이 무궁(無窮)하여도,

그 무궁(無窮), [무변지혜無邊智慧의 성품性品] 모습은

오직, 일체(一切) 분별(分別)이 끊어졌사옵니다.

○338 실체(實體)는, 부사의(不思議) 성품으로 분별(分別)이 없사옵니다.

如是義相 不可思議 不思議中 乃無分別

여시의 상 불가사 의 부사의중 내무분별

이와 같이, [무생無生 여如의] 실체[義:實體]의 모습은,

[생生도, 상相도 없어,] 불가사의(不可思議)이오며,

[분별分別하여 헤아리거나 사유思惟할 수 없는

무생無生 여如의 결정성結定性,] 부사의(不思議) 성품(性品) 중에는,

[일체식一切識의] 분별(分別)이 끊어졌사옵니다.

○339 실체(實體)의 성품, 일성(一性)에 머물려면 어떻게 해야 하옵니까?

尊者 一切法數 無量無邊 無邊法相 一實義性 唯住一性

존자 일체법수 무량무변 무변법상 일실의성 유주일성

其事云何

기사운하

세존(世尊)이시여!

일체(一切) 법(法)의 수(數)는 무량무변(無量無邊)이며,

[그 법法의 모습도, 다함 없는] 무변(無邊) 법상(法相)이오니,

[무생無生 여如의] 일실(一實) 실체[義:實體]의 성품(性品)인

오직, [무생無生 결정성結定性] 일성(一性)에 머물고자 하오면,
그 [무생無生 여如의 성품性品 수순隨順] 행[事:行]을
어떻게 해야 하옵니까?

○340 일체 방편법(方便法)이, 일실(一實)인 실체(實體)의 지혜이다.
佛言 長者 不可思議 我說諸法 爲迷者故 方便導故[論: 方便道故]
불언 장자 불가사의 아설제법 위미자고 방편도고[논: 방편도고]
一切法相 一實義智
일체법상 일실의지

부처님께옵서 말씀하옵기를,
장자여! [이 무생無生 여如의 법法의 세계는] 불가사의이니라.
내가 설(說)한 모든 법(法)은, 미혹(迷惑)한 자를 위한 이끎이니,
방편(方便)으로 인도(引導)하는 까닭[緣由]은
[무량무변無量無邊] 일체(一切) 법(法)의 모습이
[모두가 다, 무생無生 여如의] 일실(一實) 실체[義:實體]의
지혜(智慧)이니라.

○341 어느 방편법(方便法)이든, 같은 한[一] 성품(性品)에 든다.
何以故 譬如一市 開四大門 是四門中 皆歸一市 如彼衆庶
하이고 비여일시 개사대문 시사문중 개귀일시 여피중서
隨意所入 種種法味 亦復如是
수의소입 종종법미 역부여시

[방편方便으로 인도引導하는 무량무변無量無邊 법법의 모습이
모두가 다 일실一實 실체[義:實體]의 지혜智慧임은]
무엇 때문이냐면, 비유(譬喻)하여,
한 도시에 네 곳의 길에 대문(大門)이 열려 있으면,
이[是] 네 곳 길의 문(門) 중에
모두가 어느 길의 문(門)으로 들어오든

결국, 한[一] 도시에 들어오게 되느니라.

저 여러 사람들과 같이, 자기의 [지혜와 선근善根과 믿음과

인연因緣의] 뜻에 따라 들어 오듯,

가지가지 법(法)이, [높고 낮거나, 깊고 얕거나,

넓고 좁거나 한,] 모든 차별[味]도 또한 역시, 이와 같으니라.

○342 일미(一味)의 법(法)은, 모든 법(法)을 총섭(總攝)하옵니까?

梵行長者言 法若如是 我住一味 應攝一切諸味

범행장자언 법약여시 아주일미 응섭일체제미

범행장자(梵行長者)가 말씀 사뢰오며 여쭈옵기를,

[무생無生 여如의] 법(法)이 만약(萬若) 이와 같다면,

제가 머무는 일법[一味:一法]은

응당, 일체(一切) 모든 법[味:法]을, 두루 총섭(總攝)하옵니까?

○343 일미(一味)의 실체(實體)는, 모든 법을 총섭(總攝)한다.

佛言 如是如是 何以故 一味實義 如一大海[論: 味如一大海]

불언 여시여시 하이고 일미실의 여일대해 [논: 미여일대해]

一切衆流 無有不入

일체중류 무유불입

부처님께옵서 말씀하옵기를,

그렇고 그러하니라. 무엇 때문이냐면,

오직, [무생無生] 일미[一味:一法]의 실(實)인 실체[義:實體]는,

[무생無生 결정성結定性인 본성本性] 여(如)의 한[一] 성품(性品)

큰 바다[一大海]이므로,

일체(一切) 뭇 종류의 흐름들이 들지 않음이 없느니라.

○344 모든 차별법(差別法)이 바다에 이르면, 한 맛[一味]이다.

長者 一切法味 猶彼衆流 名數雖殊 其水不異 若住大海

장자 일체법미 유피중류 명수수수 기수불이 약주대해

則[論: 即]括衆流 住於一味 則攝諸味[論: 即攝諸味]
즉[논: 즉]괄중류 주어일미 즉섭제미[논: 즉섭제미]

장자(長者)여!
일체(一切) 법(法)의 차별(差別) 특성[味]은
다만, 저 뭇 종류(種類)의 흐름을 따라
이름과 수(數)를 일컬음이 비록 다르나,
그 물의 성품(性品)이 다르지 않듯이
만약(萬若), 큰 바다로 흘러들어 머무르면
곧, 뭇 종류(種類)의 흐름들이 모이어 한 맛[一味]이 되리니,
이는 곧, 모든 종류(種類)의 맛을 총섭(總攝)함이니라.

○345 모든 법(法)이 한 맛이면, 어찌, 3승(三乘)의 차별이 있사옵니까?
梵行長者言 諸法一味 云何三乘道 其智有異
범행장 자언 제법일미 운하삼승도 기지유이

범행장자(梵行長者)가 말씀 사뢰오며 여쭈옵기를,
모든 법(法)이 [본성本性 여如의] 한 맛[一味]이오면,
어찌하여, [성문聲聞, 연각緣覺, 보살菩薩의] 3승(三乘)의 도(道)는,
그 지혜(智慧)가 다름이 있사옵니까?

○346 물이 바다에 이르는 과정(過程)에 따라, 이름함이 다르다.
佛言 長者 譬如江河淮海 大小異故 深淺殊故 名文別故
불언 장자 비여강하회해 대소이고 심천수고 명문별고
水在江中 名爲江水 水在淮中 名爲淮水 水在河中 名爲河水
수재강중 명위강수 수재회중 명위회수 수재하중 명위하수
俱在海中 唯名海水
구재해중 유명해수

부처님께옵서 말씀하옵기를, 장자(長者)여!
비유(譬喩)하여, 강(江)과 하(河)와 회(淮)와 바다[海]는
크고 작음의 차별(差別)이 있어, 깊고 얕음이 다른 까닭으로

이름함과 글이 다름이 있느니라.
물이 강(江) 중에 있으면 강물이라 이름하고,
물이 회(淮) 중에 있으면 회수(淮水)라고 이름하며,
물이 하(河) 중에 있으면 하수(河水)라 이름하고,
함께 바다[海] 중에 있으면 오직, 바닷물이라 이름하느니라.

○347 진여(眞如)에 이르면 불도(佛道)이니, 3행(三行)을 통달(通達)한다.
法亦如是 俱在眞如 唯名佛道 長者 住一佛道
법역여시 구재진여 유명불도 장자 주일불도
即[大:續1,2: 卽]達三行
즉[대:속1,2: 즉]달삼행

[물의 흐름도, 강江과 하河와 회淮와 바다[海]가 있듯이,]
법(法)도 역시(亦是) 이와 같아
함께, [무생無生 결정성結定性의 성품,] 진(眞)인 여(如)에 있으면
오직, 이름함이 불(佛)의 도(道)이니라.
장자(長者)여! [무생無生 여如의] 하나[一:如]인
불(佛)의 도(道)에 머물면 곧, 3행(三行)을 통달(通達)하느니라.

○348 무엇이, 3행(三行)이옵니까?
梵行長者言 云何三行
범행장자언 운하삼행

범행장자(梵行長者)가 말씀 사뢰오며 여쭈옵기를,
무엇이, [하나인 불佛의 도道에 머물러 통달通達하는,]
3행(三行)이옵니까?

○349 첫째, 사(事) 수순행(隨順行)이다.
佛言 一 隨事取行
불언 일 수사취 행

부처님께옵서 말씀하옵기를,

첫째는, [무생無生 여如의 성품性品 공능행功能行으로]
사(事:相)의 [무상청정성無相淸淨性을] 수순(隨順)하여 취(取)하는
[여如의 수순隨順 여각如覺의] 행(行)이니라.

○350 둘째, 식(識) 수순행(隨順行)이다.

二 隨識取行
이 수식취행

둘째는, [무생無生 여如의 성품性品 공능행功能行으로]
식(識:心)의 [무상청정성無相淸淨性을] 수순(隨順)하여 취(取)하는
[여如의 수순隨順 여각如覺의] 행(行)이니라.

○351 셋째, 여(如) 수순행(隨順行)이다.

三 隨如取行
삼 수여취행

셋째는, [무생無生 여如의 성품性品 공능행功能行으로]
[무생無生 본성本性] 여(如:本)의 성품(性品)을 수순(隨順)하여 취(取)하는
[여如의 수순隨順 여각如覺의] 행(行)이니라.

○352 3행(三行)은, 일체 법(法)을 총섭(總攝)한다.

長者 如是三行 摠攝衆門 一切法門 無不此入
장자 여시삼행 총섭중문 일체법문 무불차입

장자(長者)여! 이와 같은
[상공청정여수순행相空淸淨如隨順行인 수사취행隨事取行과
식공청정여수순행識空淸淨如隨順行인 수식취행隨識取行과
본성공청정여수순행本性空淸靜如隨順行인 수여취행隨如取行
이와 같은 여如의 수순隨順] 3행(三行)은
모든 지혜(智慧)의 문(門)을 총섭(總攝)하므로,

일체(一切) 법(法)의 지혜(智慧)의 문(門)이, 여기에 들지 않음이
없느니라.

○353 공(空)한 상(相)을 생(生)하지 않아, 여래장(如來藏)에 든다.
入是行者 不生空相 如是入者 可謂入如來藏[論: 可謂入如來]
입시행자 불생공상 여시입자 가위입여래장[논: 가위입여래]

이[是] [무생無生 여如의 성품 수순隨順] 행(行)에 든[入] 자(者)는
[공견상空見相도 끊어져] 공(空)한 상(相)을 생(生)하지 않으며,
[사事와 식識과 심心의 여如의 무생無生 성품 수순행隨順行으로]
이와 같이, [여如의 성품性品에] 든[入] 자(者)는
가히, [무생無生] 여래장(如來藏)에 듦이니라.

○354 여래장(如來藏)에 든[入] 자(者)는, 들어도 듦[入]이 아니다.
入如來藏者[論: 入如來者] **入不入故**[論: 入入不入]
입여래장 자[논: 입여래 자] 입불입고[논: 입입불입]

[여如의 수순隨順 여각행如覺行인
수사취행隨事取行, **수식취행**隨識取行, **수여취행**隨如取行으로
상공청정,여수순행相空清淨,如隨順行,
식공청정,여수순행識空清淨,如隨順行,
본성공청정,여수순행本性空清靜,如隨順行인 3무생행三無生行으로
여如의 무생無生 성품性品] 여래장(如來藏)에 든[入] 자(者)는,
[무생여래장無生如來藏에] 들어도, 듦[入]이 아닌 까닭이니라.
[왜냐하면, 3무생행三無生行이 곧,
무생여래장행無生如來藏行인 여如의 행行이기 때문이니라.]

○355 여래장(如來藏)에 들어도, 듦이 없사옵니다.
梵行長者言 不可思議 入如來藏 如苗成實 無有入處
범행장 자언 불가사의 입여래장 여묘성실 무유입처

범행장자(梵行長者)가 말씀 사뢰오며 여쭈옵기를,
[상공수사취행相空隨事取行, 식공수식취행識空隨識取行,
본성공수여취행本性空隨如取行인
3무생三無生 여래장행如來藏行이,
무생無生 여如의 행이므로] 참으로 불가사의이옵니다.
여래장(如來藏)에 듦[入]이,
여(如)의 [무생지혜無生智慧의] 싹이 결실(結實)을 이룸이라
[시각(始覺:用覺)이 본각(本覺:體覺)의 성품, 불이不二에 듦이니
이는, 각覺이, 각覺의 성품에 듦入이므로,]
들어도, 드는 곳[入處]이 없사옵니다.

◯356 근본 성품, 본래(本來) 공능(功能)의 완연함을 이룸이옵니다.
本根利力 利成得本
본근이력 이성득본

본래(本來) 근본(根本) 성품(性品), 실제[利:實際]
공능력[力:功能力]이므로,
[시각始覺이, 무생본각無生本覺 불이不二의 결정성結定性
여如에 듦入이
곧, 무생無生 성품性品 여如의] 실제[利:實際]인
본래(本來)의 완연(完然)한 원만(圓滿)함을 이룸이오니,
[이는, 본래本來의 성품性品, 여如의 무생근본각無生根本覺을
이룸이옵니다.]

◯357 근본(根本) 성품 실제(實際)에 들면, 그 지혜는 얼마나 되옵니까?
得本實際 其智幾何
득본실제 기지기하

[무생無生 여如의] 근본(根本) 성품(性品), 실제(實際)를 깨달아
증득(證得)하면,

그 지혜(智慧)가 어느 정도이옵니까?

◯358 그 지혜(智慧)는 무궁(無窮)하며, 4종류(四種類)가 있다.

佛言 其智無窮 略而言之 其智有四 何者爲四
불언 기지무궁 약이언지 기지유사 하자위 사

부처님께옵서 말씀하옵기를,
그 지혜(智慧)는, [사량思量과 추측推測으로 헤아릴 수 없어
불가사의不可思議이며, 끝이 없어] 무궁(無窮)하니라.
간략하게 말하면, 그 지혜(智慧)는 4종류(四種類)가 있느니라.
무엇이 4종류(四種類)인가 하면,

◯359 첫째 정지(定智)이니, 여(如)를 수순(隨順)함이다.

一者 定智 所謂隨如
일자 정지 소위수여

첫째는, [제7식第七識 말나식末那識인 자아自我가 끊어져,
상相과 공空에도 동動함 없는] 정지(定智)인
[이사무애理事無礙의 평등성지平等性智이니],
소위, [무생無生 본성本性] 여(如)의 성품을 수순(隨順)함이니라.

◯360 둘째 부정지(不定智)이니, 상(相)을 타파(打破)함이다.

二者 不定智 所謂方便破病[論:續1,2: 所謂方便摧破]
이자 부정지 소위방편파병[논:속1,2: 소위방편최파]

둘째는, [안이비설신의식眼耳鼻舌身意識인 6식六識이 끊어져,
색성향미촉법色聲香味觸法의 일체상一切相이 정定함이 없어
공空한] 부정지(不定智)로,
[반야般若 무자성無自性 묘관찰妙觀察의 공성지혜空性智慧인
묘관찰지妙觀察智이니], 소위, 방편지[方便:方便智]로,
[일체상견一切相見의] 병[病:一切相迷惑]을 깨뜨려 파괴함이니라.

◯361 셋째 열반지(涅槃智)이니, 경계상(境界相)이 제거(除去)됨이다.

三者 涅槃智 所謂除電覺際[論: 所謂除電覺] [續1,2: 所謂慧除電覺]
삼자 열반지 소위 제전각제 [논: 소위제전각] [속1,2: 소위혜 제전각]

셋째는, 안이비설신의眼耳鼻舌身意의 [6근六根 이 끊어져
색성향미촉법色聲香味觸法이 무아無我임을 깨달은 성소작지成所作智로,
6근六根에 머묾이 끊어진] 열반지(涅槃智)이니,
소위, [색성향미촉법色聲香味觸法을] 번개[電]처럼 깨닫는[覺]
성품[際]이 제거(除去)됨이니라.

◯362 넷째 구경지(究竟智)이니, 구족불도(具足佛道)에 듦이다.

四者 究竟智 所謂入實具足佛道[論:續1,2: 所謂入實具足道]
사 자 구경지 소위 입실구족불도 [논:속1,2: 소위입실구족도]

넷째는, [제8식第八識 능소출입식能所出入識이 끊어진,
원융각명圓融覺明의] 구경지(究竟智)인 [대원경지大圓鏡智이니,
이는, 능소能所가 끊어져] 소위, 실다운
[원융각명성품행圓融覺明性品行인 쌍차쌍조행雙遮雙照行이]
구족(具足)한, 불(佛)의 [원융각성각명圓融覺性覺明의] 도(道)에
듦이니라.

◯363 4대사(四大事)의 행(行)은, 제불(諸佛)이 설(說)한 바이다.

長者 如是四大事用 過去諸佛所說 是大橋梁 是大津濟 若化衆生
장자 여시 사 대사용 과거 제불소설 시 대교량 시 대 진제 약화중생
應用是智
응용시지

장자(長者)여!
[제7식第七識 자아自我가 끊어진 평등성지平等性智로
상相과 공空, 이理와 사事에 동動함 없는 정지定智와
제6식第六識이 끊어진 묘관찰지妙觀察智로
일체상이 공空하여 정定함 없는 반야般若의 부정지不定智와

6근六根이 끊어진 성소작지成所作智로

6근六根에 동動함 없는 상무아相無我 열반지涅槃智와

제8식第八識 능소출입식能所出入識이 끊어진 대원경지大圓鏡智로

원융각명圓融覺明의 구경지究竟智인]

이와 같이, [무생지혜無生智慧] 4대사(四大事)의 행[用]은,

과거(過去)의 모든 부처님께서도 설(說)하신 바이니라.

이는, [불佛을 성취하는] 큰 지혜(智慧)의 교량(橋梁)이며,

[중생衆生의 무명無明을 벗어나는] 큰 나루를 건너는 것이니라.

만약(萬若), 중생(衆生)을 교화(敎化)하려면,

응당(應當), 행(行)함이, 이[是] [무생無生 여如의] 지혜(智慧)여야

하느니라.

○364 4대사(四大事)의 큰 지혜의 작용에, 3대사(三大事)가 있다.

長者 用是大用 復有三大事

장자 용 시대 용 부유삼 대사

장자(長者)여! 이[是] [4종四種] 지혜(智慧)의 큰 작용에는 또,

[3가지의 큰 행行인] 3대사(三大事)가 있느니라.

○365 첫째, 내외(內外)의 상(相)에 이끌림 없는 3삼매(三三昧)이다.

一者 於三三昧 內外不相奪

일자 어삼삼매 내외불 상 탈

첫째는, [3가지의 삼매三昧인] 3삼매(三三昧)이니,

[능能과 소所,] 내외(內外)의 일체상(一切相)에 이끌리거나,

얽매이지 않음이니라.

○366 둘째, 도(道)의 수순(隨順)에 택멸(擇滅)하는 대의과(大義科)이다.

二者 於大義科 隨道擇滅

이자 어대의과 수도 택멸

둘째는, 대(大), 의(義), 과(科)이니,
[평등성지平等性智인 정지定智와 묘관찰지妙觀察智인 부정지不定智와
성소작지成所作智인 열반지涅槃智와 대원경지大圓鏡智인 구경지究竟智,
4대사四大事의 각성작용覺性作用으로]
도(道)를 수순(隨順)함에 선택(選擇)하여 멸(滅)함이니라.

◯367 셋째, 여(如)의 정혜(定慧)와 자비행(慈悲行)을 갖춤이다.
三者 於如慧定[續1,2: 於如慧如定] **以悲俱利**
삼자 어여혜정 [속1,2: 어여혜여정] 이비구리

셋째는, [4대사四大事를 행행함에]
[상相을 일으킴이 없고[定], 마음이 머무름이 없는[慧],] 여(如)의 성품인
정(定)과 혜(慧)와 자비(慈悲)를 함께 갖추어, 이롭게 함이니라.

◯368 3사행(三事行)이 아니면, 4지혜(四智慧)에 들지 못한다.
如是三事 成就菩提 不行是事
여시삼사 성취보리 불행시사
則不能流入[論: 即不能流入][續1,2: 則不流入] **彼四智海**
즉불능유입 [논: 즉불능유입][속1,2: 즉불유입] 피사지해
爲諸大魔所得其便
위제대 마소득기편

이와 같이, [세 가지의 큰 지혜의 행行인] 3대사(三大事)로
[무생無生의] 보리(菩提)를 성취하느니라.
행(行)함이, [여如의 성품性品] 이런 지혜행[事:智慧行]이 아니면,
곧, [평등성지平等性智인 정지定智와
묘관찰지妙觀察智인 부정지不定智와
성소작지成所作智인 열반지涅槃智와
대원경지大圓鏡智인 구경지究竟智의]
저 4지혜(四智慧)의 바다에 능히, 흘러 들지 못하여,
모든 [5음五陰의] 큰 마(魔)들의 힘에 휩쓸릴 것이니라.

○369 성불(成佛)에까지 항상(恒常), 닦고 익혀야 한다.

長者 汝等大衆 乃至成佛 常當修習 勿令蹔失[論:續1,2: 勿令暫失]
장자 여등대중 내지성불 상당 수습 물령잠실 [논:속1,2: 물령잠실]

장자(長者)여! 그대와 더불어 대중은 성불(成佛)에 이르기까지,
[4대사四大事와 3삼매三三昧와 여혜정如慧定과 자비행慈悲行을]
항상(恒常), 당연히 닦고 익히어, 잠시도 잃지 말아야 하느니라.

○370 어떤 것이, 3삼매(三三昧)이옵니까?

梵行長者言 云何三三昧
범행장자언 운하삼삼매

범행장자(梵行長者)가, 말씀 사뢰오며 여쭈옵기를,
무엇이, [4대사四大事, 평등성지平等性智인 정지定智와
묘관찰지妙觀察智인 부정지不定智와
성소작지成所作智인 열반지涅槃智와
대원경지大圓鏡智인 구경지究竟智에 드는] 3삼매(三三昧)이옵니까?

○371 3삼매(三三昧)는, 공(空)삼매 무상(無相)삼매 무작(無作)삼매이다.

佛言 三三昧者 所謂空三昧 無相三昧[論: 無作三昧]
불언 삼삼매자 소위공삼매 무상삼매 [논: 무작삼매]
無作三昧[論: 無相三昧] **如是三昧**[續2: 없음]
무작삼매 [논: 무상삼매] 여시삼매 [속2: 없음]

부처님께옵서 말씀하옵기를,
[4대사四大事인 정지定智, 부정지不定智, 열반지涅槃智,
구경지究竟智에 드는] 3삼매(三三昧)는
소위, 공삼매(空三昧), 무상삼매(無相三昧), 무작삼매(無作三昧),
이[是] 같은 삼매(三昧)이니라.

◯372 무엇이, 대의과(大義科)이옵니까?

梵行長者言 云何於大義科
범행장자언 운하어대의과

범행장자(梵行長者)가 말씀 사뢰오며 여쭈옵기를,
무엇이, [4대사행四大事行에서, 도道를 수순하여 택멸澤滅하는]
대(大), 의(義), 과(科)이옵니까?

◯373 대(大)는 4대, 의(義)는 5음 18계 6입, 과(科)는 본식(本識)이다.

佛言 大謂四大 義謂陰界入等 科謂本識
불언 대위사대 의위음계입 등 과위본식
是謂於大義科 [論:續1,2: 是爲於大義科]
시위어대의과 [논:속1,2: 시위어대의과]

부처님께옵서 말씀하옵기를,
대(大)는 [지수화풍地水火風] 4대(四大)인 이[是] 몸(身)이며,
의(義)는 5음(五陰), 18계(十八界), 6입(六入) 등이며,
과(科)는 본식(本識)이니라.
이것이 대(大), 의(義), 과(科)이니라.
[대大, 의義, 과科가 무생無生 여如의 성품性品임을 깨달으며,
또한, 그 자성自性을 관觀하는 3삼매三三昧인
무작삼매無作三昧, 무상삼매無相三昧, 공삼매空三昧에 들어,
여혜정如慧定으로
여如의 성품인 정定과 혜慧와 자비慈悲를 함께 갖추어,
여정如定인 무생정無生定으로 식識의 출입出入이 없고,
여혜如慧인 무생혜無生慧로 마음이 무엇에도 머무름이 없으며,
여如의 자비慈悲로 중생衆生을 구제救濟하고 이롭게 함이니,
여如의 성품性品 정定과 혜慧와 자비慈悲를 함께 갖추어
여如의 무생無生 공덕행功德行인, 여각행如覺行을 함이니라.
이것이, 대大, 의義, 과科이니라.]

○374 이[是] 지혜는, 열반(涅槃)에 머묾 없는 보살도(菩薩道)이옵니다.

梵行長者言 不可思議 如是智事 自利利人 過三界地 不住涅槃
범행장자언 불가사의 여시지사 자리이인 과삼계지 부주열반
入菩薩道
입보살도

범행장자(梵行長者)가 말씀 사뢰옵기를,
[4대사四大事와 3삼매三三昧와 대의과大義科와 여혜정如慧定과
여如의 자비행慈悲行은, 여如의 성품性品 수순행隨順行이므로]
불가사의(不可思議)이옵니다.
이와 같은 지혜(智慧)의 행[事]은
자신을 [보리도菩提道로] 이롭게 하고,
사람들을 [여如의 지혜智慧로] 이롭게 할 것이옵니다.
[이러한 4대사행四大事行은,] 3계(三界)의 성품[地]을 벗어나
열반(涅槃)에도 머물지 않고, 보살도(菩薩道)에 들게 하옵니다.

○375 분별(分別)을 벗어나면, 성품(性品)이 불멸(不滅)이옵니다.

如是法相 是生滅法 以分別故 若離分別 法應不滅
여시법상 시생멸법 이분별고 약리분별 법응불멸

[여如의 성품을 수순隨順하는] 이와 같은 법(法)의 모습에서는,
이 생멸법(生滅法)은
[상相에 의지依支한] 분별(分別)과 차별(差別)이므로,
만약(萬若), [제식諸識의] 분별(分別)과 차별(差別)을 벗어나면,
[생멸生滅 없는 여如의] 법(法)은, 응당(應當) 불멸(不滅)이옵니다.

○376 여래(如來)께옵서, 게송(偈頌)을 설(說)하셨다.

爾時 如來 欲宣此義 而說偈言
이시 여래 욕선차의 이설게언

이때 여래(如來)께옵서,

[일체一切 차별差別을 벗어난, 여如의 불가사의不可思議 성품]
이 실상[義:實相]을 베풀고자, 게송(偈頌)을 설(說)하시었다.

○377 분별(分別)이 멸(滅)하면, 법(法)은 생(生)도 멸(滅)도 아니다.
法從分別生 還從分別滅 滅諸分別法 是法非生滅
법종분별생 환종분별멸 멸제분별법 시법비생멸

법(法)은, [5온五蘊의] 분별심(分別心)을 따라 일어나
다시, [5온五蘊의] 분별심(分別心)을 좇아 멸(滅)하느니라.
모든 분별(分別)하는
[5온五蘊의] 법(法)이 멸(滅)한, [무생無生 여如의 법法을 깨달으면]
이 [무생無生의] 법(法)은, 생(生)도 멸(滅)도 아니니라.

○378 범행장자(梵行長者)가 뜻을 베풀고자, 게송(偈頌)을 읊었다.
爾時 梵行長者 聞說是偈 心大欣懌 欲宣其義 而說偈言
이시 범행장자 문설시게 심대흔역 욕선기의 이설게언

이때 범행장자(梵行長者)가,
[여래如來께옵서, 무생無生 여如의 법法]
이[是] [실상實相의] 게(偈)를 설(說)하심을 듣고,
[생멸生滅이 끊어진, 무생無生 여如의 실상實相 결정성에 드니,]
마음이 크게 기쁨으로 충만(充滿)하여,
그 실상[義:實相]을 널리 베풀고자, 게송(偈頌)을 읊었다.

○379 법(法)이 본래(本來) 적멸(寂滅)이며, 무생(無生)이옵니다.
諸法本寂滅 寂滅亦無生
제법본적멸 적멸역무생

모든 법(法)이, 본래(本來) [생멸生滅 없는] 적멸(寂滅)이오니
적멸(寂滅) 또한, [적멸寂滅하여] 무생(無生)이옵니다.

◯380 생멸법(生滅法)은, 무생(無生)이 아니옵니다.

是諸生滅法 是法非無生

시제생멸법 시법비무생

이[是] 모든 생멸(生滅)하는 법(法)은

이[是] 법(法)은, [생멸生滅하여] 무생(無生)이 아니옵니다.

◯381 생멸(生滅)이 무생(無生)이 아님은, 단상(斷常)이기 때문입니다.

彼則不共此 爲有斷常故

피즉불공차 위유단상고

저[彼] [생멸법生滅法이]

곧, [무생법無生法] 이것과 함께하지 않음은,

[생멸生滅로 끊어지는] 단(斷)과

[유무無生로 항상恒常하는] 상(常)이 있다고 하기 때문이옵니다.

◯382 무생(無生)은, 둘 없는 공(空)에도 머물지 않사옵니다.

此則[論: 此即]**離於二 亦不在一住**

차즉[논: 차즉]이어이 역부재일주

[무생無生 여如의 법法] 이는 곧,

[생멸生滅과 유무無生의] 두 모습이 끊어진 것이어서,

[유무無生 없는] 또한, [공空한] 하나에도 머물지 않사옵니다.

◯383 만약(萬若) 설(說)한 법(法)이 있다면, 환(幻)이옵니다.

若說法有一 是相如毛輪

약설법유일 시상여모륜

만약(萬若), 설(說)한 법(法)이

[생멸生滅 없는 무생無生 법法이] 하나라도 있다면,

이[是] 법상(法相)은, [미혹迷惑으로 일으킨 환幻의]

모륜[毛輪:幻]과 같사옵니다.

○384 모든 것은, 전도(顚倒)된 허망(虛妄)한 것이옵니다.

如焰水迷倒 爲諸虛妄故

여염수미도 위제허망고

[이는,] 아지랑이를 물로 착각[迷倒]함과 같아서

모든 것이 [미혹迷惑으로 전도顚倒된] 허망(虛妄)한 까닭[緣由]이옵니다.

○385 법(法)이 없음은, 공(空)과 같사옵니다.

若見於法無[續1: 若見于法無] **是法同於空**

약견어법무[속1: 약견우법무] 시법동어공

만약(萬若), [설說한 여如의] 법(法)이

[무생無生 적멸寂滅이라 법法이] 없음을 깨달으면[見]

이[是] [설說한, 모든 여如의] 법(法)은,

[상相이 없어 적멸寂滅한] 공(空)과 같사옵니다.

○386 설(說)한 법(法)은, 실체(實體)가 없사옵니다.

如盲無目倒[論 : 續2: 如盲無日倒] **說法如龜毛**

여맹무목도[논 : 속2: 여맹무일도] 설법여구모

[만약萬若, 설說한 여如의 법法이 있음을 봄은]

맹인(盲人)이 눈이 없어, 전도[顚倒]됨과 같음이니,

설(說)하신 [여如의] 법(法)은, [상相이 없어]

거북의 털과 같사옵니다.

○387 설(說)함을 듣고, 두 견해(見解)를 벗어났사옵니다.

我今聞佛說 知法非二見

아금문불설 지법비이견

제가 지금, 부처님께서

[생멸生滅의 실상實相, 여如의 무생無生 법法을] 설하심을 듣고

[설說하신] 법(法)이, [생멸生滅, 유무有無, 단상斷常의]

두 견해(見解)를 벗어났음을 알았사옵니다.

○388 중(中)에도 머묾 없음은, 무주(無住)인 까닭[緣由]이옵니다.

亦不依中住 故從無住取
역불의중 주 고종무주취

또한, [생멸生滅, 유무有無, 단상斷常 없는]
[공空이나] 중(中)에도 머무르거나 의지(依支)하지 않음은,
머물거나, 취(取)할 수 없는
[무생無生 결정성結定性인 여如의 성품性品을] 수순(從:隨順)하는
까닭[緣由]이옵니다.

○389 설(說)하신 법(法)은, 무주(無住)를 수순(隨順)하는 것이옵니다.

如來所說法 悉從於無住
여래소설법 실종어무주

여래(如來)께옵서 설(說)하신 [여如의] 법(法)은
모두, 머무를 상(相)이 끊어져 머물 수 없는,
[불가사의不可思議 무생無生 결정성結定性 여如의] 성품(性品)을
수순(隨順)하는 것이옵니다.

○390 무주처(無住處)의 여래(如來)에게 예경(禮敬)을 올리옵니다.

我從無住處 是處禮如來
아종무주처 시처예여래

제가 수순(從:隨順)함은, [일체상一切相이 끊어져]
일체(一切) 머무를 곳이 끊어졌사오니
[불가사의 여如의 성품性品, 부사의不思議 여래장如來藏] 이곳,
[무생無生 적멸성寂滅性] 여래(如來)에게 예경(禮敬)을 올리옵니다.

○391 예경(禮敬)의 여래(如來)의 모습은, 부동지(不動智)이옵니다.

敬禮如來相 等空不動智
경례여래상 등공부동지

지극(至極)히 공경(恭敬)하며,

예경(禮敬)하는 여래(如來)의 진실(眞實)한 모습은

일체(一切) 차별(差別)이 끊어져 공(空)한,

[무생無生 적멸寂滅의 여래장如來藏 성품性品]

부동지(不動智)이옵니다.

◯392 무주신(無住身)에, 지극한 공경(恭敬)의 예경(禮敬)을 올리옵니다.

不著[論: 不着]無處所 敬禮無住身

불착[논: 불착]무처소 경례무주신

[상相에 머묾인] 집착(執着)이 없어,

심처(心處)가 끊어진 무생처(無生處)에서

머묾 없는 [무생無生 여如의 실상實相 여래장如來藏] 성품[身:體]에,

지극(至極)하고 진실(眞實)한, 공경(恭敬)의 예(禮)를 올리옵니다.

◯393 일체처(一切處)에서, 여래(如來)를 뵈옵니다.

我於一切處 常見諸如來

아어일체처 상견제여래

나는, 일체(一切) 모든 곳에 [두루 충만充滿하고 구족具足하며]

항상(恒常)하신, [무생無生 부동不動 적멸지寂滅智의 불가사의

여래장如來藏,] 모든, 여래(如來)를 뵈옵니다.

◯394 항상(恒常)한 법(法)을, 설(說)해주옵소서.

唯[續1,2: 惟]願諸如來 爲我說常法

유[속1,2: 유]원제여래 위아설상법

오직, 간곡(懇曲)히 원(願)하오며, 청(請)하오니

모든, [여래장불如來藏佛 무생청정無生淸淨] 여래(如來)께옵서는

저희들을 위해, [생멸生滅, 유무有無, 단상斷常 없는]

항상(恒常)한, [무생無生 여如의] 법(法)을 설(說)하여 주시옵소서.

○395 항상(恒常)한 법(法)을 설(說)하리라.

爾時 如來 而作是言 諸善男子 汝等諦聽 爲汝衆等 說於常法
이시 여래 이작시언 제선남자 여등체청 위여중등 설어상법

이때 여래(如來)께옵서, 이렇게 말씀하옵기를,
모든 선남자여! 그대들은, [설說하는 법의 밀밀密密한 이치와
불가사의 여如의 성품性品을] 자세히 살피어 들을지니라.
[그대들이, 끝없는 모든 중생衆生을 구제救濟하려는,
깊은 연민憐愍의 간곡懇曲한 서원誓願과 원력願力의 뜻을 따라]
그대들을 위해, [헤아려 알 수 없는 불가사의 무생無生 여如의]
항상(恒常)한 법(法)을 설(說)하리라.

○396 항상하는 법은, 모든 망념(妄念)된 단견(斷見)과 분별을 벗어났다.

善男子 常法非常法 非說亦非字 非諦非解脫 非無非境界
선남자 상법비상법 비설역비자 비제비해탈 비무비경계
離諸妄斷際
이제망단제

선남자(善男子)여! 항상(恒常)하는 [여如의] 법(法)은,
항상(恒常)하는 [상相의] 법(法)도 아니니,
언설(言舌)로 드러낼 수 있는 법(法)도 아니며
또한, 문자(文字)로 드러낼 수 있는 것도 아니며
진리[諦:眞理]임을 일컬을 것도 아니며
해탈(解脫)이라 할 것도 아니며
무(無)도 아니며 경계(境界)도 아니므로,
모든 망념(妄念)된 [생멸生滅, 유무有無, 단상斷常의 일체견一切見인]
모든 헤아림의 분별[際:分別]을 벗어났느니라.

○397 요견식(了見識)은 항상(恒常)하며, 적멸(寂滅)이다.

是法非無常 離諸常斷見 了見識爲常 是識常寂滅 寂滅亦寂滅
시법비무상 이제상단견 요견식위상 시식상적멸 적멸역적멸

이 [여如의] 법(法)은 또한, 항상(恒常)함이 없는 것도 아님이니,
모든 상견(常見)과 단견(斷見)을 벗어나
[항상恒常, 불가사의 무생본성각명無生本性覺明이
무한無限 무변성無邊性으로 두루 밝게 깨어있어,
무엇이든, 밝게 깨닫는 일체一切 초월성품超越性品인]
요견식(了見識)은 항상(恒常)하느니라.
이 [무생無生 본성本性인 부사의不思議 결정성結定性,
본성각명本性覺明의 본래本來의] 식(識)은,
[생멸生滅, 유무有無, 단상斷常이 끊어져]
항상(恒常), [무생無生] 적멸(寂滅)이며,
적멸(寂滅) 또한, [끊어져] 적멸(寂滅)한 절대성(絶對性)이니라.

◯398 적멸(寂滅)을 얻은 자(者)는, 항상 적멸(寂滅)한 성품을 본다.
善男子 知法寂滅者 不寂滅心 心常寂滅 得寂滅者 心常眞觀
선남자 지법적멸자 부적멸심 심상적멸 득적멸자 심상진관

선남자여! 법(法)이 [무생無生] 적멸(寂滅)임을 아는 자(者)는,
마음을 적멸(寂滅)하게 하지 않느니라.
마음은 항상 적멸(寂滅)한 성품이니, 적멸(寂滅)을 얻은 자(者)는,
마음이 항상(恒常) [적멸寂滅한, 무생無生 여如의] 참 성품임을
[여실如實히] 보느니라.

◯399 미혹(迷惑)이 분별(分別)이며, 분별(分別)이 모든 법(法)이다.
知諸名色 唯是癡心 癡心分別 分別諸法
지제 명색 유시치심 치심분별 분별제법

모든 것을, [5온심五蘊心으로 분별分別하여] 이름하고,
색성향미촉법[色:色聲香味觸法]과 [지수화풍地水火風 4대四大의 몸과
모든 유무有無의 법法의 세계를 분별分別하여] 앎이,
[제법諸法이 본래本來 무생無生임을 모르는]

오직, 이[是] 미혹(迷惑)의 마음이니라.
미혹의 마음이 분별(分別)이니, 모든 미혹(迷惑)의 분별(分別)이
곧, 제법(諸法)이니라.

○400 법(法)의 성품(性品)을 깨달으면, 글과 말에 이끌리지 않는다.
更無異事 出於名色 知法如是 不隨文語[續1,2: 不隨文說]
갱무이사 출어명색 지법여시 불수문어[속1,2: 불수문설]

다시, [참 성품을 밝게 깨달아] 차별(差別) 상[事:相]이 없으면,
이름함의 일체(一切) 차별심(差別心)의 세계(世界)와
색성향미촉법[色:色聲香味觸法]의 차별세계(差別世界)를 벗어나,
법(法)이, [이름과 색色이 끊어져, 생멸生滅 유무有無 단상斷常 없는]
이[是] 여(如)의 성품(性品)임을 깨달아[知],
[일체상一切相의] 글[文]과 말[言]에 이끌리지 않느니라.

○401 마음 실체(實體)는, 분별의 내가 아니므로 적멸(寂滅)을 얻는다.
心心於義 不分別我 知我假名 即[大:續1,2: 即]**得寂滅**
심심어의 불분별아 지아가명 즉[대:속1,2: 즉]득적멸

마음 본심(本心)의 실체[義:實體]는,
분별(分別)하는 [5온五蘊의] 내[我]가 아니므로,
[분별하는 것을] 나[我]라고 이름함이 헛된 것임을 앎으로
곧, [무생無生 본심本心인, 여如의] 적멸(寂滅)을 얻느니라.

○402 적멸(寂滅)을 얻음이, 아뇩다라삼먁삼보리이다.
若得寂滅 即[大:續1,2: 即]**得阿耨多羅三藐三菩提**
약득적멸 즉[대:속1,2: 즉]득아뇩다라삼먁삼보리

만약萬若, [분별分別의 이름과 생멸상生滅相이 끊어진]
적멸(寂滅)을 얻으면,
곧, [일체一切 분별分別이 끊어진 무생無生 여如의 성품性品인]

아뇩다라삼먁삼보리(阿耨多羅三藐三菩提)를 얻음이니라.

○403 범행장자(梵行長者)가, 게송(偈頌)을 읊었다.
爾時 長者梵行 聞說是語 而說偈言
이시 장자범행 문설시어 이설게언

이때 범행장자(梵行長者)께서,
[생멸生滅 유무有無 단상斷常 없는
항상恒常한 무생無生 적멸寂滅 여如의 법법의]
이[是] 설(說)하심의 말씀을 듣고, 게송(偈頌)을 읊었다.

○404 명(名) 상(相) 분별(分別)과 진여 정묘지가 이루어 다섯이옵니다.
名相分別事 及法名爲三 眞如正妙智 及彼成於五
명상분별사 급법명위삼 진여정묘지 급피성어오

이름과 상(相)과 헤아리어 분별(分別)함은
상(相)의 법(法)을 일컬음이니,
명(名), 상(相), 분별(分別)의 이름[名]함이 셋이 되며,
[성품性品] 진여(眞如)와 [지혜智慧] 정묘지(正妙智)가
저것과 이루어 다섯이 되옵니다.

○405 단견(斷見) 상견(常見)은 생멸(生滅)이니, 항상함이 아니옵니다.
我今知是法 斷常之所繫 入於生滅道 是斷非是常
아금지시법 단상지소계 입어생멸도 시단비시상

나는, 이제
[항상恒常한, 무생無生 여如의] 이[是] 법(法)을 깨달았사오니
[생멸生滅 유무有無 단상斷常의]
단견(斷見)과 상견(常見)에 얽매인 바는
생(生)하고 멸(滅)하는 [상相의] 도(道)에 듦이므로
이는, [무생無生이] 끊어짐이니, 이것은 항상함이 아니옵니다.

◯406 공(空)한 법(法)은, 인연이 불생(不生) 불멸(不滅)이옵니다.

如來說空法 遠離於斷常 因緣無不生 不生故不滅
여래설공법 원리어단상 인연무불생 불생고불멸

여래(如來)께옵서 설(說)하신, [무생無生 여如의] 공(空)한 법(法)은
[생멸生滅 유무有無 단상斷常의]
단견(斷見)과 상견(常見)을 멀리 벗어나
인(因)과 연(緣)이 끊어져, 일어나지 않으므로
생(生)이 아닌 까닭[緣由]에, 멸(滅)도 아니옵니다.

◯407 인연(因緣)을 집착(執着)해도, 필경(畢竟) 얻지 못하옵니다.

因緣執爲有 如探空中華 猶取石女子[續1,2: 猶如石女子]
인연집위유 여채공중화 유취석여자[속1,2: 유여석여자]
畢竟不可得
필경불가득

[상견相見으로] 인연(因緣)을 집착(執着)함이 있으면
허공(虛空) 중에 [환幻의] 꽃을 취(取)하려 함과 같으므로
이는 마치, 석녀(石女)가 자식(子息)을 가지려함과 같아서
얻고자 하여도 끝내[畢竟] 가히, 얻지를 못하옵니다.

◯408 여(如)에 의지(依支)하므로, 여실(如實)을 얻사옵니다.

離諸因緣取 亦不從他滅 及於己義大 依如故得實
이제인연취 역부종타멸 급어기의대 의여고득실

모든, 인연상(因緣相)을 집착[取:執着]함을 벗어나고
또한, 밖의 [일체一切 경계境界] 생멸상(生滅相)을 좇지 않으면
자기(自己)와 5음[義:五陰·十八界·六入]과 4대[大:四大]도 끊어져
여(如)에 의지(依支)한 까닭[緣由]으로,
[무생無生 여如의] 여실(如實)을 얻사옵니다.

○409 진여(眞如)는 자재(自在)이니, 만법(萬法)은 여(如)가 아니옵니다.

是故眞如法 常自在如如[續1: 當自在如如] **一切諸萬法**
시고진여법 상자재여여[속1: 당자재여여] 일체제만법
非如識所化[論: 不如識所化]
비여식소화[논: 불여식소화]

이런 까닭에, [무생無生 실제實際] 진(眞)인 여(如)의 법(法)은
항상, [상相과 식識을 벗어나] 자재(自在)하여 여여(如如)하므로,
일체(一切) 모든, [심心과 색色의 일체상一切相] 만법(萬法)은
식(識)의 변화(變化)이므로, [무생無生 실상實相인] 여(如)가 아니옵니다.

○410 설(說)한 법(法)은, 생멸(生滅)이 끊어져 열반(涅槃)이옵니다.

離識法卽空[大:續1,2: 離識法卽空] **故從空處說 滅諸生滅法**
이식법즉공[대:속1,2: 이식법즉공] 고종공처설 멸제생멸법
而住於涅槃
이주어열반

[여래如來께서 설설說說하신 무생無生 여래장如來藏 여如의] 법(法)은
곧, [일체一切가] 공(空)하여 식(識)을 벗어났으니
그러므로,
[여如의 성품, 무생無生] 공(空)을 수순하여 설(說)하는 곳에는
모든, 생멸(生滅)의 법(法)이 끊어져 [불생不生이므로,]
[생멸生滅 없는 여如의 무생無生] 열반(涅槃)에 머무르옵니다.

○411 멸(滅)에 머묾 없는 열반(涅槃)이니, 여래장(如來藏)이옵니다.

大悲之所奪 涅槃滅不住 轉所取能取 入於如來藏
대비지소탈 열반멸부주 전소취능취 입어여래장

대자비심(大慈悲心)을 베푸실[奪] 때에도
[생멸生滅을 멸멸滅滅한] 멸(滅)에 머무르지 않은 열반(涅槃)이어서,
[본래本來 무생無生 여래장如來藏 여如의 성품性品이므로]
밖[外]을 취함[所取]도,

안[內]을 취함[能取]도 끊어진[轉] [무생처無生處이오니]
항상(恒常) 계신 곳이, [여如의 무생無生] 여래장(如來藏)이옵니다.

○412 대중(大衆)이 설(說)함을 듣고, 여래장(如來藏) 바다에 들었다.
爾時 大衆 聞說是義 皆得正命 入於如來如來藏海
이시 대중 문설시의 개득정명 입어여래여래 장해

이때 대중(大衆)들이, [본래本來 무생無生 결정성結定性인]
이 [여如의 무생無生] 실상[義:實相]을 설(說)하심을 듣고,
모두, 바른 [여래장如來藏 불지혜佛智慧의] 정명(正命)을 얻어,
[여如의 무생無生 실제實際] 여래(如來)의 성품(性品),
[무생無生] 여래장(如來藏) 지혜(智慧)의 바다에 들었다.

金剛三昧經 第八 總持品
금강삼매경 제팔 총지품

○413 대중(大衆)이 아직, 의심사(疑心事)가 다 풀어지지 않았사옵니다.

爾時 地藏菩薩 從衆中起 至于佛前[續1,2: 至於佛前]
이시 지장보살 종중중기 지우불전[속1,2: 지어불전]

合掌蹦跪[論:續1: 合掌胡跪] **而白佛言 尊者 我觀大衆 心有疑事**
합장호궤[논:속1: 합장호궤] 이백불언 존자 아관대중 심유의사

猶未得決
유미득결

이때 지장보살(地藏菩薩)이 대중(大衆) 속에서 일어나,

부처님 전에 이르러 무릎을 꿇어 합장(合掌)하고,

부처님께 말씀 사뢰오며 여쭈옵기를,

세존(世尊)이시여! 제가 대중(大衆)을 살펴보니,

[여래如來께옵서, 무생법無生法을 설(說)하셨사오나,

아직, 지혜智慧가 부족不足하여]

마음속에는, 해결(解決)되지 못한 의심사(疑心事)가 남아 있어,

아직도, [일각요의一覺了義의 일미진실一味眞實 무생無生 여如의]

법(法)을 증득(證得)하고 얻으려 결단(決斷)한 바를,

얻지 못한 것이 있사옵니다.

○414 여래(如來)의 자비(慈悲)로, 대중의 의심사를 풀어 주옵소서.

今者如來 欲爲除疑 我今爲衆 隨疑所問 願佛慈悲 垂哀聽許
금자여래 욕위제의 아금위중 수의소문 원불자비 수애청허

지금 여래(如來)께옵서는,

[고통받는 중생들을 구제하려는 많은 보살들의 서원誓願과

미혹迷惑한 중생衆生들을 불쌍히 여기시는 연민憐愍 속에]

두루 원(願)하는 바를 따라,

[여래如來의 대비심으로] 미혹의 의심(疑心)을 제거해 주시오니,

제가, 지금 대중(大衆)을 위해,

[대중大衆이] 의심(疑心)하는 바를 따라 묻고져 하옵니다.

간곡(懇曲)히 원(願)하오니, 부처님의 깊고 깊은 자비로움으로,

[이들이 지혜智慧가 부족不足하여,

무생無生의 설법說法을 이해理解하지 못함을] 불쌍히 여기시어,

[여래如來의 무생無生 여如의 진실眞實한] 설법(說法)을 듣고도,

아직도, 가슴속에 의심疑心이 남아 있는

미진未盡한 바를, 묻는 것을] 허락(許諾)해 주시오며,

들음을 따라, [이들이 자세히 살피고, 이해理解할 수 있도록,

불佛의 원만한 대비大悲를] 베풀어 주시옵소서.

○415 중생을 구제하고자 하니, 마땅히 물어라. 베풀어 설(說)하리라.

佛言 菩薩摩訶薩 汝能如是 救度衆生 是大悲愍 不可思議
불언 보살마하살 여능여시 구도중생 시대비민 불가사의

汝當廣問 爲汝宣說
여당광문 위여선설

부처님께옵서 말씀하옵기를,

보살마하살(菩薩摩訶薩)이여!

그대는 능히, 이와 같이 중생(衆生)들을 구제하고 제도하고자,

이렇게 한량(限量)없는 큰 자비심(慈悲心)으로,

중생(衆生)을 깊이 가엾이 여기며, 연민(憐愍)으로 근심하는,
[대비大悲의 서원誓願을 가짐이] 불가사의하도다.
그대는, 마땅히 널리 물을지어다.
[그대가, 중생들을 생각하는, 끝없는 연민의 대비심 서원과
대중大衆이 의심疑心하는 바의 뜻을 따라] 그대들을 위해
당연(當然)히 베풀고, 자세(仔細)히 설(說)할 것이니라.

○416 모든 법(法)이, 인연(因緣)으로 생긴 것이 아니라고 하시옵니까?

地藏菩薩言 一切諸法 云何不緣生
지장보살언 일체제법 운하불연생

지장보살(地藏菩薩)이 말씀 사뢰오며 여쭈옵기를,
[모든 법法이, 생生하고 멸滅함이 인연因緣을 따름이온데]
일체(一切) 모든 법(法)이 어찌하여, 인연(因緣)으로 생긴 것이
아니라고 하시옵니까?

○417 여래(如來)께서 실상(實相)을 베풀고자, 게(偈)를 설(說)하였다.

爾時 如來 欲宣此義 而說偈言
이시 여래 욕선차의 이설게언

이때 여래(如來)께옵서, 이[是] [인연因緣을 벗어난 참 성품,
무생無生 여如의] 실상[義:實相]을 베풀고자,
게(偈)를 설(說)하시어 말씀하시었다.

○418 법성(法性)이 없는데, 인연에서 어찌 법(法)을 생(生)하겠느냐?

若法緣所生 離緣可無法 云何法性無 而緣可生法
약법연소생 이연가무법 운하법성무 이연가생법

만약萬若, 법(法)이 인연(因緣)으로 소생(所生)한다면
인연(因緣)이 사라지면 가히, 법(法)도 없음이니
어찌, 법(法)의 성품(性品)이 [공空하여 인연因緣도] 끊어졌거늘

인연(因緣)으로 어떻게 가히, 법(法)을 생(生)하겠느냐?

○419 법(法)이 무생(無生)이면, 법(法)을 좇는 마음이 일어나옵니까?

爾時 地藏菩薩言 法若無生 云何說法 法從心生
이시 지장보살언 법약무생 운하설법 법종심생

이때 지장보살(地藏菩薩)이 말씀 사뢰오며 여쭈옵기를,

[인연因緣을 따르는] 법(法)이 만약(應當), 무생(無生)이오면,

어찌하여 법(法)을 설(說)하시오며,

[법法이 무생無生이온데,] 법(法)을 좇는 마음이 일어나옵니까?

○420 법(法)은 허공(虛空)의 꽃과 같아, 있는 것이 아니다.

於是尊者 而說偈言 是心所生法 是法能所取 如醉眼空華
어시존자 이설게언 시심소생법 시법능소취 여취안공화
是法然非彼
시법연비피

이에 세존(世尊)께옵서 게(偈)를 설(說)하여 말씀하옵시니,

이[是] 마음에서 소생(所生)한 법(法)은

이 법은, 마음의 분별[能取]과 경계의 분별[所取]로 취함이니,

이는, 술 취한 사람의 눈에 보이는, 허공(虛空)의 꽃과 같아,

[마음으로 헤아려 분별分別하는] 이[是] 법(法)은 그러하나,

[본래本來 무생無生 결정성結定性] 저[彼] [여如의] 법(法)은 아니라네.

○421 법(法)은, 상대(相對) 없이 스스로 이루어지옵니까?

爾時 地藏菩薩言 法若如是 法則[論: 法卽]無待 無待之法
이시 지장보살언 법약여시 법즉[논: 법즉]무대 무대지법
法應自成
법응 자성

이때 지장보살(地藏菩薩)이 말씀 사뢰오며 여쭈옵기를,

법(法)이, 만약 [마음의 분별과 경계를 벗어나] 그와 같다면,

법(法)은 곧, [일체一切 대상對相인 인연因緣이 끊어져]
상대[待:對]가 없사옵니다.
[인연因緣의 대상對相이 끊어져] 상대[待:對]가 없는 법(法)은,
법(法)이 응당(應當) [인연因緣 없이,] 스스로 이루어지옵니까?

◯422 이루어지고[生] 사라짐이[滅], 머묾이 끊어진 것이다.
於是 尊者 而說偈言 法本無有無 自他亦復爾 不始亦不終
어시 존자 이설게언 법본무유무 자타역부이 불시역부종
成敗則[論: 成敗即]不住
성패즉[논: 성패즉]부주

이에 세존(世尊)께옵서 게(偈)를 설(說)하여 말씀하옵시니,
법(法)은, 본래(本來) 유(有)도 무(無)도 없으니
자(自)와 타(他) 역시(亦是), 또한 이와 같으니라.
[생生의] 시작[始:生]이 없어, 또한, 멸[終:滅]도 없음이니
이뤄지고 사라짐이 곧, 머묾이 끊어진 것이라네.

◯423 본래(本來) 열반(涅槃)이면, 이 법(法)의 성품이 여(如)이옵니까?
爾時 地藏菩薩言 一切諸法相 即[大:續1,2: 即]本涅槃
이시 지장보살언 일체제법상 즉[대:속1,2: 즉]본열반
涅槃及空相亦如是 無是等法 是法應如
열반급공상역여시 무시등법 시법응여

이때 지장보살(地藏菩薩)이 말씀 사뢰오며 여쭈옵기를,
일체 모든 법(法)의 모습이 곧, 본래, [생멸 없는] 열반이오면,
열반(涅槃)과 공상(空相) 또한, 이와 같아,
[본래 생멸 없는 무생無生이므로, 열반涅槃이며 공상空相이오니]
이[是] 같은 법(法)들은 [생멸生滅과 상相이] 없으므로,
이[是] 법(法)이 응당(應當), 여(如)이옵니까?

○424 법(法)의 성품(性品)은 여(如)도 끊어졌으니, 여(如)이다.

佛言 無如是法 是法是如

불언 무여시법 시법시여

부처님께옵서 말씀하옵기를, 이[是] 법(法)의 성품(性品)은
[무생無生이므로 상相이 없어,] 여(如)도 끊어졌으니,
이[是] 법(法)이 이러하므로, 여(如)이니라.

○425 마음도 법(法)도 공적(空寂)하여, 그 성품이 적멸(寂滅)이옵니다.

地藏菩薩言 不可思議 如是如相 非共不共 意取業取

지장보살언 불가사의 여시여상 비공불공 의취업취

即[大:續1,2: **即**]**皆空寂 空寂心法 俱不可取**[**論**: 俱不俱取]

즉 [대:속1,2: 즉]개공적 공적심법 구불가취 [논: 구불구취]

亦應寂滅

역응적멸

지장보살(地藏菩薩)이 말씀 사뢰옵기를,
[여如의 법法은 참으로] 불가사의(不可思議)이옵니다.
이[是] 같은 여(如)의 모습 실체(實體)는,
[생멸生滅과] 함께하거나
[생멸生滅과] 함께 하지 않은 것도 아니어서,
생각[意]으로 취[能取]하고 업(業)으로 취[所取]함이 곧,
[취取할 수 없는 법法이므로,] 다 공적(空寂)하옵니다.
[분별하는] 마음[能心]도, [경계의] 법[所相]도 공적(空寂)하여,
다 가히 취(取)하지 못하는 것이오니,
역시(亦是), 응당, [생멸상生滅相이 끊어진] 적멸(寂滅)이옵니다.

○426 적멸(寂滅)한 성품은 공(空)함도 끊어져, 적멸의 마음도 없다.

於是 尊者 而說偈言 一切空寂法 是法寂不空 彼心不空時

어시 존자 이설게언 일체공적법 시법적불공 피심불공시

是得心不有
시득심불유

이에 세존(世尊)께옵서 게(偈)를 설(說)하시어 말씀하옵시니,
일체(一切)가, 공(空)하여 적멸(寂滅)한 법(法)이니
이 법(法)의 [성품性品은] 적멸(寂滅)하여, 공(空)함도 끊어졌네.
저 [분별의] 마음이 [적멸하여] 공(空)함도 끊어질 시(時)에
적멸[是:寂滅]을 얻은 [깨달은] 마음이 있음도 끊어지네.

○427 이[是] 법(法)은 3제(三諦)인 색·공·심 역시, 멸(滅)하였사옵니다.
爾時 地藏菩薩言 是法非三諦 色空心亦滅 是法本滅時
이시 지장보살언 시법비삼제 색공심역멸 시법본멸시
是法應是滅
시법응시멸

이때 지장보살(地藏菩薩)이 말씀 사뢰옵기를,
[일체一切가 공空하여 적멸寂滅한] 이[是] 법(法)은,
[적멸하여 공空함도 끊어져, 저 마음 공空함도 끊어질 시時에,
적멸寂滅을 얻은 마음이 있음도 끊어진다 하시오니
일체一切가 공空한 여如의 적멸법寂滅法은
색色과 공空과 심心의] 3제(三諦)도 아니므로,
색(色)이, 공(空)한 마음도 또한, 멸(滅)하였사옵니다.
이[是] 법(法), [색色이 공空함을 깨달아 얻은 공심空心의 지혜가
본래本來 본성本性의 무생無生 성품性品을 또한, 수순隨順하므로,
공空한 지혜智慧의 마음도 끊어져 멸滅하옵니다.
그 공空한 지혜의 마음이,] 본래 본성을 따라 멸할 시(時)에,
이[是] 법(法), [그 공空한 지혜의 마음도 멸滅한 적멸심寂滅心도,
본래本來 본성本性의 무생無生 성품을 수순隨順함을] 따라[應],
[공空한 지혜를 벗어난 여如의 적멸심寂滅心] 이것 까지도 멸(滅)하여,
끊어지옵니다.

○428 법(法)이 본래(本來) 무자성(無自性)이며, 상(相)의 성품이다.

於是 尊者 而說偈言 法本無自性 由彼之所生 不於如是處
어시 존자 이설게언 법본무자성 유피지소생 불어여시처

而有彼如是
이유피여시

이에 세존(世尊)께옵서 게(偈)를 설(說)하시어 말씀하옵시니,

법(法)은, 본래(本來) 무자성(無自性)이니

저[彼] [무자성無自性으로] 말미암이 생(生)하는 바이네.

[저 무자성無自性은,] 이[是] [생멸生滅과] 같은 곳이 아니어도

저[彼] [무자성無自性이,] 이[是] [생멸生滅]과 같이 있다네.

○429 제법이 무생무멸(無生無滅)이면 어찌, 한 성품이 아니옵니까?

爾時 地藏菩薩言 一切諸法 無生無滅 云何不一
이시 지장보살언 일체제법 무생무멸 운하불일

이때 지장보살(地藏菩薩)이 말씀 사뢰오며 여쭈옵기를,

[일체상一切相이 생生함도 끊어져 무멸無滅이라 하시며,]

일체(一切) 제법(諸法)이 무생(無生)이며 무멸(無滅)이온데

[저 무자성無自性이 또한, 생멸生滅과 함께 한다 하옵시니]

어찌하여 [성품性品이, 생멸生滅 없는] 하나가 아니옵니까?

○430 일체가 공(空)이니 이름, 언설, 법(法)이 능소(能所)를 취함이다.

於是 尊者 而說偈言 法住處無在 相數空故無 名說二與法
어시 존자 이설게언 법주처무재 상수공고무 명설이여법

是則[論: 是即]能所取
시즉[논: 시즉]능소취

이에 세존(世尊)께옵서 게(偈)를 설(說)하시어 말씀하옵시니,

법(法)이, [무자성無自性이므로] 머문 곳이 있을 수 없고,

[일체상] 모습과 수(數)가 공(空)한 까닭으로 [실체가] 없음이니

이름과 언설(言說) 두 가지와 더불어 [일체一切] 법(法)이
이것이 곧, 마음으로 헤아리고[能取], 경계를 취함[所取]이네.

◯431 일체 법상(法相)이, 생멸(生滅)과 중(中)에도 머물지 않사옵니다.

爾時 地藏菩薩言 一切諸法相 不住於二岸 亦不住中流

이시 지장보살언 일체제법상 부주어이안 역부주중류

이때 지장보살(地藏菩薩)이 말씀 사뢰오며 여쭈옵기를,
일체 모든 법상이 [생生과 멸滅,] 두 곳에 머물지 않음이니,
역시(亦是), [생生도 멸滅도 아닌, 공空한] 중(中)의 흐름에도
머물지 않사옵니다.

◯432 심식(心識)이 머묾 없다면, 어찌 식(識)이 일어나옵니까?

心識亦如是 云何諸境界 從識之所生

심식역여시 운하제경계 종식지소생

심식(心識) 또한, 이와 같아 [생멸生滅이] 없사오면,
어찌하여, 모든 경계(境界)가, [능소能所 분별의] 식(識)을 따라
일어나옵니까?

◯433 식(識)이 무생이면 어찌, 능생(能生)과 소생(所生)이 있사옵니까?

若識能有生 是識亦從生 云何無生識 能生有所生

약식능유생 시식역종생 운하무생식 능생유소생

만약(萬若), 식(識)이 능히 생(生)함이 있다면,
이[是] 식(識)은 역시(亦是) 생(生)을 좇아
[능能과 소所의 분별分別을 일으킴이오니,]
어찌하여 식(識)이 무생(無生)이온데,
[어떻게 마음으로 헤아리고, 분별分別하는,]
능생(能生)과 소생(所生)이 있사옵니까?

◯434 소생(所生)과 능생(能生)은, 능연(能緣)과 소연(所緣)이다.

於是 尊者 而說偈言 所生能生二 是二能所緣

어시 존자 이설게언 소생능생이 시이능소연

이에 세존(世尊)께옵서 게(偈)를 설(說)하시어 말씀하옵시니,

[일체一切 마음으로 분별하는] 소생(所生)과 능생(能生)의 둘은

이것이, [여如의 성품性品에 비치는] 능연(能緣)과 소연(所緣)의 둘이라네.

◯435 본래 자성(自性)이 없어, 취(取)할 것 있음이 공(空)한 꽃이다.

俱本各自無[論: 俱本名自無] **取有空華幻**

구본각자무[논: 구본명자무] 취유공화환

[능연能緣과 소연所緣] 모두, 본래(本來) 각각, 자성(自性)이 없어

취(取)할 것 있음이, [실체實體 없는] 공(空)한 꽃이며, 환(幻)이라네.

◯436 식(識)이 생(生)하지 않을 시(時), 경계(境界)가 일어나지 않는다.

識生於未時 境不是時生

식생어미시 경불시시생

식(識)이 생(生)하지 않을 시(時)

[능能과 소所의] 경계(境界)가 일어난 때[時]가 아니라네.

◯437 경계(境界)가 일어난 시(時)가 아니면, 식(識)이 멸(滅)이다.

於境生未時 是時識亦滅

어경생미시 시시식역멸

[능能과 소所의] 경계(境界)가 일어난 시(時)가 아니면

이[是] 시(時)에, 식(識)은 역시(亦是) 멸(滅)이라 [무생無生이라네.]

◯438 경계(境界)와 식(識)이 본래 함께 끊어져, 있음이 아니다.

彼即本俱無[大:續1,2: 彼即本俱無] **亦不有無有**

피즉본구무[대:속1,2: 피즉본구무] 역불유무유

저[彼] [능能과 소所의] 경계(境界)와 식(識)이
곧, 본래(本來) 함께 끊어졌으니
또한, [능能과 소所의 경계境界가] 있는 바가 없어,
[능能과 소所가 본래本來] 있음이 아니라네.

○439 생(生)도 식(識)도 없어, 경계(境界)를 좇을 바 없다.
無生識亦無 云何境從有
무생식역무 운하경종유

생(生)이 없어, 식(識)도 또한 없음이니
어찌, 경계(境界)를 좇을 바, [능能과 소所가] 있으리요.

○440 법상(法相)이 공(空)하여, 경계와 지혜가 적멸(寂滅)이옵니다.
爾時 地藏菩薩言 法相如是 內外俱空 境智二衆 本來寂滅
이시 지장보살언 법상여시 내외구공 경지이중 본래적멸

이때 지장보살(地藏菩薩)이 말씀 사뢰옵기를,
법상(法相)은 이와 같이, [능소能所] 내외가 함께 공(空)하오니,
경계(境界)와 [경계境界를 깨닫는] 지혜(智慧) 둘이
모두, 본래(本來) 적멸(寂滅)이라, [무생無生]이옵니다.

○441 실상(實相) 진공(眞空)은 여(如)의 법이니, 모일 수 없사옵니다.
如來所說 實相眞空 如是之法 卽[大:續1,2: 卽]**非集也**
여래소설 실상진공 여시지법 즉[대:속1,2: 즉]비집 야

여래(如來)께옵서 설(說)하신 실상(實相)인,
[내외內外가 공空한] 진공(眞空)은,
이[是] [무생無生] 여(如)의 법(法)이므로
곧, [인연으로 생멸生滅을 이루고, 능소能所 분별로 집착하는,
이같이 업業을 쌓고] 모을[集] 수가 없사옵니다.

○442 여실법(如實法)은 색도 없고 머묾도 없어 일본리법(一本利法)이다.

佛言 如是 如實之法 無色無住 非所集 非能集
불언 여시 여실지법 무색무주 비소집 비능집

非義非大[續1,2: 非義非文] **一本利法**[論:續1,2: 一本科法] **深功德聚**
비의비대[속1,2: 비의비문] 일본리법[논:속1,2: 일본과법] 심공덕취

부처님께옵서 말씀하옵기를, 그러하니라.

여(如)의 실법(實法)은, 색성향미촉법(色聲香味觸法)도 없고

[색성향미촉법色聲香味觸法에] 머묾도 없어,

[일체一切 경계境界를 분별하여 머묾인] 소집(所集)도 아니며

[마음으로 헤아리어 머묾의] 능집(能集)도 아니어서,

[본래本來 상相 없는 무생無生 성품性品이므로]

대大, 의義, 과科인

5음五陰 18계十八界 6입六入인] 의[義:實體]도 아니며,

[지수화풍地水火風] 4대(四大)도 아니므로,

하나의 근본인 [무생無生 여如의] 실제[利:實際]의 법(法)으로,

[여래장공능如來藏功能의] 깊은 공덕(功德)을 갖추었느니라.

○443 불가사의(不可思議)이며, 부사의(不思議) 총섭(總攝)이옵니다.

地藏菩薩言 不可思議 不思議聚
지장보살언 불가사의 부사의취

지장보살(地藏菩薩)이 말씀 사뢰옵기를,

[무생無生 여如의 법은, 능能과 소所가 끊어져] 불가사의이오며,

[무생無生 여如의 여래장如來藏 성품性品은, 일체一切 공덕功德을 갖춘]

부사의(不思議) 총섭(聚:總攝)이옵니다.

○444 제식(諸識)이 불생(不生)이며, 끊어졌사옵니다.

七五不生[續2: 七六不生] **八六寂滅**[續2: 八五寂滅] **九相空無**
칠오불생[속2: 칠육불생] 팔육적멸[속2: 팔오적멸] 구상공무

7식(七識) 5식(五識)이 끊어져 불생(不生)이며,
8식(八識) 6식(六識)이 [무생無生이므로] 적멸(寂滅)이며,
9식(九識) 상(相)도 공(空)하여 끊어져 [적멸寂滅]이옵니다.

◯445 유무(有無)가 공(空)하여, 끊어졌사옵니다.

有空無有 無空無有
유공무유 무공무유

[능소能所와 상相과 식識, 일체一切] 유(有)가 공(空)하여
있는 바가 없으며,
[일체一切가 끊어져,] 무(無)도 공(空)하여
있는 바가 끊어졌사옵니다.

◯446 여(如)의 성품(性品), 법의 실상(實相)도 공(空)하옵니다.

如尊者所說[論: 如尊所說] **法義皆空**
여존자소설[논: 여존소설] 법의개공

세존(世尊)께옵서 설(說)하신바 여(如)의 성품(性品),
법(法)의 실체[義:實體]도, [무생無生 결정성結定性이므로,]
모두 다 공(空)하옵니다.

◯447 공(空)에 들면 모든 업(業)도 끊어져, 원(願)도 없사옵니다.

入空無行 不失諸業 無我我所 能所身見 內外結使 悉皆寂靜
입공무행 불실제업 무아아소 능소신견 내외결사 실개적정
故願亦息[續1,2: 故諸願亦息]
고원역식[속1,2: 고제원역식]

[실공실체實空實體인 여如의 실제實際] 공(空)에 들면
[제식諸識과 능소能所의 일체一切] 행(行)도 끊어져,
모든 [능소能所 일체一切] 업(業)의 과실(過失)도 끊어지므로,
나와 나의 것도 없으며, 능소(能所)의 신견(身見)과

[능소能所] 내외(內外)에 묶임이 모두, 다 [공空하여] 적정(寂靜)이오니,
그러므로 [취사取捨의 구求함과] 원(願)하는 바도 역시(亦是),
끊어지옵니다.

○448 여(如)는 공(空)한 법(法)이니, 훌륭한 약(藥)이옵니다.
如是理觀 慧定眞如 尊者常說 寔如空法[續1,2: 實如空法]
여시이관 혜정진여 존자상설 식여공법[속1,2: 실여공법]
卽[大·續1,2: 卽]**良藥也**
즉[대:속1,2: 즉]양약 야

이와 같이 [무생無生 여如의] 참 성품[理]을 관(觀)하는,
정혜(定慧)의 진성(眞性)인 부사의(不思議) 여(如)의 성품(性品)을,
세존(世尊)께옵서 항상(恒常), 설(說)하셨사옵니다.
참으로 여(如)는, [무생실공無生實空의] 공(空)한 법(法)이오니
곧, [이 법法은, 여如의 실상實相에 드는] 훌륭한 약(藥)이옵니다.

○449 법성(法性)은 공하므로 무생(無生)이며, 마음도 무생(無生)이다.
佛言 如是 何以故 法性空故[論: 空故] **空性無生 心常無生**
불언 여시 하이고 법성공고[논: 공고] 공성무생 심상무생

부처님께옵서 말씀하옵기를, 그러하니라.
무엇 때문이냐면,
[무생無生 여如의] 법(法)의 성품(性品)이 [무자성無自性이므로,
실체實體가] 공(空)한 까닭[緣由]이니라.
공(空)한 성품(性品)은 생(生)이 끊어졌으므로,
마음 [역시亦是, 공空한 여如의 성품性品이니,]
항상(恒常) 무생(無生) [적멸寂滅]이니라.

○450 공(空)한 성품(性品)은 멸(滅)도 끊어져, 마음도 머묾 없다.
空性無滅 心常無滅 空性無住 心亦無住
공성무멸 심상무멸 공성무주 심역무주

공(空)한 성품(性品)은 [실체實體가 없어] 멸(滅)도 없으므로
마음도, [역시亦是 공空한 성품性品이니] 항상 멸(滅)도 없으며,
공(空)한 성품(性品)은 [실체實體가 없어] 머묾이 없으니
마음 역시(亦是), [실체實體가 없어] 머묾이 없느니라.

○451 공성(空性)은 무위(無爲)며 출입이 끊어져, 18계 5음이 없다.

空性無爲 心亦無爲 空無出入 離諸得失
공성무위 심역무위 공무출입 이제득실
界陰入等[論:續1,2: 陰界入等] **皆悉亦無**
계음입등[논:속1,2: 음계입등] 개실역무

공(空)한 성품(性品)은 [생멸生滅 없는] 무위(無爲)이므로
마음 역시(亦是), [생멸生滅 없는] 무위(無爲)이며,
공(空)한 성품(性品)은 출입(出入)이 끊어져
모든 [취사取捨의] 얻음과 잃음을 벗어났으므로,
18계(十八界)와 5음(五陰)과 6입(六入) 등, 모두가 다 역시(亦是),
끊어졌느니라.

○452 여(如)의 공(空)한 법(法)에, 모든 유(有)가 파괴(破壞)된다.

心如不著[論: 心如不着] **亦復如是**
심여불착[논: 심여불착] 역부여시
菩薩 我說空法[論:續1,2: 我說諸空] **破諸有故**
보살 아설공법[논:속1,2: 아설제공] 파제유고

마음이, [무생無生 적멸寂滅 공성空性인] 여(如)이니,
일체 집착이 끊어진 [성품이므로] 또한, 역시 이와 같느니라.
보살(菩薩)이여!
내가 설(說)한 공(空)한 [여如의 실공實空] 법(法)에,
일체(一切) 유(有)인 [상相과 식識과 경계境界와 무명無明과
법상法相과 증득證得과 깨닫고 얻은 일체一切 지혜상智慧相
증과證果까지 모든 유有가] 파괴(破壞)되느니라.

○453 유(有)가 실(實)이 아니며, 실(實)이 없음[斷滅]이 아니옵니다.

地藏菩薩言 尊者 知有非實 如陽焰水 知實非無
지장보살언 존자 지유비실 여양염수 지실비무

如火性生[論: 如實非無 如火性王] **如是觀者 是人智也**[論: 是人智耶]
여화성생[논: 여실비무 여화성왕] 여시관자 시인지야[논: 시인지야]

지장보살(地藏菩薩)이 말씀 사뢰오며 여쭈옵기를,

세존(世尊)이시여!

[일체一切] 유(有)가 [자성自性이 없어 공空하여]

실(實)이 아님을 앎으로,

[실체實體 없는] 아지랑이[陽焰]와 물이

[또한, 무자성無自性의 성품이므로] 다를 바 없으며[如],

[그러나,] 실(實)이 [단지] 없음[無:斷滅]이 아님을 앎으로,

[무자성無自性인] 불[火]의 성품(性品)이 생(生)함과 같사옵니다.

이와 같이 관(觀)하는 자(者)는,

이[是] 사람이 지혜로운 사람이옵니까?

○454 관(觀)이, 일체(一切) 적멸(寂滅)이니 불(佛)을 봄을 잃지 않는다.

佛言 如是 何以故 是人眞觀 觀一寂滅 相與不相 等以空取
불언 여시 하이고 시인진관 관일적멸 상여불상 등이공취

空以修空故[論:續1,2: 以修空故] **不失見佛 以見佛故 不順三流**
공이수공고[논:속1,2: 이수공고] 불실견불 이견불고 불순삼류

부처님께옵서 말씀하옵기를, 그러하니라. 무엇 때문이냐면,

이[是] 사람은, [무생無生 여如의] 진관(眞觀)이므로,

관(觀)에 일체(一切)가 적멸(寂滅)하여 [무생無生 공空이므로,]

상(相)과 상(相)이 아닌 [성품性品이] 더불어 평등(平等)한

[무생無生 여如의 성품性品] 실공(實空)을 수순함[取]이니,

[이는, 무생無生 여如의 공심空心 수연隨緣 속에]

공(空)으로써 공(空)을 닦는 까닭[緣由]으로,

[여래如來의 무생無生 여래장如來藏 여如의 진성眞性인,]
불(佛)을 봄을 잃지 않으며, 불(佛)을 보는 까닭[緣由]으로
[욕계欲界의 취사심取捨心과 색계色界의 상주심相住心과
무색계無色界의 출입심出入心이 공적空寂하여]
3계(三界)의 흐름을 따르지 않느니라.

◯455 3해탈(三解脫)이 하나의 체성이며, 성품이 끊어져 공(空)하다.
於大乘中 三解脫道 一體無性 以其無性故空
어대승중 삼해탈도 일체무성 이기무성고공

대승(大乘) 가운데 3해탈(三解脫)인
[공삼매空三昧, 무상삼매無相三昧, 무작삼매無作三昧의] 도(道)가
[차별差別 없는] 하나의 [여如의] 체성(體性)이므로,
각각(各各) 성품(性品)도 끊어졌느니라.
그 [각각各各] 성품(性品)이 끊어진 까닭[緣由]은,
[그 성품性品이 차별差別 없는 여如의 적멸寂滅] 공성(空性)이기
때문이니라.

◯456 공(空)하므로, 상(相)과 지음과 구(求)함이 끊어졌다.
空故無相 無相故無作 無作故無求
공고무상 무상고무작 무작고무구

[공삼매空三昧, 무상삼매無相三昧, 무작삼매無作三昧가
그 체성體性이 다를 바 없어] 공(空)한 까닭[緣由]으로
상(相)이 없으니, 상(相)이 끊어진 까닭[緣由]으로
[3삼매三三昧의 행行에] 지음[作]의 상[相]도 끊어졌느니라.
지음의 [상相이] 끊어진 까닭[緣由]으로,
구(求)함의 [상相도] 끊어졌느니라.

○457 마음이 청정(淸淨)하여 불(佛)을 봄으로, 정토(淨土)에 든다.

無求故無願 無願故以是知業故須淨心[論:續1,2: 以是業故淨心]

무구고무원 무원고이시지업고수정심[논:속1,2: 이시업고정심]

以心淨故 便得見佛[論:續1,2: 見佛] **以見佛故 當生淨土**

이심정고 편득견불[논:속1,2: 견불] 이견불고 당생정토

구(求)함이 끊어진 까닭[緣由]으로

[심청정心淸淨 적멸寂滅하여] 원(願)도 없느니라.

[원願이 끊어진 적멸寂滅 청정성품淸淨性品에 드니]

원(願)이 끊어진 까닭[緣由]에,

이[是] [청정淸淨] 업(業)의 지견(智見)으로 말미암아 마침내,

마음이 [무생無生 결정성結定性인] 무생청정(無生淸淨)에 이르니,

마음이 [무생無生 여如의 성품性品] 청정(淸淨)한 까닭[緣由]으로

순히, [청정淸淨 여래장如來藏 여如의 진성眞性인]

불(佛)을 봄[見]을 얻느니라.

[청정淸淨 진성眞性 여래장如來藏 여如의 성품 결정성結定性인]

불(佛)을 보[見]는 까닭[緣由]으로,

당연히, [자성청정自性淸淨 본성本性 여래장如來藏 무생無生 성품]

정토(淨土)에 드느니라.

○458 3화(三化)를 닦아 정혜(定慧)가 원만하여, 3계(三界)를 초월한다.

菩薩 於是深法 三化勤修 慧定圓成 即[大:續1,2: 卽]**超三界**

보살 어시심법 삼화근수 혜정원성 즉[대:속1,2: 즉]초삼계

보살(菩薩)이여! 이[是] 깊은 법(法)의

[3해탈三解脫 행行인, 공삼매空三昧, 무상삼매無相三昧,

무작삼매無作三昧,] 3화(三化)를 부지런히 닦아,

정(定)과 혜(慧)를 원만히 이루어 곧, 3계(三界)를 초월하느니라.

○459 여래께옵서 설(說)하신 법(法)은, 생멸(生滅)이 끊어졌사옵니다.

地藏菩薩言 如來所說 無生無滅 即[大:續1,2: 即]**是無常 滅是生滅**
지장보살언 여래소설 무생무멸 즉[대:속1,2: 즉]시무상 멸시생멸

지장보살(地藏菩薩)이 말씀 사뢰오며 여쭈옵기를,
여래(如來)께옵서 설(說)하신 바, [공空한 성품性品은,
본래本來 무생無生이므로,] 생(生)도 없고 멸(滅)도 없으므로
곧, 이것은 [본래本來 상相이 없어,] 항상(恒常)함도 없음이니
이는 곧, 생(生)과 멸(滅)이 끊어진 것이옵니다.

○460 생멸(生滅)이 멸한 적멸(寂滅)은 항상하여, 끊어짐이 없사옵니다.

生滅滅已 寂滅爲常 常故不斷
생멸멸이 적멸위상 상고부단

생멸(生滅)이 이미 끊어져 멸(滅)한 성품(性品)은
[본래本來] 적멸(寂滅) [무생無生]이므로 [성품이] 항상(恒常)하며,
항상한 까닭으로, 그 [무생無生 성품은] 끊어짐이 없사옵니다.

○461 항상하는 법은, 3계의 동(動)과 부동법(不動法)을 벗어났습니다.

是不斷法 離諸三界動不動法
시부단법 이제삼계동부동법

이[是] 끊어짐이 없는 [무생無生 성품性品 여如의] 법(法)은,
[욕계欲界 유무有無의 취사심取捨心과
색계色界 색성향미촉법色聲香味觸法의 상주심相住心과
무색계無色界 능소能所의 출입심出入心의 상념想念인,]
모든 3계(三界)의 동(動)과 부동(不動)의 법(法)을 벗어났사옵니다.

○462 어떤 법(法)에 의지해야, 유위법을 벗어난 일문(一門)에 드옵니까?

於有爲法 如避火坑 依何等法 而自呵責[續1,2: 而自訶責]
어유위법 여피화갱 의하등법 이자가책[속1,2: 이자가책]

入彼一門
입피일문

[생멸生滅 유무有無 단상斷常의 상견相見] 유위법(有爲法)은
[생사生死의 고해苦海에 드는 길이므로]
불구덩이[火坑]와 같아 벗어나야 하오니,
어떤 법(法)에 의지(依支)해야만 스스로를 제도[呵責]하여,
[무생無生 여如의 적멸寂滅한] 저[彼] 일문(一門)에 들 수가
있겠사옵니까?

○463 3대사(三大事)에 마음을 가책해, 3대제(三大諦) 행에 들어야 한다.

佛言 菩薩 於三大事 呵責其心[續1,2: 訶責其心] **於三大諦**
불언 보살 어삼대사 가책기심[속1,2: 가책기심] 어삼대제
而入其行
이입기행

부처님께옵서 말씀하옵기를,
보살(菩薩)이여! 3대사(三大事)에서 그 마음을 가책(呵責)해,
3대제(三大諦)의 그 행(行)에 들어야 하느니라.

○464 3사(三事)에 가책과 3제(三諦)의 일행(一行)이 무엇이옵니까?

地藏菩薩言 云何三事 而責其心 云何三諦 而入一行
지장보살언 운하삼사 이책기심 운하삼제 이입일행

지장보살(地藏菩薩)이 말씀 사뢰오며 여쭈옵기를,
어떠한 3사(三事)에서 그 마음을 가책(呵責)해야 하오며,
무엇이, 3제(三諦)에 드는 일행(一行)이옵니까?

○465 3대사(三大事)는 인·과·식이니, 본래 공(空)함을 좇아 없느니라.

佛言 三大事者[論: 三事者] **一謂因 二謂果 三謂識 如是三事**
불언 삼대 사자[논: 삼사자] 일위인 이위과 삼위식 여시삼사

從本空無 非我眞我 云何於是 而生愛染
종본공무 비아진아 운하어시 이생애염

부처님께옵서 말씀하옵기를, 3대사(三大事)는

첫째는 인(因)을 지음이며, 둘째는 과(果)를 받음이며,

셋째는 [이를 분별分別하여 집착하며, 일으키는] 식(識)이니라.

[인因, 과果, 식識의 인연因緣인 12인연법十二因緣法,]

이와 같은 3사(三事)는,

본래(本來) 공(空)함을 수순[從:隨順]하여 없으므로,

[인因을 지음과 과果를 받음과 이를 집착執着하는 식識이,]

아(我)도, 진아(眞我)도 아님이니,

어찌 이것에 애착(愛着)하며, 물듦을 일으키겠느냐?

○466 3사(三事)에 얽매여 고해(苦海)에 듦이니, 벗어나야 한다.

觀是三事 爲繫所縛[論: 爲繫所飄] **飄流苦海 以如是事**
관시삼사 위계소박[논: 위계소표] 표류고해 이여시사

常自呵責[續1,2: 常自訶責]
상자가책[속1,2: 상자가책]

이[是], [인因, 과果, 식識의 인연因緣] 3사(三事)인

[12인연법十二因緣法을 여실如實히] 관(觀)하여서,

[인因, 과果, 식識의 인연 흐름 12인연법에] 얽매이며 묶이어

고해(苦海)로 흘러들어 떠돌게 되는 이와 같은 3사[事:三事]에,

항상(恒常), 자신(自身)을 가책(呵責)하여 제도(濟度)해야 하느니라.

○467 3대제(三大諦) 첫째는 보리도(菩提道)이니, 평등한 진리(眞理)이다.

三大諦者[論:續1,2: 三諦者] **一謂菩提之道 是平等諦**
삼대제자[논:속1,2: 삼제자] 일위보리지도 시평등제

非不平等諦[論: 非不等諦]
비불평등제[논: 비불등제]

[유위법有爲法을 벗어나, 무생無生 적멸寂滅에 이르는]

3대제(三大諦)는,

첫째는, 보리(菩提)의 도(道)이니라.

이는, [본성本性 여如의 성품의] 평등(平等)한 진리(眞理)이므로,

[본성本性을 벗어나 분별分別하는 유위법有爲法인]

불평등(不平等)의 진리(眞理)가 아니니라.

◯468 둘째 대각정지(大覺正智)이니, 바른 지혜를 얻는 진리(眞理)이다.

二謂大覺 正智得諦 非邪智得諦

이위대각 정지득제 비사지득제

둘째는, 대각(大覺)이니라.

이는, [본성本性 여如의 성품性品의]

바른 지혜[正智]를 얻는 진리(眞理)이므로,

[본성本性을 벗어나 분별分別하는 유위법有爲法인]

삿(邪)된 지혜(智慧)로 얻는 진리(眞理)가 아니니라.

◯469 셋째 정혜(定慧)이니, 차별(差別) 없는 행(行)의 진리(眞理)이다.

三謂慧定 無異行入諦 非雜行入諦 [續1,2: 非離行入諦]

삼위혜정 무이행입제 비잡행입제 [속1,2: 비이행입제]

셋째는, 정혜(定慧)이니라.

이는, [본성本性 여如의 성품性品 수순행隨順行으로,]

[일체一切] 차별 없는 [여如의] 행(行)에 드는 진리(眞理)이므로,

[본성本性을 벗어나 분별分別하는 유위법有爲法인]

잡행(雜行)으로 드는 진리(眞理)가 아니니라.

◯470 3제(三諦)를 닦아, 불(佛)의 보리(菩提)를 이룬다.

以是三諦 而修佛道 是人於是法 無不得正覺 得正覺智 流大極慈

이시삼제 이수불도 시인어시법 무불득정각 득정각지 유대극자

己他俱利 成佛菩提
기타구리　성불보리

이 3대제(三大諦)인 [보리도菩提道와 대각정지大覺正智와
정혜행定慧行의] 불도(佛道)를 닦는 이[是] 사람은,
이[是] [3대제三大諦의] 법(法)으로 [보리菩提의 바른 깨달음인
무상無上] 정각(正覺)을 얻지 아니함이 없느니라.
[무상無上] 정각(正覺)의 지혜(智慧)를 얻어
[본성보리本性菩提의 여如의 성품性品 무생지혜無生智慧로]
무한(無限) 지극(至極)한 대자비(大慈悲)의 흐름을 따라
자타(自他)를 함께 이롭게 하므로,
불(佛)의 [여래如來의 공능功能 무상無上] 보리(菩提)를
완성(完成)하느니라.

○471 인연 없는 부동법(不動法)으로 어찌, 여래(如來)에 들게 되옵니까?
地藏菩薩言 尊者 如是之法 則[論: 即]**無因緣 若無緣法**
지장보살언 존자 여시지법 즉[논: 즉]무인연 약무연법
因則[論: 因即]**不起 云何不動法入如來**[續1,2: 云何不動法得入如來]
인즉[논: 인즉]불기 운하부동법입여래[속1,2: 운하부동법득입여래]

지장보살(地藏菩薩)이, 말씀 사뢰오며 여쭈옵기기를,
세존(世尊)이시여! 이와 같은 [3대제三大諦의] 법(法)으로
[무상無上 정각正覺의 지혜智慧를 얻어,
불佛의 무상無上 보리菩提 공능功能을 완성完成한다고 하시오니,]
이는 곧, [무생無生 여如의 적멸법寂滅法이므로]
인(因)과 연(緣)이 없사옵니다.
만약(萬若), [무생無生 여如의 법法은] 연(緣)이 없는 법(法)이오니
[여如의 수순행隨順行인] 인(因)이 곧, 일어나지 않으리니,
어찌하여, [인因과 연緣을 지음이 없는] 부동법(不動法)으로,
여래(如來)의 [무상無上 지혜智慧의 성품性品에] 들게 되옵니까?

○472 여래(如來)께옵서, 게(偈)를 설(說)하셨다.

爾時 如來 欲宣此義 而說偈言

이시 여래 욕선차의 이설게언

이때 여래(如來)께옵서, [무생無生 부동법不動法으로
여래如來의 무상無上 지혜성품智慧性品에 드는]
이[是] 까닭[緣由]의 실상[義:實相]을 베풀고자, 게(偈)를 설(說)하여
말씀하시었다.

○473 모든 법(法)의 모습은 공(空)하여, 부동(不動)도 끊어졌다.

一切諸法相 性空無不動

일체 제법상 성공무부동

일체(一切) 모든, [생멸生滅하는] 법(法)의 모습은
[그 실체實體가 없어] 성품(性品)이 공(空)하여,
부동(不動)도 끊어졌느니라.

○474 이[是] 법(法)을 일컬을 시(時), 법(法)이 전후(前後)가 끊어져 적멸(寂滅)이다.

是法於是時 不於是時起 法無有異時 不於異時起 法無動不動

시법어시시 불어시시기 법무유이시 불어이시기 법무동부동

性空故寂滅

성공고적멸

[생멸生滅하는] 이[是] 법(法)을 일컬을 시(時)
[시時는 머묾이 없어] 이[是] 시(時)가 일어났음(起)이 끊어져
[생生의 모습인] 법이, 전후(前後)의 시(時)에는 있은 바가 없어
전후(前後)의 시(時)에는 일어남이 없으니
법(法)의 [모습 상相이] 동(動)도 부동(不動)도 끊어져
[상相의] 성품(性品)이 공(空)한 까닭[緣由]에 적멸(寂滅)이니라.

◯475 법(法)이 공(空)해, 상(相)이 적멸(寂滅)하여 인연이 끊어졌다.

性空寂滅時 是法是時現 離相故寂住 寂住故不緣

성공적멸시 시법시시현 이상고적주 적주고불연

[생멸상生滅相의] 성품(性品)이 공(空)하여 적멸(寂滅)한 시(時)

이 법(法)은, [전후前後 없는] 이[是] 찰나[時:刹那]에만 나타나

[그 모습 홀연忽然히 간 곳 없어]

상(相)은, 사라진 까닭[緣由]에, 머묾이 끊어진 적멸(寂滅)이니,

머묾이 끊어져 적멸(寂滅)인 까닭[緣由]에, [그 법法은 없어]

인연(因緣)도 끊어졌느니라.

◯476 인연이 불생(不生)이니 생멸이 없어, 성품이 공적(寂滅)하다.

是諸緣起法 是法緣不生 因緣生滅無 生滅性空寂

시제연기법 시법연불생 인연생멸무 생멸성공적

이[是] 모든 인연(因緣)으로 일어난 법(法)은

[그 성품이 실체 없는 무자성無自性이므로, 그 실체가 없어,]

이[是] 법(法)은 [끊어져] 인연(因緣)을 생(生)하지 않으므로

[인연因緣이 끊어진 적멸寂滅한 성품性品은]

인연(因緣)으로 생(生)하고 멸(滅)함도 끊어져

생(生)과 멸(滅)의 성품(性品)이 공적(寂滅)하니라.

◯477 법(法)이 일어나도 연(緣)이 끊어져, 일어남도 없다.

緣性能所緣 是緣本緣起 故法起非緣 緣無起亦爾

연성능소연 시연본연기 고법기비연 연무기역이

연(緣)의 성품(性品)이 능연(能緣)과 소연(所緣)이니

이[是] 연(緣)이 본래(本來) 연(緣)을 따라 일어나나

법(法)이 일어나도 [공空하여] 연(緣)이 끊어진 까닭[緣由]에

연(緣)이 일어나도 [연緣이] 역시(亦是), 끊어졌느니라.

◯478 인연(因緣)이 생멸(生滅)하는 모습이어도, 생멸(生滅)이 끊어졌다.

因緣所生法 是法是因緣 因緣生滅相 彼則無生滅
인연소생법 시법시인연 인연생멸상 피즉무생멸

인연(因緣)으로 소생(所生)한 법(法)

이[是] 법(法)의 모습, 이[是] 인연(因緣)은

인연(因緣)으로 생(生)하고 멸(滅)하는 모습이어도

저[彼] 모습 곧, [실체實體 없는 공성空性이니]

생멸(生滅)이 끊어졌느니라.

◯479 법이 전후(前後) 없는 시(時)에, 자성(自性)이 일어나 출몰한다.

彼如眞實相 本不於出沒 諸法於是時 自生於出沒
피여진실상 본불어출몰 제법어시시 자생어출몰

저 [생멸生滅하는 실제實際 성품,] 여(如)의 진실(眞實)한 모습은

본래(本來) 나타나고 사라짐이 아니므로

모든 법(法)이, 전후(前後) 없는 [공空한] 이[是] 시(時)에

자성(自性)이 [공空한 실체實體 없는 모습이] 홀연히 나타나

사라지느니라.

◯480 지극한 청정(淸淨) 성품을 얻음이, 본래(本來)의 본성(本性)이다.

是故極淨本 本不因衆力 即[大:續1,2: 即]於後得處
시고극정본 본불인중력 즉[대:속1,2: 즉]어후득처
得彼於本得[論:續1,2: 得得於本得]
득피어본득[논:속1,2: 득득어본득]

[실상實相 자성自性이] 이런 까닭에, 지극한 청정 본성(本性)은

본래(本來) [모든] 인연(因緣)들의 세력(勢力)이 끊어졌으므로

곧, 후(後)에 [깨달음을] 증득(證得)하여 드는 곳[處],

그 얻음[證得]이, 본래(本來) [그러한 본성本性을] 얻음이니라.

○481 대중의 의심(疑心)이 끊어져, 지장보살이 게송(偈頌)을 올렸다.

爾時 地藏菩薩 聞佛所說 心地快然 時諸衆等 無有疑者
이시 지장보살 문불소설 심지쾌연 시제중등 무유의자
知衆心已 而說偈言
지중심이 이설게언

이때 지장보살(地藏菩薩)이 부처님의 설(說)하심을 듣고,
[무한 깊은 대비심으로, 대중大衆의 미혹한 눈을 열어주시는
여래如來의 자상仔詳하고 불가사의 무상無上 지혜의 가르침으로
대중大衆의 일체一切 의심疑心을 풀어주시오니,
그 무한 대비심大悲心 은혜에 깊은 감사와 감동과 감명感銘 속에]
마음이 청량(淸亮)하며, 맑고 상쾌(爽快)하였다.
그때 모든 대중들도, 미혹(迷惑)의 남은 의심(疑心)들이 끊어지니,
[지장보살地藏菩薩이,] 대중(大衆)의 마음을 이미 알고,
게송(偈頌)으로 말씀을 올리었다.

○482 대중의 의심(疑心)이 끊어지며, 2승(二乘)도 깨달음을 얻었다.

我知衆心疑 所以殷固問 如來大慈善 分別無有餘 是諸二衆等
아지중심의 소이은고문 여래대자선 분별무유여 시제이중등
皆悉得明了
개실득명료

제가, 대중(大衆)의 마음에 풀리지 않은 미혹의 의심(疑心)을 알고
간절(懇切)한 마음으로
[오직, 무상지혜無上智慧이신 여래如來만이 능히 알 수 있는]
심히 깊고 견고(堅固)한 물음을 물었사오나
여래(如來)께옵서, 끝없는 무한 연민(憐愍)의 자비로움으로,
무한(無限) 은혜(恩惠)의 공덕(功德)을 베푸시어
알 수 없는 깊은 법(法)을 자상(仔詳)히 분별(分別)하여
대중(大衆)들이, 미진한 의심이 남음이 없도록 베풀어 주옵시니

이[是] 모든 2승(二乘)의 군중(群衆)들은 모두 다,
[불가사의 여래장如來藏 여如의 성품 무생법無生法의 심오深奧한]
깨달음의 밝음을 얻었사옵니다.

◯483 여래와 같이, 중생구제의 본 서원(誓願)을 버리지 않겠사옵니다.
我今於了處 普化諸衆生 如來之大悲[論:續1,2: 如佛之大悲]
아금어요처 보화제중생 여래지대비 [논:속1,2: 여불지대비]
不捨於本願
불사어본원

저도 이제, [인연因緣따라] 이르는 곳[了處]마다
고통 받는, 모든 중생을 연민으로 널리, 구제하겠사오며
여래(如來)의 무한 사랑, 끝없는 연민심, 큰 자비로움과 같이
세세생생 중생구제의 본래 서원(誓願)을 버리지 않겠사옵니다.

◯484 서원(誓願)을 따라, 일자지(一子地)에서 중생구제를 하겠사옵니다.
故於一子地 而住於煩惱
고어일자지 이주어번뇌

그와 같이, 서원(誓願)따라
[마치, 외아들을 향한, 끝없는 연민憐愍의 행을, 놓지 않듯이]
오직, 일자지(一子地)에 머물러
중생의 아픔과 고통의 번뇌 속에, 함께 머물겠사옵니다.

◯485 이 보살(菩薩)의 이름으로, 악도(惡道)와 고난(苦難)을 벗어난다.
爾時 如來 而告衆言 是菩薩者 不可思議 恒以大慈[論: 恒以大悲]
이시 여래 이고중언 시보살자 불가사의 항이대자 [논: 항이대비]
拔衆生苦 若有衆生 持是經法 持是菩薩名者[論:續1,2: 持是菩薩名]
발중생고 약유중생 지시경법 지시보살명자 [논:속1,2: 지시보살명]
即[大:續1,2: 即]**不墮於惡趣 一切障難 皆悉除滅**
즉 [대:속1,2: 즉]불타어악취 일체장난 개실제멸

이때 여래(如來)께옵서 대중(大衆)들에게 이르시기를,

이[是] 보살(菩薩)은,

[중생衆生을 향한 연민憐愍과

세세생생世世生生 대비본원大悲本願의 서원행誓願行,

그 진실眞實의 공덕세계功德世界는] 불가사의(不可思議)이니라.

항상(恒常), 중생(衆生)을 향한 연민심(憐愍心) 대자비(大慈悲)로,

중생의 아픔과 고통(苦痛)을 제거(除去)하여 구제(救濟)하구나.

만약(萬若), 중생(衆生)이 있어, 이[是] 경(經)의 법(法)을 가지며,

이[是] 보살(菩薩)의 이름을 지니는 자(者)는

곧, 악도(惡道)에 떨어지지 않으며,

일체(一切) 장애(障礙)와 고난(苦難)이 모두 다 소멸(消滅)되어,

벗어날 것이니라.

○486 보살(菩薩)이 화신(化身)이 되어, 속히 보리(菩提)를 얻게 한다.

若有衆生 [續1,2(있음)： **持此經者] 無餘雜念 專念是經 如法修習**
약유중생 [속1,2(있음)： 지차경자 무여잡념 전념시경 여법수습

爾時 菩薩 常作化身 而爲說法 擁護是人 終不蹔捨[論：大：續1,2：
이시 보살 상작화신 이위설법 옹호시인 종부잠사 [논：대：속1,2：

終不蹔捨] **令是人等 速得阿耨多羅三藐三菩提**
종부잠사] 영시인등 속득아뇩다라삼먁삼보리

만약(萬若) 중생(衆生)이 있어, [이 경經에 믿음을 일으켜]

이[是] 경(經)을 지니는 자(者)가 잡념(雜念) 없이 오로지,

이[是] 경(經)에 전념(專念)하여 [선근善根과 신심信心을 다하며]

법(法)과 같이 닦고 익히면,

이때, 이[是] 보살(菩薩)이 항상(恒常) 화신(化身)이 되어

[이是 사람을 이끌고] 법(法)을 설(說)할 것이며,

이[是] 사람을 옹호하여, 끝내 잠시도 방심(放心)하지 않으리라.

이런 [믿음과 선근善根의] 사람들로 하여금

속히, 아뇩다라삼먁삼보리(阿耨多羅三藐三菩提)를 얻게 하리라.

◯487 대승(大乘) 결정성을 요달(了達)한 실체, 대승결정요의이다.

汝等菩薩 若化衆生 皆令修習如是 大乘決定了義
여등보살 약화중생 개령 수습여시 대승 결정요의

그대들 보살(菩薩)은, 만약(萬若) 중생(衆生)을 교화(敎化)하려면,
모두로 하여금, 이와 같이 [무생적멸無生寂滅 본성本性의
여如의 무생無生 성품행性品行을] 닦고 익히게 해야 하느니라.
이것이, 대승(大乘) 지혜(智慧)의 결정성(結定性)을 요달(了達)한,
[일각요의一覺了義의 일미진실一味眞實 무상무생無相無生 결정結定]
실체(實體)인, 대승결정요의(大乘結定了義)이니라.

金剛三昧經 第九 流通品
금강삼매경 제구 유통품

○488 대승(大乘) 총섭(總攝)인 결정성(結定性)은, 불가사의옵니다.

爾時 阿難 從座而起 前白佛言 如來所說 大乘福聚 決定斷結
이시 아난 종좌이기 전백불언 여래소설 대승복취 결정단결
無生覺利 不可思議
무생각리 불가사의

그때, 아난(阿難)이 자리에서 일어나,
부처님 전(前)에 말씀 사뢰오며 여쭈옵기를,
여래(如來)께옵서 설(說)하신,
대승복(大乘福)의 총섭(總攝)인 [무생無生] 결정성(結定性)으로,
일체(一切) [무명無明의] 얽매임을 끊어버리는
무생(無生) 본각(本覺)의 실제[利:實際]는, 불가사의이옵니다.

○489 경(經) 이름이 무엇이며, 경을 지니는 복(福)이 얼마나 되옵니까?

如是之法 名爲何經 受持是經 得幾所福 願佛慈悲 爲我宣說
여시지법 명위하경 수지시경 득기소복 원불자비 위아선설

이와 같은 [일각요의一覺了義의 무생無生 결정성結定性인
여如의] 법(法)을 이름함이 무슨 경(經)이라 하오며,
이[是] 경(經)을 받아지니오면
그 복(福)의 [공덕功德은] 얼마나 얻게 되옵니까?

원하오니, 부처님의 자비로움으로 저희들을 위하사
[그 지혜智慧와 공덕功德의 세계를] 베풀어 설해주시옵소서.

○490 이 경은 제불(諸佛)이 옹호하며, 여래(如來)의 일체지혜에 든다.

佛言 善男子 是經名者 不可思議 過去諸佛之所護念
불언 선남자 시경명자 불가사의 과거제불지소호념

能入如來一切智海
능입여래일체지해

부처님께옵서 말씀하옵기를,
선남자(善男子)여! 이[是] 경(經)의 이름은,
[성품性品이 무생無生 결정성結定性이므로 헤아려 측량하기가]
불가사의(不可思議)이니라.
과거(過去)의 모든 부처님께서도 [이 무생無生 결정성結定性의
이是 경經을] 지키시고 옹호(擁護)하는 바이며,
[이是 부사의不思議 일각요의一覺了義의 일미진실一味眞實,
무상무생無相無生 적멸성寂滅性 여如의 성품性品 공덕功德으로]
능히, 여래(如來)의 일체(一切), 지혜(智慧)의 바다[海]에 드느니라.

○491 모든 경(經) 중에 이 경(經)을 지니면, 더 구(求)할 것이 없다.

若有衆生 持是經者 則[論: 即]於一切經中
약유중생 지시경자 즉[논: 즉]어일체경중

無所悕求[論:續1,2: 無所希求]
무소희구[논:속1,2: 무소희구]

만약(萬若), 중생(衆生)이 있어, 이[是] 경(經)을 지니는 자(者)는
[여래如來의 일체一切 불지혜佛智慧의 바다에 듦으로,]
곧, [이是 경經은] 일체(一切) 경(經) 중에 으뜸이며,
[이是 경經 보다, 더 수승殊勝한 법法을 구하고자 하여도,]
더 바라거나, 구(求)할 수가 없느니라.

○492 이 경(經)은, 모든 경전(經典)의 요체(要諦)이며 근본 으뜸이다.

是經典法 摠持衆法 攝諸經要 是諸經法 法之繫宗

시 경 전 법 총 지 중 법 섭 제 경 요 시 제 경 법 법 지 계 종

이[是] 경전(經典)의 법(法)은,

모든 경전(經典) 중 법(法)의 총지(總持)이며,

모든 경전(經典)의 요체(要諦)를 통섭(通攝)하였으므로

이[是] 경(經)은, 모든 경법(經法)의 법(法)의 근본(根本) 뿌리이며,

수승(殊勝)하여 으뜸인 종(宗)이니라.

○493 경명(經名)이, 섭대승경 금강삼매 무량의종(無量義宗)이다.

是經名者 名攝大乘經 又名金剛三昧 又名無量義宗

시 경 명 자 명 섭 대 승 경 우 명 금 강 삼 매 우 명 무 량 의 종

이[是] 경(經)을 이름함에는,

[일체一切 대승법大乘法을 모두, 총섭總攝하였으므로]

이름이 섭대승경(攝大乘經)이며,

또, [부사의不思議 무생결정삼매無生結定三昧이므로]

이름이 금강삼매(金剛三昧)이며,

또, [한량限量없는 수승殊勝한, 무량無量한 모든 법法과

도道의 근본根本이며, 근간根幹인 뿌리이므로

이름이 무량의종(無量義宗)이니라.

○494 이 경(經)을 지님은, 백천제불(百千諸佛)의 공덕을 지님과 같다.

若有人受持是經典者 即[大·續1,2: 即]名受持百千諸佛 如是功德

약 유 인 수 지 시 경 전 자 즉[대·속1,2: 즉]명 수 지 백 천 제 불 여 시 공 덕

譬如虛空 無有邊際 不可思議 我所囑累 唯是經典

비 여 허 공 무 유 변 제 불 가 사 의 아 소 촉 루 유 시 경 전

만약(萬若) 사람이 있어,

이[是] 경전(經典)을 받아 지니는 사람은

곧, 백(百) 천(千) 제불(諸佛)의 불가사의 무상공덕(無上功德)인
불(佛)의 명호(名號)를 받아 지니며,
이와 같은 [무량무한無量無限 공덕功德을 지키고 보전保全하는
불가사의不可思議] 공덕(功德)이 있느니라.
비유(譬喩)하면, 허공(虛空)이 끝이 없어 불가사의함과 같으니라.
내가 거듭, 당부(當付)하는 것은 오직, 이 경전(經典)뿐이니라.

○495 어떤 사람이, 이[是] 경(經)을 받아지니옵니까?

阿難言 云何心行 云何人者 受持是經
아난언 운하심행 운하인 자 수지시 경

아난(阿難)이 말씀 사뢰오며 여쭈옵기를,
[섭대승경攝大乘經이며, 금강삼매金剛三昧이며,
무량의종無量義宗인 이是 경經을] 어떤 마음으로 행(行)하오며,
어떤 사람이, 이[是] 경(經)을 받아 지니옵니까?

○496 이[是] 경(經)을 지니는 자(者)는, 법(法)을 얻음도 잃음도 없다.

佛言 善男子 受持是經者 是人心無得失
불언 선남자 수지시 경 자 시인심 무득 실

부처님께옵서 말씀하옵기를,
선남자(善男子)여! 이[是] 경(經)을 받아 지니는 자(者)는,
[불가사의 여래장如來藏 무생공능無生功能의 성품性品이니]
이 사람은 [섭대승지攝大乘智이며,
금강삼매결정심金剛三昧結定心이며, 무량의종지無量義宗智이니,
일체유위一切有爲와 일체무위一切無爲를 모두 초월超越한
불가사의 무생무변제심無生無邊際心인 여如의 절대성絶對性이니,
얻고 잃을 것도 없는 상명무상심上明無上心인
무생결정성지無生結定性智의] 무생심(無生心)이므로,
얻음도 잃음도 없느니라.

○497 항상(恒常) 범행(梵行)으로, 3유(三有)를 집착(執着)하지 않는다.

常修梵行 若於戲論 常樂靜心 [論: 常樂淨心] **入於聚落 心常在定**
상수범행 약어희론 상락정심 [논: 상락정심] 입어취락 심상재정
若處居家 不著三有
약처거가 불착삼유

항상(恒常) 청정(淸淨)한 [여如의] 범행(梵行)을 닦으므로
[그 성품性品, 청정성淸淨性을 잃지 않으며,]
만약(萬若), 희론(戲論)에도, [시비심是非心이나 이끌림이 없어]
항상(恒常), [여如의] 고요한 마음을 즐기느니라.
대중 생활 속에서도 마음이 항상 여(如)의 정(定)에 있으므로,
[능소能所의 경계심이 없어, 고요하여 산란散亂함이 없으며,]
또한, 집의 처소(處所)에 있어도, [상相의 취사取捨가 없고,
소연所緣의 취사取捨가 없으며, 능연能緣의 취사取捨가 없어
식청정識淸淨이니, 3계三界인 욕계欲界 취사심取捨心과
색계色界 상주심相住心과 무색계無色界 출입심出入心이 없어]
3유(三有)를 집착(執着)하지 않느니라.

○498 이[是] 사람은, 현세(現世)에 5종(五種)의 복(福)이 있다.

是人現世 有五種福 一者 衆所尊敬 二者 身不橫夭
시인현세 유오종복 일자 중소존경 이자 신불횡요
三者 辯答邪論 [續1: 辯答衰論] **四者 樂度衆生 五者 能入聖道**
삼자 변답사론 [속1: 변답사론] 사자 낙도중생 오자 능입성도
如是人者 受持是經
여시인자 수지시경

이[是] 사람은, 현세(現世)에 5종(五種)의 복(福)이 있느니라.
첫째는, 대중(大衆)에게 존경(尊敬)을 받음이니라.
둘째는, 몸의 횡액(橫厄)이나 요절(夭折)하지 않음이니라.
셋째는, 사론(邪論)에도 변재(辯才)의 지혜로 답변을 잘하느니라.
넷째는, 중생(衆生)을 구제(救濟)하고 제도함을 즐거워하느니라.

다섯째는, [무생無生을 수순하여] 능히 성도(聖道)에 듦이니라.
이와 같은 사람이, 이[是] 경(經)을 받아지님이니라.

◯499 그 사람은, 중생제도하므로 공양(供養)을 받을 수 있사옵니까?
阿難言 如彼人者 度諸衆生 得受供養不[論: 得受供不]
아난언 여피인자 도제중생 득수공양부[논: 득수공부]

아난(阿難)이 말씀 사뢰오며 어쭈옵기를,
그와 같은 사람은,
[불가사의 무생無生 여如의 무생無上法의 공덕功德으로]
모든 중생(衆生)을 제도(濟度)하고도,
[부사의不思議 법法의 복전福田이오니, 모든 이에게]
공양(供養)을 받거나, 얻을 수 있지 않겠사옵니까?

◯500 대복전(大福田)을 지음이니, 대지혜로 권(權)과 실(實)을 베푼다.
佛言 如是人者 能爲衆生 作大福田 常行大智 權實俱演
불언 여시인자 능위중생 작대복전 상행대지 권실구연

부처님께옵서 말씀하옵기를,
이와 같은 사람은, 능히 중생(衆生)을 위해
[위없는 수승殊勝한] 대복전(大福田)을 지음이니라.
항상(恒常), 대지혜(大智慧)의 행(行)으로,
[근기根機를 따라] 권(權)과 실(實)을 함께 베푸느니라.

◯501 4의승(四依僧)이니 공양을 받으며, 그대들의 선지식(善知識)이다.
是四依僧 於諸供養 乃至頭目髓腦 亦皆得受 何況衣食 而不得受
시사의승 어제공양 내지두목수뇌 역개득수 하황의식 이부득수
善男子 如是人者 是汝知識 是汝橋梁 何況凡夫 而不供養
선남자 여시인자 시여지식 시여교량 하황범부 이불공양

이는, [도道를 구하는 자가 의지依支해야 할,] 4의승(四依僧)이니,

모든 공양(供養) 내지 머리[頭], 눈[目], 골수[髓], 뇌(腦)도 또한,
다 받을 수 있음이니,
어찌 하물며, 옷[衣]과 음식[食]을 받지 못하겠느냐?
선남자(善男子)여! 이와 같은 사람은
그대들이 의지(依支)해야 할 선지식(善知識)이며,
그대들이 의지(依支)해야 할 교량(橋梁)이거늘,
어찌 하물며, 범부(凡夫)의 공양(供養)을 못 받겠느냐?

○502 경(經)을 받고, 공양(供養)하면 얼마나 복(福)을 얻사옵니까?
阿難言 於彼人所 受持是經 供養是人 得幾所福
아난언 어피인소 수지시경 공양시인 득기소복

아난(阿難)이 말씀 사뢰오며 여쭈옵기를,
저 사람에게서 이[是] 경(經)을 받아 지니오며,
[경經을 받은] 이[是] 사람이 또한, 공양(供養)을 올리면,
얼마나 그 복(福)을 얻사옵니까?

○503 이 사람이, 공양(供養)을 올리는 것은 불가사의(不可思議)이다.
佛言 若復有人 持以滿城金銀 而以布施
불언 약부유인 지이만성금은 이이보시
不如於是人所受持是經一四句偈 供養是人[續1, 2: 없음]
불여어시인소수지 시경 일사구 게 공양시인[속1, 2: 없음]
不可思議[論: 없음]
불가사의[논: 없음]

부처님께옵서 말씀하옵기를, 만약, 다시 어떤 사람이 있어,
성(城)에 가득한 금(金)과 은(銀)을 가지고 보시(布施)하여도,
이[是] 사람이, 이[是] 경(經)의 가르침,
한 4구게(四句偈)만이라도 받아 지니는 것만 같지 못함이니,
이 사람이, 저 사람에게 공양(供養)을 올리는 그 공덕(功德)은,

참으로 불가사의(不可思議)이니라.

○504 모든 중생이, 이 경(經)으로 본심(本心)을 잃지 않게 해야한다.
善男子 令諸衆生 持是經者 心常在定 不失本心 若失本心
선남자 영제중생 지시경자 심상재정 불실본심 약실본심
當即[論: 即當][大: 當即][續1,2: 即當]**懺悔 懺悔之法 是爲淸涼**
당즉[논: 즉당][대: 당즉][속1,2: 즉당]참회 참회지법 시위청량

선남자(善男子)여! 모든 중생(衆生)으로 하여금,
[무생無生 여래장如來藏 여如의 결정성結定性이며
불지혜상무상경佛智慧上無上經이며 여래장공덕경如來藏功德經인]
이 경(經)을 지니는 자(者)이게 하여,
마음이 항상(恒常), [무생無生 여如의 본성本性 수순심隨順心의]
정(定)에 있어야, 본래(本來) 본심(本心)을 잃지 않느니라.
만약(萬若), 본심(本心)을 잃으면, 마땅히 곧, 참회(懺悔)하리니,
참회(懺悔)의 법(法)으로, 이로써 [본래本來 본심本心에 들어,]
마음이 청량(淸涼)해지느니라.

○505 참회(懺悔)는, 지난 죄(罪)의 과오(過誤)를 벗어남이 옵니다.
阿難言 懺悔 先罪不入 於過去也
아난언 참회 선죄불입 어과거야

아난(阿難)이 말씀 사뢰옵기를,
[본심本心을 잃은] 참회(懺悔)는 지난 죄(罪)에 들지 않음이오니,
잘못의 과오(過誤)를 벗어남[去]이 옵니다.

○506 어두운 방에 등(燈)을 밝히면, 어둠이 사라진다.
佛言 如是 猶如暗室 若遇明燈 暗即[大:續1,2: 暗即]**滅矣**
불언 여시 유여암실 약우명등 암즉[대:속1,2: 암즉]멸의

부처님께옵서 말씀하옵기를, 그러하니라.

다만 [본심(本心)을 잃음이] 어두운 방[暗室:無明]과 같아서
만약(萬若), 지혜智慧 등[燈:覺]의 밝음을 만나면,
[본심本心을 잃은] 무명(無明)의 어두움[暗:無明]이 곧,
사라지느니라.

○507 참회(懺悔)는, 잘못의 허물을 벗어남을 말하느니라.

善男子 無說悔先所有諸罪 而以爲說 入於過去
선남자 무설회선소유제죄 이이위설 입어과거

선남자(善男子)여! 지난 있는 바,
모든 죄(罪)의 허물[過失]이 없어짐을 참회[悔]라 말하니라.
그러므로 설(說)하는 뜻은,
[청정본심淸淨本心을 잃은, 지난 잘못에] 든[入] 과오(過誤)를
벗어남[去]이니라.

○508 어떻게 함을 이름하여, 참회(懺悔)라고 하옵니까?

阿難言 云何名爲懺悔
아난언 운하명위참회

아난(阿難)이 말씀 사뢰오며 여쭈옵기를,
[지난 잘못에 든[入] 허물[過失]의 과오過誤를 벗어남을
참회懺悔라고 말씀하시오니,]
어떻게 함을 이름하여, 참회(懺悔)라고 하시옵니까?

○509 진실관(眞實觀)에 들어, 죄(罪)가 멸하여 보리(菩提)를 이룬다.

佛言 依此經敎 入眞實觀 一入觀時 諸罪悉滅 離諸惡趣
불언 의차경교 입진실관 일입관시 제죄실멸 이제악취

當生淨土 速成阿耨多羅三藐三菩提
당생정토 속성아녹다 라삼 막삼 보리

부처님께옵서 말씀하옵기를,

[불가사의 여래무상공덕경如來無上功德經이며

무생실상無生實相 무생여래장공덕경無生如來藏功德經이며

부사의공능不思議功能 결정실제본각리행경結定實際本覺利行經이며

승묘수승勝妙殊勝 불지혜상무상경佛智慧上無上經인]

이[是] 경(經)의 가르침에 의지(依支)해,

[무생無生 여如의 결정성結定性] 진실관(眞實觀)에 듦이니라.

[무생無生 여如의 적멸성寂滅性] 일입관시[一入觀時:如入觀時]에

모든 죄(罪)가 다 멸(滅)하여, 모든 악취(惡趣)를 벗어나

당연(當然)히, [무생無生] 청정정토(淸淨淨土)에 들어,

속히, 아뇩다라삼먁삼보리(阿耨多羅三藐三菩提)를 이루느니라.

○510 경(經)을 마치니, 모두 무한 환희심으로 받들어 행(行)하였다.

佛說是經已 爾時 阿難 及諸菩薩 四部大衆[續1,2: 四部之衆]

불설시경이 이시 아난 급제보살 사부대중 [속1,2: 사부지중]

皆大歡喜 心得決定 頂禮佛足 歡喜奉行

개대 환희 심득 결정 정례불족 환희봉행

부처님께옵서, 이[是] 경(經)의 설(說)하심을 마치시니,

이때, 아난(阿難)과 모든 보살(菩薩)과 4부대중(四部大衆)이,

[부처님의 끝없이 깊은 불가사의 무상無上 지혜智慧와

무한 연민의 깊은 은혜와 대비심大悲心의 가피력加被力으로,

모두, 무생無生 여래장如來藏 여如의 공덕대해功德大海에 들어,

깊고 심오深奧한 불가사의사不可思議事 큰 깨달음을 얻으니]

모두, 대 환희의 부사의 심(心), 무생결정성(無生結定性)을 얻어,

무한(無限) 연민(憐愍), 더없는 대비심(大悲心)의 부처님 발에,

지극(至極)한 귀의(歸依)의 존경심(尊敬心)으로 이마를 조아리며,

무한 감사와 무한 기쁨과 무한 공경의 예경(禮敬)을 올리며,

모두, 깊은 감명(感銘)과 감동(感動)과 환희심(歡喜心)으로,

이[是] 경(經)의 무생(無生) 결정성(結定性), 무생(無生) 여(如)의

일각요의(一覺了義)의 부사의(不思議),
일미진실(一味眞實) 무상무생(無相無生) 결정실제(結定實際)
본각리행(本覺利行)인, 여래장(如來藏) 여래무상공덕(如來無上功德)
여(如)의 성품 총지경(總持經)인, 이 경(經)의 지혜(智慧)의 말씀을
지극정성(至極精誠) 법열(法悅)의 무한(無限) 환희심(歡喜心),
무한(無限) 청정귀의심(淸淨歸依心)으로 존중(尊重)히 받들어,
행(行)하였다.

금강삼매경요본(金剛三昧經了本) 종료(終了)
법계산인(法界山人) 세웅(世雄)
2023년 8월 26일(陰7월11일)

3법인품(三法印品)

법인(法印)이란?

불지혜(佛智慧),
또는, 불법(佛法)의 3법인(三法印)은,
여래(如來) 지혜(智慧)의 생성(生成)과 창조법(創造法)이 아닌,
제법(諸法) 본래(本來)의 실상(實相), 진리(眞理)를
바로, 지칭(指稱)하고 가리키는 직지(直指)인
불지혜(佛智慧)의 실상(實相)이다.

그러므로, 3법인(三法印)은,
불지혜(佛智慧), 또는, 불법(佛法)의 3법인(三法印)이
무엇이냐도 중요(重要)하겠으나,
3법인(三法印)이 지칭(指稱)하고 가리키는 실체(實體),
직지(直指)의 실상(實相), 진리(眞理)가 무엇인가를 깨달음이
중요하다.

만약, 손가락이 가리키는 직지(直指)의 실체(實體),
불지혜(佛智慧) 진리(眞理)의 실상(實相)은 보지 못하고
손가락만 보고 있다면,
진리(眞理)만 보지 못하는 것이 아니라
손가락도 보지 못하고 있음이다.

여래(如來)의 무상광명(無上光明) 불지혜(佛智慧)로
무명심(無明心)을 일깨우고자 가리키는
3법인(三法印)의 진리(眞理)와 실상(實相)은
불설(佛說)이나 불지혜(佛智慧) 속에 있는 것이 아니고
제법(諸法)에서 3법인(三法印)의 진리(眞理)
실상(實相)을 깨달아야 한다.

법(法)이란, 무엇을 일컫고, 지칭(指稱)함이니,
법(法)을 일컫는 그것이 무엇이냐에 따라
일컫고 이름하는 법(法)의 대상(對相)과 실체(實體)가 다르다.

법(法)은 곧, 시(是)인 이것이니,
무엇이 시(是)이냐에 따라, 시(是)의 대상(對相),
법(法)이 다를 수 밖에 없다.

무엇이든,
언어(言語)와 언설(言說)은,
대상(對相)을 일컫는 지칭(指稱)일 뿐,
그 자체(自體)가 실체(實體)나, 실상(實相)이 아니다.

일상적(日常的),
또는, 일반적(一般的)으로 법(法)이라 함은,
일체상(一切相)이나, 어느 한 개체성(個體性),
또, 관념(觀念)과 의식(意識)과 인식(認識)의 세계(世界),
또, 정신적(精神的) 관념적(觀念的) 대상(對相)을
지칭(指稱)하기도 한다.

그것이 무엇이든,

법(法)을 벗어난 것은 없다.

왜냐하면,
법(法)은, 인식(認識)과 관념(觀念)과 의식(意識)의 세계(世界)와
또, 정신적(精神的), 또는, 추상적(抽象的) 일체(一切)가
곧, 시(是)이기 때문이다.

법인(法印)에서의 법(法)은
일체상(一切相), 일체식(一切識), 일체심(一切心),
그 자체(自體)을 일컬음이니,
이는, 곧, 법성(法性)의 법(法)을 일컬음이다.

법성(法性)이 아니면,
그것이 무엇이든, 일체(一切)는 존재(存在)할 수도 없다.
일체상(一切相), 일체식(一切識), 일체심(一切心)의 세계(世界)가
곧, 법성(法性)에 의한 세계(世界)이다.

3법인(三法印)에서의 인(印)은
불변(不變) 특성(特性)을 정의(正義)하는 결정성(結定性)의 인(印)으로,
이[是], 인(印)에는
법성(法性)과 불지혜(佛智慧), 두 가지의 진실(眞實)과 정의(正義)인
법성(法性)의 진리(眞理), 정의(正義)의 인(印)과
불지혜(佛智慧)의 진리(眞理), 정의(正義)의 인(印)의 특성(特性)이
결인(結印)되어 있다.

법성(法性)과 불지혜(佛智慧), 두 정의(正義)의 결인(結印) 중,
진리(眞理)의 정의(正義)의 인(印)은,
이것이, 법성(法性)의 진실(眞實), 진리(眞理)임을 정의(正義)하는,

법성(法性)의 인(印)이다.

불지혜(佛智慧)의 진실(眞實), 정의(正義)의 인(印)은,
곧, 불지혜(佛智慧)의 진실(眞實), 정견(正見)임을 정의(正義)하는,
불(佛)의 정지견(正智見)과 정지혜(正智慧)의 인(印)이다.

그러므로,
3법인(三法印)의 인(印)은
제법(諸法)의 법성(法性)이
제행무상(諸行無常), 제법무아(諸法無我), 열반적정(涅槃寂靜)이며,
또한,
제행무상(諸行無常), 제법무아(諸法無我), 열반적정(涅槃寂靜)이
불지혜(佛智慧)의 정견(正見)이며, 불지견(佛智見)의 진실(眞實)이며,
법(法)임을 정의(正義)하고, 증명(證明)함이다.

그러므로,
3법인(三法印)이
법성(法性)의 실상(實相) 진리(眞理)이며,
이는 곧, 불지혜(佛智慧) 정견(正見)의 정명(正命)이며,
불지혜(佛智慧) 법(法)의 진실(眞實) 정의(正義)이다.

그러므로,
법성(法性)과 일체(一切) 불법(佛法)이
곧, 3법인(三法印)의 법(法)이며,
3법인(三法印)을 설(說)함이 곧, 법성(法性) 실상(實相)에 의한
제경(諸經)의 불지혜(佛智慧)이다.
그러한즉, 제경(諸經)의 실상(實相)을 드러내는 4구게(四句偈)가

곧, 법성(法性)의 실상(實相), 3법인(三法印)의 법(法)이며
3법인(三法印)의 도(道)이다.

3법인(三法印), 이를 요달(了達)한 실증(實證)이
곧, 불지혜(佛智慧)의 정견(正見)이고 정명(正命)이며,

3법인(三法印), 이를 행(行)함이
곧, 무상각(無上覺) 불지혜(佛智慧)의 행(行)이다.

이 법(法)을 수순(隨順)함이
곧, 내세득작불행(來世得作佛行)인,
제법종본래(諸法從本來) 상자적멸상(常自寂滅相)의
불자행도(佛子行道)인
제경(諸經) 제법(諸法)의 실상(實相), 4구게(四句偈)의 행(行)이며,
곧, 제경(諸經) 제법(諸法)의 실상견(實相見)과 실상행(實相行)인
무아(無我), 무상(無相), 제법실상(諸法實相) 청정법계(淸淨法界)의
청정불법(淸淨佛法) 불성각명(佛性覺明)의
수순행(隨順行)이다.

제행무상인(諸行無常印)

제행무상인(諸行無常印)은,
법성(法性)의 작용(作用)인 제행(諸行)이 무상(無常)이며,
진실(眞實)임을 정의(正義)함이다.

이는, 불지혜(佛智慧)이며,
법성(法性)의 진실(眞實), 제법행(諸法行)의 정의(正義)임을
증명(證明)함이다.

제행무상인(諸行無常印)의 무상(無常)은
법성(法性)이 인연(因緣)을 따르는 무자성(無自性) 법성(法性)의
무주성(無住性)인 무상(無常)일 뿐,
상(相)의 생멸(生滅) 무상(無常)도 아니며
상(相)의 상속(相續) 무상(無常)도 아니며
인연(因緣) 변화(變化)의 무상(無常)도 아니며
시(時)의 유동성(流動性) 무상(無常)도 아니다.

왜냐하면,
제행무상(諸行無常)이
곧, 제법(諸法) 무자성(無自性) 법성공성행(法性空性行)인

제법무아(諸法無我)의 법성공성공행(法性空性空行)이기 때문이다.

그러므로,
상(相)의 생멸(生滅) 무상견(無常見)과
상(相)의 상속(相續) 무상견(無常見)과
인연(因緣) 변화(變化)의 무상견(無常見)과
시(時)의 유동성(流動性) 무상견(無常見)은,
법성(法性) 무자성(無自性) 무주(無住)의 무상행(無常行)이 아닌
곧, 상(相)에 의지(依支)한 유(有)에 의한 상견(相見)이므로
이는 곧, 상(相)의 유견(有見)이며,
이는, 유(有)를 벗어나지 못한 상심(相心)이며, 상견(相見)이다.

그러나,
경(經)에 무상(無常)이 불법(佛法)이며,
경(經)의 무상설(無常說)에
상(相)의 무상(無常)과 인연(因緣)의 무상(無常)과
시(時)의 무상(無常)을 설(說)함은,

상(相)이 법성무생공성(法性無生空性)인
무생적멸상(無生寂滅相)임을 깨닫지 못해,
법성무상지혜(法性無相智慧)인
실상반야(實相般若)의 공성지혜(空性智慧)가 없어,
상(相)을 벗어나지 못하는
상(相)에 의지(依支)한 상견자(相見者)들을
불지혜(佛智慧)의 실상(實相), 법성무생인(法性無生印)으로 이끎인
상견자(相見者)를 위한 차제적(次第的) 방편설(方便說)이다.

법성무상공(法性無常空)의 무자성(無自性),

법성무아(法性無我)의 실상지혜(實相智慧) 불지혜(佛智慧)가 없으면,
상(相)에 의지(依支)한 상견(相見)으로
상(相)의 생멸(生滅) 무상(無常)과
상(相)의 상속(相續) 무상(無常)과
인연(因緣) 변화(變化)의 무상(無常)과
시(時)의 유동성(流動性) 무상(無常)을 인지(認知)하는
상견(相見) 속에
제행무상(諸行無常)의 법(法)을 생각하게 된다.

이는,
상(相)에 의지(依支)한 유견(有見)의 분별심(分別心)으로
불지혜(佛智慧)의 법성(法性) 실상무자성(實相無自性)인
법성무주(法性無住)의 공성행(空性行), 무상성(無常性)이 아니다.

그러므로,
이 상견(相見)의 무상성(無常性)은 상(相)의 유견(有見)이므로,
법성(法性) 무주(無住)의 실상(實相),
법성(法性) 무자성(無自性) 불지혜(佛智慧)에 증입(證入)하면,
이 상견(相見)의 무상견(無常見)은 실상견(實相見)이 아니므로
곧, 파괴(破壞)된다.

제행무상인(諸行無常印)은
무상즉(無常卽) 무자성(無自性) 무주공성행(無住空性行)이니,
이는, 제법(諸法)의 성품(性品) 행(行)이
법성(法性) 무자성(無自性) 무주(無住) 공성(空性)의
무주행(無住行)임을 불지혜(佛智慧)로
정의(正義)함이다.

제법무아인(諸法無我印)

제법무아인(諸法無我印)은,
제행무상행(諸行無常行)으로 드러난 바
일체상(一切相) 제법(諸法) 또한, 실체(實體) 없는 공성(空性)인
무아(無我)임을 불지혜(佛智慧)로 정의(正義)함이다.

제법무아인(諸法無我印)의 무아(無我)는
제법(諸法)이 곧, 제상(諸相)이므로,
제상(諸相)의 성품(性品)이 무상(無相)임을 일컬어
제법무아(諸法無我)라고 한다.

제상(諸相)이,
실체(實體) 없는 공성(空性)인 무상(無相)이므로
제법(諸法)이 무아(無我)이니,
제법(諸法)이 무아(無我)임은
제행(諸行)의 성품(性品)이 무주성(無住性)이기 때문이다.

제행(諸行)의 성품(性品)이 무주성(無住性)이니,
제행(諸行)의 무주성(無住性)으로 드러난 제상(諸相) 또한,
제행(諸行) 무주(無住)의 법성섭리(法性攝理)에 따라

잠시도 머무름의 실체(實體)가 없는 무자성(無自性)이므로
제법(諸法)인 제상(諸相) 그대로 실체(實體) 없는 공상(空相)이며,
무아(無我)의 공성(空性)이다.

제법무아인(諸法無我印)은,
제행무상인(諸行無常印)의 법성무주공성(法性無住空性)과
제행무상(諸行無常)의 무자성(無自性) 실체(實體)를 깨달아야만
제법무아(諸法無我)의 실체(實體)와 실상(實相)을 알 수가 있다.

제법무아인(諸法無我印)은,
법성(法性) 무주(無住)의 무상성(無相性)을 일컬음이니
이는, 제법실상(諸法實相)의 불지혜(佛智慧),
제법(諸法) 무자성(無自性) 법성공성(法性空性)의 실상(實相)을
불지혜(佛智慧)로 정의(正義)함이다.

3법인(三法印)의 법성(法性) 실상지혜(實相智慧)는
법성무주성(法性無住性)인 무상지혜(無常智慧),
법성무상성(法性無相性)인 무아지혜(無我智慧),
법성무생성(法性無生性)인 열반지혜(涅槃智慧)이며,
이는, 법성(法性) 무자성(無自性) 실상(實相),
일체초월(一切超越) 공성(空性)의 불지혜(佛智慧)이니,
일체초월(一切超越) 불지혜(佛智慧)에 들면
3법인(三法印)의 공성실상(空性實相)을 깨달을 수가 있다.

왜냐하면,
3법인(三法印)이 곧, 무상(無上) 불지혜(佛智慧)이며
무상(無上) 불지혜(佛智慧)가 곧, 3법인(三法印)에 증입(證入)한

3법인(三法印)의 실증지혜(實證智慧)이기 때문이다.

3법인(三法印)의 불지혜(佛智慧)인
제행무상(諸行無常)은 법성(法性) 무주성(無住性)의 정의(正義)이며
제법무아(諸法無我)는 법성(法性) 무상성(無相性)의 정의(正義)이며
열반적정(涅槃寂靜)은 법성(法性) 무생성(無生性)의 정의(正義)이다.

이는 곧, 불지혜(佛智慧)로
법성(法性) 공성(空性)의 무주성(無住性)을 정의(正義)하며
법성(法性) 공성(空性)의 무상성(無相性)을 정의(正義)하며
법성(法性) 공성(空性)의 무생성(無生性)을 정의(正義)함이다.

그러므로, 불지혜(佛智慧)의 공성(空性)인
무아(無我)와 무상(無相)의 불지혜(佛智慧)의 법리(法理)는
상(相)의 인연공(因緣空)도 아니며
상(相)의 분석공(分析空)도 아니며
상(相)의 생멸공(生滅空)도 아니며
상(相)의 무주공(無住空)도 아니며
상(相)의 상속공(相續空)도 아니며
상(相)의 변화공(變化空)도 아니며
상(相)의 찰나공(刹那空)도 아니며
상(相)의 시간공(時間空)도 아닌
오직, 무자성(無自性) 법성실상(法性實相) 무생공(無生空)이다.

그러므로,
상(相)의 인연공(因緣空)도
불지혜(佛智慧) 무자성(無自性) 법성실상(法性實相)이 아닌
상(相)의 분별심(分別心)인 유(有)의 상견(相見)이며,

상(相)의 분석공(分析空)도
불지혜(佛智慧) 무자성(無自性) 법성실상(法性實相)이 아닌
상(相)의 분별심(分別心)인 유(有)의 상견(相見)이며,

상(相)의 생멸공(生滅空)도
불지혜(佛智慧) 무자성(無自性) 법성실상(法性實相)이 아닌
상(相)의 분별심(分別心)인 유(有)의 상견(相見)이며,

상(相)의 무주공(無住空)도
불지혜(佛智慧) 무자성(無自性) 법성실상(法性實相)이 아닌
상(相)의 분별심(分別心)인 유(有)의 상견(相見)이며,

상(相)의 상속공(相續空)도
불지혜(佛智慧) 무자성(無自性) 법성실상(法性實相)이 아닌
상(相)의 분별심(分別心)인 유(有)의 상견(相見)이며,

상(相)의 변화공(變化空)도
불지혜(佛智慧) 무자성(無自性) 법성실상(法性實相)이 아닌
상(相)의 분별심(分別心)인 유(有)의 상견(相見)이며,

상(相)의 찰나공(刹那空)도
불지혜(佛智慧) 무자성(無自性) 법성실상(法性實相)이 아닌
상(相)의 분별심(分別心)인 유(有)의 상견(相見)이며

상(相)의 시간공(時間空)도
불지혜(佛智慧) 무자성(無自性) 실상(實相)이 아닌
상(相)의 분별심(分別心)인 유(有)의 상견(相見)이다.

왜냐하면,

3법인(三法印)의 불지혜(佛智慧)인,

제행무상(諸行無常) 법성(法性)의 무주성(無住性)과

제법무아(諸法無我) 법성(法性)의 무상성(無相性)과

열반적정(涅槃寂靜) 법성(法性)의 무생성(無生性)에는

일체(一切) 인연(因緣)의 상(相)도 끊어졌고

일체(一切) 분석(分析)의 상(相)도 끊어졌고

일체(一切) 생멸(生滅)의 상(相)도 끊어졌고

일체(一切) 무주(無住)의 상(相)도 끊어졌고

일체(一切) 상속(相續)의 상(相)도 끊어졌고

일체(一切) 변화(變化)의 상(相)도 끊어졌고

일체(一切) 찰나(刹那)의 상(相)도 끊어졌고

일체(一切) 시간(時間)의 상(相)도 끊어졌기 때문이다.

왜냐하면,

3법인(三法印)의 불지혜(佛智慧)인

제법무상인(諸法無常印), 제법무아인(諸法無我印),

열반적정인(涅槃寂靜印)에는,

어떤 상(相)이든, 어떤 견(見)이든, 일체(一切)가 끊어진

법성실상(法性實相) 불지혜(佛智慧)의 무생실상(無生實相) 인(印)의

불변성(不變性)이기 때문이다.

그러므로,

일체(一切) 인연(因緣)을 봄이 곧, 상견(相見)이며

일체(一切) 분석(分析)할 것이 있음이 곧, 상견(相見)이며

일체(一切) 생멸(生滅)을 봄이 곧, 상견(相見)이며

일체(一切) 무주(無住)를 봄이 곧, 상견(相見)이며

일체(一切) 상속(相續)을 봄이 곧, 상견(相見)이며

일체(一切) 변화(變化)를 봄이 곧, 상견(相見)이며
일체(一切) 찰나(刹那)를 봄이 곧, 상견(相見)이며
일체(一切) 시간(時間)를 봄이 곧, 상견(相見)이니,
불지혜(佛智慧)의 법성실상(法性實相),
무생실상(無生實相)에 증입(證入)하기 전(前)에는

법성(法性) 무생실상(無生實相)이 아닌
일체(一切) 인연(因緣)의 상(相)도 있고
일체(一切) 분석(分析)할 상(相)도 있고
일체(一切) 생멸(生滅)의 상(相)도 있고
일체(一切) 무주(無住)의 상(相)도 있고
일체(一切) 상속(相續)할 상(相)도 있고
일체(一切) 변화(變化)의 상(相)도 있고
일체(一切) 찰나(刹那)의 상(相)도 있고
일체(一切) 시간(時間)의 상(相)도 있다.

이 일체(一切)가 상(相)의 분별심(分別心)으로 일으킨
상(相)의 유견(有見)이다.

왜냐하면,
일체(一切) 상견(相見)이 끊어지면
일체(一切) 인연(因緣)의 상(相)도 끊어지고
일체(一切) 분석(分析)할 상(相)도 끊어지고
일체(一切) 생멸(生滅)의 상(相)도 끊어지고
일체(一切) 무주(無住)의 상(相)도 끊어지고
일체(一切) 상속(相續)할 상(相)도 끊어지고
일체(一切) 변화(變化)의 상(相)도 끊어지고
일체(一切) 찰나(刹那)의 상(相)도 끊어지고

일체(一切) 시간(時間)의 상(相)도 끊어져

법성(法性)의 무생적멸상(無生寂滅相)인
3법인(三法印)의 실상(實相),
일체상(一切相)이 끊어진 여래(如來)의 무생법인(無生法印)인
제법무상인(諸法無常印)과 제법무아인(諸法無我印)과
열반적정인(涅槃寂靜印)의 무생실상법계(無生實相法界)에
증입(證入)하기 때문이다.

제법무아인(諸法無我印)은
일체상(一切相)이 끊어진 법성(法性) 무자성(無自性)
무생공성(無生空性)이다.

법(法)이
이(二)이면 상분별(相分別)이며,

법(法)이
일(一)이면, 공성(空性) 지혜상(智慧相)의 분별(分別)이며,

법(法)이
이(二)인 상(相)도,
이(二) 없는 일(一)인, 공(空)의 지혜견(智慧見)도 끊어지면,
법성(法性)의 무생실상(無生實相)을 깨달아
3법인(三法印)이 곧, 법성청정실상(法性淸淨實相)
무생원융불지혜(無生圓融佛智慧)임을
깨닫게 된다.

이는 곧,

법성(法性) 무생실상(無生實相) 불지혜(佛智慧)로

묘법연화경(妙法蓮華經)의 방편품(方便品), 10여시(十如是)인

①여시상(如是相), ②여시성(如是性), ③여시체(如是體),

④여시력(如是力), ⑤여시작(如是作), ⑥여시인(如是因),

⑦여시연(如是緣), ⑧여시과(如是果), ⑨여시보(如是報),

⑩여시본말구경등(如是本末究竟等),

10종여시(十種如是)의 무생원융일성불지(無生圓融一性佛智)이다.

열반적정인(涅槃寂靜印)

열반적정인(涅槃寂靜印)은
법성(法性)의 무생실상(無生實相)을 일컬음이니,
열반(涅槃)은 생멸(生滅) 없음이며,
적정(寂靜)은 무생성(無生性)임을 일컬음이다.

법성(法性)이 열반적정성(涅槃寂靜性)임은
법성(法性)이 본래(本來) 생멸(生滅) 없는
무생성(無生性)이기 때문이다.

생멸(生滅) 없는 무생성품(無生性品)인
법성(法性)의 열반적정인(涅槃寂靜印)은
본래(本來) 본성(本性)의 무생열반성(無生涅槃性)이다.

일체(一切) 심(心), 식(識), 물(物)의
근본(根本) 성품(性品)이, 차별(差別) 없는 본성(本性)이니,
3법인(三法印)은, 무자성(無自性) 청정법성(法性)이
일체(一切) 심(心), 식(識), 물(物)의 인연(因緣)을 따르는
법성수연묘법(法性隨緣妙法) 무자성수연성(無自性隨緣性)인
법성수연, 제행실상(法性隨緣, 諸行實相) 무주공성행(無住空性行)과

법성수연묘법(法性隨緣妙法) 무자성상(無自性相)인
법성수연,제상실상(法性隨緣,諸相實相) 무아공성상(無我空性相)과
법성무생묘법(法性無生妙法) 무자성본성(無自性本性)인
법성청정,본성실상(法性淸淨,本性實相) 무생부동성(無生不動性)을
무상(無上) 불지혜(佛智慧)로 정의(正義)하여 드러냄이다.

그러므로,
3법인(三法印)의 불지혜(佛智慧)에 의(依)해
일체상견(一切相見)이 타파(打破)되고,
일체상(一切相)의 분별심(分別心)인 중생심(衆生心)과
상(相)의 실상(實相)을 모르는 무명(無明) 미혹견(迷惑見)인
일체(一切) 중생견(衆生見)이 타파(打破)되어,
무생본성(無生本性) 무생청정열반성(無生淸淨涅槃性)인
무생불성(無生佛性)에 들어[入] 불지혜(佛智慧)의 완성(完成)으로
일체(一切) 초월해탈세계(超越解脫世界)에 이르니,
이곳이 곧, 열반적정인(涅槃寂靜印)인
무생본성(無生本性) 불지혜세계(佛智慧世界)이며,
제경(諸經) 실상(實相)에 증입(證入)한 불지혜(佛智慧) 완성(完成)이다.

일체개고(一切皆苦)

일체개고(一切皆苦)는
법성(法性)의 법인(法印)도 아니며
불지혜(佛智慧)의 법인(法印)도 아니다.

일체개고(一切皆苦)는,
무상(無上) 불지혜(佛智慧)도 아니며
법성(法性) 무자성(無自性) 실상법(實相法)도 아니므로
법성(法性)과 불지혜(佛智慧)의 법(法)도 아니며,
법성실상(法性實相) 법인(法印)도 아니다.

일체개고(一切皆苦)는,
불지혜(佛智慧)의 일체해탈(一切解脫) 무생불성(無生佛性)과
3법인(三法印)인
제행무상인(諸行無常印)과 제법무아인(諸法無我印)과
열반적정인(涅槃寂靜印)에도 파괴(破壞)되는
중생(衆生) 상심상견(相心相見)의 미혹심(迷惑心)이므로
법인(法印)의 법(法)이 될 수도 없고,
또한, 미혹(迷惑) 중생(衆生)의 무명상견(無明相見)이니
법인(法印)이 아니다.

왜냐하면,
일체개고(一切皆苦)는
법성실상(法性實相)의 법성(法性)의 법(法)이 아닌,
무명상심(無明相心)의 미혹견(迷惑見)이며
무명중생심(無明衆生心)이며
무명중생견(無明衆生見)인
미혹중생(迷惑衆生)의 무명식심(無明識心)이기 때문이다.

일체개고(一切皆苦)는
제행무상인(諸行無常印)과 제법무아인(諸法無我印)과
열반적정인(涅槃寂靜印)의 법(法)에도
파괴(破壞)되는 법(法)이다.

일체개고(一切皆苦)는,
제행무상인(諸行無常印)과 제법무아인(諸法無我印)과
열반적정인(涅槃寂靜印)의
불지혜(佛智慧) 법(法)과 불지혜(佛智慧) 세계(世界)가 아닌
무명중생심식(無明衆生心識)의 세계(世界)이다.

일체개고(一切皆苦)는
법성(法性)이 아닌, 무명(無明) 미혹(迷惑)의 상견(相見)이며
상심(相心)이다.

만약(萬若),
일체개고(一切皆苦)가 파괴(破壞)됨이 없는
법성(法性)인 법인(法印)이며, 법인(法印)의 불지혜(佛智慧)이면,
일체불법(一切佛法)과 일체제불설(一切諸佛說)과

무상불지혜(無上佛智慧)와 청정불성(淸淨佛性)이
일체개고(一切皆苦)의 무명중생계(無明衆生界)를 벗어날 수 없는
사견(邪見)이 되며, 망견(妄見)이 됨이니,

이는,
일체해탈(一切解脫)의 불법(佛法)과
반야해탈(般若解脫)의 공성지혜(空性智慧)와
3세제불(三世諸佛)의 출현(出現)과
무생무상(無生無相)의 청정불성(淸淨佛性)과
일체해탈(一切解脫)의 3세제불법(三世諸佛法)이 파괴(破壞)되는
결과(結果)를 초래(招來)하게 된다.

왜냐하면,
법인(法印)은 법성(法性)의 법(法)이니,
일체개고(一切皆苦)가 법성(法性)인 법인(法印)이면
파괴(破壞)할 수도 없고, 파괴(破壞)될 수도 없는
일체개고(一切皆苦)의 법리(法理)에 의한 일체세계(一切世界)이기
때문이다.

그러므로,
일체개고(一切皆苦)가 불법(佛法)의 법인(法印)이면
일체중생(一切衆生)과 일체불(一切佛)과
일체만물만상(一切萬物萬象) 일체(一切)가
일체개고(一切皆苦)를 벗어날 수가 없어,
하늘[天]과 허공(虛空)과 물[水]과 불[火]과 바다[海]와
태양(太陽)과 바람[風]과 돌[石]과 흙[土] 등(等),
일체유정물(一切有情物)과 일체무정물(一切無情物)과
그리고, 눈[眼]에 보이는 일체만상(一切萬象)과

또, 귀[耳]에 들리는 모든 소리[聲]까지 일체(一切)가
일체개고성(一切皆苦性)이며, 일체개고물(一切皆苦物)로써,
일체개고(一切皆苦)의 법리(法理)와
일체개고(一切皆苦)의 섭리(攝理) 속에 존재(存在)하게 되므로
일체개고(一切皆苦)를 벗어날 수가 없다.

그러나, 그렇게 될 수가 없음은
일체개고(一切皆苦)는 법성(法性)이 아닌
법성(法性)의 실상(實相)을 모르는
무명중생심(無明衆生心)과 무명중생견(無明衆生見)이기
때문이다.

그러나,
경(經)이나 불설(佛說)에서,
무상(無常)이므로 고(苦)이며,
무상(無常) 즉, 일체개고(一切皆苦)임을 설(說)한 것은,
불지혜(佛智慧)인 법성(法性)의 실상(實相)을 설(說)한 것이 아니라,
상견(相見)에 의해 고(苦)를 생(生)하는
미혹견(迷惑見)을 끊기 위한 여래(如來)의 방편법(方便法)이다.

그러므로,
법(法)이 무상(無常)이며, 무상(無常) 즉(卽) 고(苦)라 함은,
이는, 법(法)의 실상(實相)이나, 불지혜(佛智慧)가 아닌
상(相)에 치우쳐 고(苦)를 생(生)하는 미혹(迷惑)을 끊기 위한
불지혜(佛智慧) 대비심(大悲心)의 방편법(方便法)이다.

법(法)이 무상(無常)이며, 무상(無常) 즉(卽) 고(苦)라 함은
법견(法見)이 고(苦)의 극단(極端)에 치우친 미혹견(迷惑見)이니,

이는, 불지혜(佛智慧)의 중도(中道)도 아니며,
법성실상견(法性實相見)인 불지혜(佛智慧)도 아니며
일체해탈지(一切解脫智)인 불법(佛法)도 아니다.

만약, 법(法)이 무상(無常)이며, 무상(無常) 즉(卽) 고(苦)이면,
이는, 법(法)이 무상(無常)이므로, 인연(因緣)을 따라
무상(無常) 즉(卽) 고멸처(苦滅處)인 낙(樂)이 되기도 한다.

법(法)이 무상(無常)이며, 무상(無常) 즉(卽) 고(苦)라 함은,
미혹(迷惑)과 무명(無明)의 사견(邪見)으로
일체(一切)가 고(苦)의 극단(極端)에 치우친 악견(惡見)이며,
사견(邪見)이다.

여래(如來)께서는,
중생(衆生)이 상(相)에 치우친 미혹병(迷惑病)인
고(苦)를 제거(除去)하고자
불지혜(佛智慧) 대비심(大悲心)의 차제적(次第的) 방편(方便)으로
우선(于先), 상(相)의 집착심(執着心)인 고(苦)를 끊기 위해
무명중생심(無明衆生心)에 독(毒)을 양약(良藥)으로
처방(處方)하였을 뿐이다.

만약, 여래(如來)께서
법(法)이 무상(無常)이며, 무상(無常) 즉(卽) 고(苦)라 함이,
파괴(破壞)되지 않는 법성(法性)의 법인(法印)이라고 하였다면
여래(如來)는 제법실상(諸法實相)을 깨달은
무상(無上) 불지혜(佛智慧)의 불(佛)도 아니며,
무명중생(無明衆生)의 상견(相見)에 젖어
일체(一切)가 고(苦)임을 보는 극단(極端)에 치우친

무명(無明)의 사견(邪見)과 악견자(惡見者)이므로
한갓, 미혹(迷惑)의 중생(衆生)일 뿐이다.

그러므로,
만약(萬若), 일체개고(一切皆苦)를
불지혜(佛智慧)의 법인(法印)으로 인정(認定)하거나
일체개고(一切皆苦)가 법인(法印)이라고 하면,

이는,
제행무상인(諸行無常印)과 제법무아인(諸法無我印)과
열반적정인(涅槃寂靜印)의 3법인법(三法印法)과
또, 일체불법(一切佛法)과 일체불지견(一切佛智見)과
일체해탈법(一切解脫法)과 여래무상정각(如來無上正覺)과
3세출현제불(三世出現諸佛)을 거짓이라 비방(誹謗)하고
훼손(毁損)하며 파괴(破壞)하는,
무명미혹(無明迷惑)의 무지(無智)의 업(業)을 지음이다.

그러므로, 일체개고(一切皆苦)를
불법(佛法)과 불지혜(佛智慧)와 법성실상(法性實相)의
법인(法印)이라고 하면
이는 곧,
일체불(一切佛)과 일체불법(一切佛法)을 비방(誹謗)하고
파괴(破壞)하는 마왕설(魔王說)이니,
이는, 불법(佛法)과 불지혜(佛智慧)를 파괴(破壞)할 뿐 아니라,
자신(自身)뿐만 아니라
일체중생(一切衆生)의 성불도(成佛道)를 끊어버리는
마왕(魔王), 마견(魔見)의 악업(惡業)을 지음이다.

그러므로,

알고 짓는 죄(罪)는

자신(自身)이 그 죄(罪)의 깊이를 알 수가 있어도

모르고 짓는 죄(罪)는

자신(自身)이 그 죄(罪)의 깊이를 알 수가 없다.

아득하여,

시간(時間)의 수(數)를

헤아릴 수 없는 천년(千年)을 넘은 세월(歲月),

대대(代代) 지금(至今)에 이르기까지

상·중·하(上·中·下),

동·서·남·북(東·西·南·北) 사람들 모두,

그리고, 불법(佛法)을 믿는 승속(僧俗)을 막론(莫論)한 사람들까지,

또, 불법(佛法)으로 얼굴과 이름이 널리 알려진 사람들까지

이구동성(異口同聲)으로

일체개고(一切皆苦)가 법인(法印)이라고 한다.

불(佛)과

불지혜(佛智慧)와

불법(佛法)과

3세제불(三世諸佛)을 비방(誹謗)하고 파괴(破壞)하며,

불법(佛法)을 훼손(毀損)하여 상실(喪失)하게 하는

일체개고(一切皆苦)를 법인(法印)이라고 하는

사견(邪見)과 악견(惡見)은,

일체중생(一切衆生)의 성불(成佛) 길을 끊어버림으로

무상(無上) 불지혜(佛智慧)의 맥(脈)을 끊는

이 무명(無明)의 사견(邪見)과 악견(惡見)인 마왕설(魔王說)이

불(佛)의 정법(正法)인 줄 착각(錯覺)하고,

상·중·하(上·中·下),
동·서·남·북(東·西·南·北) 사람들 모두
이 악견(惡見)을 불법(佛法)인 양 외쳐도,
이것이, 불법(佛法)과 불지혜(佛智慧)를 비방(誹謗)하고
파괴(破壞)하며 훼손(毀損)하는, 사견(邪見)이며 악견(惡見)임을
깊이 자각(自覺)하는 자(者)는 없었다.

많은
세월(歲月)이 흐른 지금(至今)까지
불(佛)에 예경(禮敬)하는 자(者)는 헤아릴 수 없이 많았어도
어느 누구 한 사람도
불(佛)의 정법(正法)을 훼손(毀損)하고 파괴(破壞)하는
일체개고(一切皆苦)가 법인(法印)이라고 말하는
이 악견(惡見)을 파괴(破壞)하거나 막고자
불(佛)과 불법(佛法)을 위해, 선뜻 나서는 자(者)는
아직까지 없었다.

지금(只今)도,
불지혜(佛智慧)를 훼손(毀損)하고 파괴(破壞)하는
고(苦)의 극단(極端)에 치우친 무명(無明)의 미혹견(迷惑見)이며,
미망사견(迷妄邪見)의 미혹법(迷惑法)인
무명악견(無明惡見) 마설(魔說)의 명근(命根)을 당장 끊어버리는
당연(當然)한 불심(佛心)과 불자(佛子)는
재가(在家) 중(中)에도 아직, 없고,
출가(出家) 중(中)에도
아직, 없다.

8정도(八正道)

　8정도(八正道)는, 청정법성(淸淨法性)을 수순(隨順)하여 불지혜(佛智慧)에 증입(證入)하는, 청정법성수순, 정견일도행(淸淨法性隨順, 正見一道行)이다. 법성정견, 일도행(法性正見, 一道行)을 8정도(八正道)로 건립(建立)한 까닭은, 법성수순(法性隨順) 일도정행(一道正行)을, 수행자(修行者)의 수행정진, 일상수순(修行精進, 日常隨順)을 포괄총섭(包括總攝)한 8정도행(八正道行)의 수행적(修行的) 삶을 자상(仔詳)히 세분화(細分化)한 것이다.

　그러므로 8정도(八正道)는, 각각 서로 다른 차별법(差別法)이 아니다. 단지(但只), 수행자(修行者)의 수행정진, 일상(修行精進, 日常)을 정도수행(正道修行)으로 포괄수용(包括受容)하여, 수행정진(修行精進)이 끊임 없는 수행자(修行者)의 삶으로 이끎인, 여래(如來)의 대비심(大悲心)이다.

　이는, 수행자(修行者)들이 불지혜(佛智慧)에 증입(證入)하도록, 수행정진(修行精進)이 일상(日常) 속에 끊임 없는 8정도행(八正道行)의 삶으로 자상(仔詳)히 이끎인, 여래지혜(如來智慧)의 방편법(方便法)이다.

　그러므로, 정견(正見)으로부터 정정(正定)에 이르기까지 법성수순, 정견일행(法性隨順, 正見一行)일 뿐, 각각 어느 한 일행(一行)도, 법성수순정행(法性隨順正行)과 법성수순정견행(法性隨順正見行)을 벗어나지 않는다. 그러나, 8정도(八正道)에 대해, 여래(如來)께서 다양(多樣)한 차별(差別)의 방편법(方便法)을 설(說)하심은, 무수근기(無數根機)를 총섭(總攝)하고 섭수(攝受)하는 여래대비(如來大悲)와 여래지혜(如來智慧)의 방편문(方便門)이다.

그러므로, 여래(如來)께서 설(說)하신 8정도(八正道)의 다양(多樣)한 차별(差別)의 방편법(方便法)은, 다양(多樣)한 선근(善根)과 근기(根機)들이 모두 법(法)에 의지(依支)해 무량선근(無量善根)을 잃지 않게 섭수(攝受)하여 이끎이며, 또, 법(法)을 바로 보거나 관(觀)하게 이끌어, 모든 차별근기(差別根機)들이 불지혜(佛智慧)에 들도록 이끎의 다양(多樣)한 방편법(方便法)을 설(說)하게 된다. 이는, 만중생(萬衆生)을 무량법(無量法)으로 보호(保護)하고, 무량선근(無量善根)과 무량근기(無量根機)를 성숙증장(成熟增張)하게 하며, 법(法)에 의지(依支)해, 미혹(迷惑)의 중생심(衆生心)과 중생계(衆生界)를 벗어나게 하는 이끎의 지혜방편문(智慧方便門)이다. 불법(佛法)에 두[二] 법(法)이 없음은, 실상실법(實相實法)이 불법(佛法)이기 때문이다. 그러나, 불법(佛法)에 서로 다른 차별법(差別法)이 있음은, 실상실법(實相實法)이 아닌 일체차별근기(一切差別根機)와 일체차별선근(一切差別善根)을 섭수(攝受)하는 여래(如來)의 대비심(大悲心), 무량차별,근기섭수(無量差別,根機攝受)의 무량차별지혜(無量差別智慧)와 무량차별방편문(無量差別方便門)이기 때문이다.

8정도(八正道)의 정법정견,정지일도(正法正見,正智一道)는 청정법성,실상섭리일행(淸淨法性,實相攝理一行)이며, 청정법성,불지정견,정지일행(淸淨法性,佛智正見,正智一行)이다. 그러므로 만약, 8정도(八正道)의 각각 어느 일도행(一道行)이든, 청정법성섭리(淸淨法性攝理)와 청정법성,정지일행(淸淨法性,正智一行)을 벗어난 설(說)이면, 그것은, 일체중생(一切衆

生)의 무량근기(無量根機)와 무량선근(無量善根)을 섭수(攝受)하는 대자대비(大慈大悲), 여래(如來)의 지혜방편문(智慧方便門)이다. 왜냐하면, 불지정견(佛智正見)은, 청정법성,실상일법(淸淨法性,實相一法)이며, 불지불성,무생일성(佛智佛性,無生一性)이기 때문이다.

그러므로, 청정일성,무생일각(淸淨一性,無生一覺) 무상불지혜(無上佛智慧)와 무상불법(無上佛法)에 의지(依支)해, 일체중생(一切衆生)이 미혹중생계(迷惑衆生界)를 벗어나 해탈(解脫)하고, 3세제불(三世諸佛)이 출현(出現)하는 그 청정일법(淸淨一法)과 청정일심(淸淨一心)은, 청정본성,수순행(淸淨本性,隨順行)인 청정법성일법(淸淨法性一法)이며, 청정법성일심(淸淨法性一心)이다. 이 청정해탈(淸淨解脫) 불지혜(佛智慧)의 법성청정법계(法性淸淨法界)를 밝힌 여래(如來)의 무상불지혜(無上佛智慧)가 곧, 청정법성,실상계(淸淨法性,實相界)를 정의(正義)한 불지혜(佛智慧)의 3법인(三法印)이다.

그러므로, 불설(佛說) 일체경(一切經)의 요지(要旨)인 일체(一切) 4구게(四句偈)가 곧, 법성실상(法性實相) 3법인(三法印)의 불지혜(佛智慧)이다. 그러므로, 불지혜(佛智慧) 3법인(三法印)을 일체경(一切經)의 4구게(四句偈)로 드러내고 밝히어, 법성(法性)에 미혹(迷惑)한 중생(衆生)의 일체상견(一切相見)과 일체상심(一切相心)을 타파(打破)해, 청정법성(淸淨法性)의 불지혜(佛智慧)에 들도록 이끎이 곧, 일체경(一切經)의 요지(要旨)인, 중생구제(衆生救濟)의 여래설(如來說)이며 여래법(如來法)이다.

정견(正見)은, 제법(諸法)의 실상(實相)을 바로 봄[見]이다. 8정도(八正道)의 정(正)의 정의(正義)인, 일통일관일성(一通一貫一性)의 공통분모(共通分母)는 제법청정,공성일성(諸法淸淨,空性一性)이다. 이는 곧, 불지혜(佛智慧) 제법실상(諸法實相) 3법인(三法印)이다. 3법인(三法印)은 법성,

청정무주(法性,淸淨無住)의 제행무상인(諸行無常印)과 법성,청정무상(法性,淸淨無相)인 제법무아인(諸法無我印)과 법성,청정무생(法性,淸淨無生)인 열반적정인(涅槃寂靜印)이다. 법성실상(法性實相), 청정공성(淸淨空性)의 실상(實相)을 봄이 곧, 정견(正見)이다.

8정도(八正道)는, 정(正)의 실상개념(實相槪念)과 인식(認識)에 따라 수행법(修行法)과 수행견(修行見)이 차별(差別)이 있다. 8정도(八正道)의 정(正)의 정의(正義)는 곧, 불지정견(佛智正見)인 제법실상정견(諸法實相正見)이다. 왜냐하면, 이것이 곧, 불지혜(佛智慧)의 실상중도(實相中道) 무상정견(無上正見)인 불지정견(佛智正見)이기 때문이다. 이것이 곧, 불지혜(佛智慧)의 불법실상실법(佛法實相實法)이다. 이 이외(以外)는 그 법(法)이 무엇이든, 일체중생(一切衆生)의 무량근기(無量根機)와 무량선근(無量善根)을 섭수(攝受)하는 불지혜(佛智慧)의 방편문(方便門)인, 차별법(差別法)이며 차별지혜(差別智慧)이다.

그러므로, 8정도(八正道)의 정견(正見)은 제법실상견(諸法實相見)이며, 정견(正見)은 제법실상(諸法實相) 청정무자성공성(淸淨無自性空性)을 봄[見]이다. 그러므로, 정견(正見)은 제법실상,공성정견(諸法實相,空性正見)이며, 정사유(正思惟)는 제법실상,공성정사유(諸法實相,空性正思惟)이며, 정어(正語)은 제법실상,공성정어(諸法實相,空性正語)이며, 정업(正業)은 제법실상,공성정업(諸法實相,空性正業)이며, 정명(正命)은 제법실상,공성정명(諸法實相,空性正命)이며, 정정진(正精進)은 제법실상,공성정정진(諸法實相,空性正精進)이며, 정념(正念)은 제법실상,공성정념(諸法實相,空性正念)이며, 정정(正定)은 제법실상,공성정정(諸法實相,空性正定)이다.

8정도(八正道)의 수행과정(修行過程)이, 정견(正見)에 의한 정사유(正思惟) 수순행(隨順行)의 수행정진,일상과정(修行精進,日常過程)이다. 그러므로, 정견(正見)에 의한 정사유(正思惟) 법성수순,정진행(法性隨順, 精進行)의 삶이 곧, 정어(正語), 정업(正業), 정명(正命), 정정진(正精進)으로, 공성(空性)의 정념(正念)과 정정(正定)에 이르게 된다. 제법실상견(諸法實相見)인 정견(正見)이 있어도, 정사유(正思惟)로부터 정정(正定)에 이르기까지의 수행(修行)이 있음은, 완전(完全)한 법성수순행(法性隨順行)에 증입(證入)하지 못하였기 때문이다. 그러므로, 정견(正見)을 바탕하여 정사유(正思惟)의 행(行)이 이루어지며, 정견(正見)을 바탕한 정사유(正思惟) 수행정진(修行精進)의 삶이 곧, 정어(正語), 정업(正業), 정명(正命), 정정진(正精進), 정념(正念), 정정(正定) 수행(修行)의 길이다. 정견(正見)이 있어도 정사유행(正思惟行)에 의지(依支)함은, 법성수순행(法性隨順行)이 완전(完全)하지 못하여, 상(相)에 이끌리는 상견상심(相見相心)이 일어나기 때문이다.

8정도행(八正道行)에 있어서 정견(正見), 정사유(正思惟), 정어(正語), 정업(正業), 정명(正命), 정정진(正精進)은, 법성수순심(法性隨順心)이 완전(完全)하지 못하므로, 법성수순(法性隨順)의 인위적(人爲的) 수행심(修行心)을 일으키는, 법성수순(法性隨順) 정사유(正思惟)의 인위수순, 지혜행(人爲隨順, 智慧行)이다.

정념(正念)은 정정진(正精進)의 수행(修行)이 깊어져, 인위적(人爲的) 정사유행(正思惟行)을 하지 않아도, 념(念)이 법성(法性)을 수순(隨順)하는 수순심(隨順心)에 증입(證入)함이다.

정정(正定)은 정념(正念)의 수행(修行)이 깊어져, 법성(法性)을 수순(隨順)하는 생심(生心)인 정념(正念)도 끊어져, 법성수순정(法性隨順定)인 부동심(不動心)에 증입(證入)함이다.

그러나, 이 정정(正定)도 법성수순심(法性隨順心)인 부동심(不動心)의 정(定)이므로, 법성수순부동심(法性隨順不動心)의 정(定)이 깊어져, 법성수순정(法性隨順定)도 타파(打破)되어 초월(超越)해 벗어나므로, 일체초월지(一切超越智)인 불성증입(佛性證入)의 불지혜(佛智慧)에 이르게 된다.

일체초월(一切超越) 불지혜(佛智慧)에 증입(證入)하면, 일체수행품(一切修行品)과 일체(一切) 깨달음 일체증득지(一切證得智)와 무위무생, 일체지혜(無爲無生, 一切智慧)까지 끊어져 벗어나게 된다. 왜냐하면, 일체수행품(一切修行品)과 일체증득지(一切證得智)가, 일체초월본성(一切超越本性)에는, 무명심(無明心)의 미혹세계(迷惑世界)이며, 미망(迷妄)의 망념(妄念) 환(幻)이기 때문이다.

8정도(八正道)의 수행(修行)은, 정견(正見)에 의한 정사유행(正思惟行)의 삶인 정정진(正精進), 수행법(修行法)의 세계(世界)이다. 정견(正見)이 제법실상(諸法實相) 청정공견(淸淨空見)이며, 정사유(正思惟)는 상(相)의 무주성(無住性)을 관(觀)함이 아니라, 법성(法性)의 무주성(無住性)을 관(觀)해야 한다. 왜냐하면, 상(相)의 무주성(無住性)을 관(觀)하면, 상(相)의 생멸견(生滅見)과 상(相)의 상속견(相續見)인 상견(相見)을 일으켜, 법성실상지혜(法性實相智慧)를 발(發)하기 어렵기 때문이다. 만약, 상(相)의 무주성(無住性)을 관(觀)하려면, 법성(法性) 무주성(無住性) 인연(因緣)의 생(生)을 관(觀)하는 생관(生觀)보다, 법성(法性) 무주성(無住性) 인연(因緣)의 멸(滅)을 관(觀)하는 멸관(滅觀)이, 법성실상지혜(法性實相智慧)를 열기가 쉽다. 왜냐하면, 인연생(因緣生)을 관(觀)하는 생관(生觀)은, 생(生)이 끝이 없으므로 상견(相見)의 분별심(分別心)을 벗어나기 어려우나, 인연멸(因緣滅)을 관(觀)하는 멸관(滅觀)은, 상(相)의 생(生)이 바로 끊어지므로, 상견(相見)이 타파(打破)되기 쉽기 때문이다. 그리고, 정견(正見)과 정사유(正思惟)의 무주(無住)의 공성(空性)을 직관(直觀)함에, 찰나전(刹那前)과 찰나후(刹那後)가 서로 겹칠 수 없음을 확연(確然)히 깨달아, 상(相)의 생멸견(生滅見)과 상(相)의 상속견(相續見)이 끊어진, 청정공성(淸淨空性)에 증입(證入)해야 한다.

상(相)을 타파(打破)하여 상견(相見)이 파괴(破壞)되고, 제법실상(諸法實相)을 깨달아 공성(空性)에 증입(證入)하는 이 모든 깨달음과 수행법(修行法)이 곧, 본래(本來) 청정본성(淸淨本性)을 깨닫게 하는, 무명상견상심(無明相見相心)을 타파(打破)하는 방편(方便)의 지혜(智慧)이다. 왜냐하면, 일체초월본성(一切超越本性)을 깨닫고자 해도, 일체상(一切相)에 머무르는 일체상심(一切相心)과 일체상견(一切相見)이 타파(打破)되기 전(前)에는, 일체초월본성(一切超越本性)에 증입(證入)할 수가 없기 때문이다. 그러므로, 일체상심(一切相心)과 일체상견(一切相見)이 타파(打破)되어 일체초월본성(一切超越本性)에 증입(證入)하기 전(前)에는, 일체수행법(一切修行法)의 증과(證果)와 일체(一切) 깨달음 무위증득, 일체보살지(無爲證得, 一切菩薩智)도 타파(打破)해 벗어나야 할, 무명미혹(無明迷惑) 망념(妄念)의 환(幻)의 세계(世界)임을 깨닫지 못한다.

8정도(八正道)의 수행체계(修行體系)와 수행세계(修行世界)를 자상(仔詳)히 밝게 알지 못하면, 그 어떤 수행법(修行法)보다 8정도(八正道)의 수행법(修行法)이, 일체초월(一切超越) 불지혜(佛智慧)에 증입(證入)하는 탁월(卓越)한 수행법(修行法)임을 깨닫지 못한다. 불법문(佛法門) 중에 일체차별중생(一切差別衆生)의 무량차별근기(無量差別根機)와 무량차별지혜(無量差別智慧)를 섭수(攝受)하는 천차만별(千差萬別)의 방편지(方便智)와 방편수행법(方便修行法)이 많으므로, 불법실상정공(佛法實相正空)

의 정도정행수행법(正道正行修行法)에 대해, 바른 지혜(智慧)와 지견(智見)을 확립(確立)하기는 쉽지 않다.

불법문(佛法門) 중에, 불지혜,실상정공법(佛智慧,實相正空法)을 벗어난 무량방편(無量方便) 섭수행(攝受行)인, 청정무자성,공성수순,정행(淸淨無自性,空性隨順,正行)을 벗어난 외도적(外道的) 다양(多樣)한 수행법(修行法)에 의지(依支)한 수행자(修行者)는 많아도, 일체경(一切經)의 요지(要旨)를 밝힌, 4구게,수행법(四句偈,修行法)이며, 불지혜,실상정공법(佛智慧,實相正空法)인 8정도(八正道)의 수행법(修行法)에 대해, 정수행,법성지혜(正修行,法性智慧)와 정수행,법성지견(正修行,法性智見)을 확립(確立)한 불지혜,수행자(佛智慧,修行者)는 쉽지 않다. 법성실상,중도행(法性實相,中道行)이 곧, 8정도(八正道)이다. 이 8정도(八正道) 실천수행(實踐修行) 불자행(佛子行)의 삶이 곧, 청정법성수순(淸淨法性隨順)의 정견(正見), 정사유(正思惟), 정어(正語), 정업(正業), 정명(正命), 정정진(正精進), 정념(正念), 정정(正定)이다. 이는 곧, 제불지혜(諸佛智慧)와 제불정법(諸佛正法) 청정법성수순행(淸淨法性隨順行)의 삶이다. 그러므로, 8정도(八正道)는 불지혜완성(佛智慧完成)의 정도성불법(正道成佛法)이며, 3세,제불출현,정도법(三世,諸佛出現,正道法)인 청정법성수순행(淸淨法性隨順行)으로, 불지혜(佛智慧)에 귀의(歸依)한 성불도(成佛道)의 삶인, 불법정수행(佛法正修行)의 삶이다.

8정도(八正道)가 곧, 무상불지혜(無上佛智慧) 제법실상(諸法實相) 청정법성(淸淨法性)의 3법인도행(三法印道行)이므로, 8정도행(八正道行)이 곧, 금강경(金剛經)의 제상비상,즉견여래법(諸相非相,卽見如來法)이며, 법화경(法華經)의 상자적멸상,내세득작불법(常自寂滅相,來世得作佛法)이며, 열반경(涅槃經)의 생멸멸이,적멸위락법(生滅滅已,寂滅爲樂法)이며,

화엄경(華嚴經)의 삼세일체불,응관법계성법(三世一切佛,應觀法界性法)이
며. 7불통계게(七佛通戒偈)의 제악막작,자정기의법(諸惡莫作,自淨其意法)
이다.

이것이, 불지혜(佛智慧)의 정법정도,법성실상,중도행(正法正道,法性實
相,中道行)인 청정법성,무자성수순(淸淨法性,無自性隨順)의 불지혜,불법
행(佛智慧,佛法行)이다.

제식전변성불과정(諸識轉變成佛過程)

제식세계(諸識世界)					
식종 識種	6식(六識)				
	18경계十八境界				
	색색色	성성聲	향향香	미미味	촉촉觸	법법法
	안근眼根	이근耳根	비근鼻根	설근舌根	신근身根	의근意根
	안식眼識	이식耳識	비식鼻識	설식舌識	신식身識	의식意識
멸경계 滅境界	6식멸(六識滅): 허공파괴(虛空破壞)됨. 허공멸(虛空滅)로, 생사생멸윤회(生死生滅輪廻) 없는 청정공성(淸淨空性) 자기성품(自己性品)이 드러남.					
승위 乘位	대승(大乘)					
증입처 證入處	6식멸, 공성지혜증입(六識滅, 空性智慧證入) 6식멸, 반야초입지혜증입(六識滅, 般若初入智慧證入) 6식멸, 무위초입지혜증입(六識滅, 無爲初入智慧證入) 6식멸, 무위동각, 공성지증입(六識滅, 無爲動覺, 空性智證入)					
전변지 轉變智	묘관찰지(妙觀察智): 공성(空性) 반야(般若)의 초입지(初入智)이다. 묘관찰(妙觀察)의 묘(妙)는, 주(住)함 없는 상(相)의 부사의성(不思議性), 무자성(無自性)의 작용(作用)을 묘(妙)라 한다. 즉, 법성공성작용(法性空性作用)이다.					
법성 法性	공성(空性): 반야경(般若經)의 주성품(主性品)					
법계 法界	이법계(理法界) 공법계(空法界)					
법위 法位	6식멸, 무위공성세계(六識滅, 無爲空性世界) 6식멸, 공성지혜보살세계(六識滅, 空性智慧菩薩世界)					
법지 法智	6식멸, 무위공성, 법인지(六識滅, 無爲空性, 法忍智) 6식멸, 공성무유정법, 지혜성품세계(六識滅, 空性無有定法, 智慧性品世界) 6식멸, 무위공성보살, 무생법인지(六識滅, 無爲空性菩薩, 無生法忍智)					

제식세계(諸識世界)	
제7식(第七識)	
식종 識種	말나식(末那識) 자아의식(自我意識) 분별식(分別識)
멸경계 滅境界	제7식멸(第七識滅): 자아파괴(自我破壞), 자아(自我)가 없어, 맑디 맑은 거울[鏡] 속에 든 것과 같음. 무위동각공성지(無爲動覺空性智)를 타파(打破)해 벗어남. 이법계(理法界)를 타파(打破)해 벗어남.
승위 乘位	일승(一乘)
증입처 證入處	무염진여지증입(無染眞如智證入) 무염진여성품세계증입(無染眞如性品世界證入) 무위동각,무염진여지증입(無爲動覺,無染眞如智證入)
전변지 轉變智	평등성지(平等性智): 상(相)인 사(事)와 공(空)인 이(理), 이사(理事) 에 걸림 없는 무애성품세계(無礙性品世界)임. 시방만물만상(十方萬物萬象)이 생(生)도 멸(滅)도 없는 청정무자 성,환지세계(淸淨無自性,幻智世界)임.
법성 法性	무염진여성(無染眞如性): 법화경(法華經)의 주성품(主性品)
법계 法界	이사무애법계(理事無礙法界) 이사무애,무염진여법계(理事無礙,無染眞如法界)
법위 法位	제7식멸,무위진여,지혜세계(第七識滅,無爲眞如,智慧世界) 제7식멸,무염진여보살,지혜세계(第七識滅,無染眞如菩薩,智慧世界)
법지 法智	제7식멸,무염진여,법인지(第七識滅,無染眞如,法忍智) 제7식멸,무위진여무유정법,지혜세계(第七識滅,無爲眞如無有定法,智 慧世界) 제7식멸,무염진여보살,무생법인지(第七識滅,無染眞如菩薩,無生法忍智)

제식세계(諸識世界)	
제8식(第七識)	
식종 識種	능소출입식(能所出入識) 내외출입식(內外出入識) 능(能): 내분별심(內分別心), 자아심계(自我心界) 소(所): 외분별계(外分別界), 자아대상계(自我對相界)
멸경계 滅境界	제8식멸(第八識滅): 능소파괴(能所破壞), 시방파괴(十方破壞), 원융 각성각명성(圓融覺性覺明性)이 열림. 무위동각, 무염진여지(無爲動覺, 無染眞如智)를 타파(打破)해 벗어남. 평등성지(平等性智)를 타파(打破)해 벗어남.
승위 乘位	일불승(一佛乘)
증입처 證入處	원융각명, 지혜성품세계증입(圓融覺明, 智慧性品世界證入) 원융각명, 보리성품세계증입(圓融覺明, 菩提性品世界證入) 무위동각, 원융보리, 각명성지증입(無爲動覺, 圓融菩提, 覺明性智證入)
전변지 轉變智	대원경지(大圓鏡智): 능소(能所) 없는 쌍차쌍조(雙遮雙照) 원융각 명작용성품(圓融覺明作用性品)이 열림. 시방원융, 각성각명작용(十方圓融, 覺性覺明作用)이 이루어짐. 정혜불이성(定慧不二性)에 증입(證入)함. 무위, 원융각명, 보리성품, 작용세계(無爲, 圓融覺明, 菩提性品, 作用世 界)임. 천지태초근원성품(天地太初根源性品)인 청정부동, 대열반, 적멸적 정성품(淸淨不動, 大涅槃, 寂滅寂靜性品)을 여실(如實)히 봄.
법성 法性	원융보리각명성(圓融菩提覺明性): 화엄경(華嚴經)의 주성품(主性品)
법계 法界	사사원융법계(事事圓融法界) 원융보리, 각명성품법계(圓融菩提, 覺明性品法界)
법위 法位	제8식멸, 원융각명, 지혜세계(第八識滅, 圓融覺明, 智慧世界) 제8식멸, 원융각명보살, 쌍차쌍조, 원융보리성품세계(第八識滅, 圓 融覺明菩薩, 雙遮雙照, 圓融菩提性品世界)
법지 法智	제8식멸, 원융각명, 법인지(第八識滅, 圓融覺明, 法忍智) 제8식멸, 원융각명무유정법, 지혜세계(第八識滅, 圓融覺明無有定法, 智 慧世界) 제8식멸, 원융각명보살, 무생법인지(第八識滅, 圓融覺明菩薩, 無生法忍智)

제식세계(諸識世界)	
	제9식(第九識)
식종 識種	아뢰야식(阿賴耶識) 함장식(含藏識) 12인연(十二因緣)의 무명(無明) 청정무기성품(清淨無記性品) 중생근본식(衆生根本識) 3세일체정보저장식(三世一切情報貯藏識)
멸경계 滅境界	제9식멸(第九識滅): 무명파괴(無明破壞) 무위동각, 원융각명, 보리성품세계(無爲動覺, 圓融覺明, 菩提性品世界)를 타파(打破)해 벗어남. 무위, 일체동각지, 초월(無爲, 一切動覺智, 超越) 대원경지(大圓鏡智)를 타파(打破)해 벗어남
승위 乘位	불승(佛乘)
증입처 證入處	심청정부동, 무위대열반지증입(心淸淨不動, 無爲大涅槃智證入) 심부동, 무위대열반, 성품세계증입(心不動, 無爲大涅槃, 性品世界證入) 무위부동각, 심청정, 대열반지증입(無爲不動覺, 心淸淨, 大涅槃智證入)
전변지 轉變智	무위부동, 대열반지(無爲不動, 大涅槃智)
법성 法性	부동열반성(不動涅槃性): 열반경(涅槃經)의 주성품(主性品)
법계 法界	심부동, 대열반법계(心不動, 大涅槃法界) 심부동, 대열반성품법계(心不動, 大涅槃性品法界)
법위 法位	제9식멸, 심청정부동무위열반, 부동지혜세계(第九識滅, 心淸淨不動 無爲涅槃, 不動智慧世界) 제9식멸, 심청정부동, 무위대열반성품세계(第九識滅, 心淸淨不動, 無爲大涅槃性品世界)
법지 法智	제9식멸, 부동열반, 법인지(第九識滅, 不動涅槃, 法忍智) 제9식멸, 부동열반무유정법, 지혜세계(第九識滅, 不動涅槃無有定法, 智慧世界) 제9식멸, 부동열반보살, 무생법인지(第九識滅, 不動涅槃菩薩, 無生法 忍智)

제식세계(諸識世界)	
제10식(第十識)	
식종 識種	본성(本性) 불성(佛性) 암마라식(菴摩羅識) 무생인(無生印) 무생결정성(無生結定性) 여래장(如來藏)
증경계 證境界	무위부동각, 심청정, 대열반지(無爲不動覺, 心淸淨, 大涅槃智)를 타파(打破)해 벗어남. 제10식증입(第十識證入): 일체무위, 보살증득지, 일체소멸(一切無爲, 菩薩證得智, 一切消滅) 일체무위증득, 무위보살동각지, 무위보살부동각지, 일체타파(一切無爲證得, 無爲菩薩動覺智, 無爲菩薩不動覺智, 一切打破)해 벗어남
증위 證位	불(佛)
증입처 證入處	일체초월, 불성불지증입(一切超越, 佛性佛智證入) 일체초월, 절대성증입(一切超越, 絕對性證入) 여래장, 일체초월절대성증입(如來藏, 一切超越絕對性證入)
증지 證智	불지(佛智)
법성 法性	무생결정성(無生結定性): 금강삼매경(金剛三昧經)의 주성품(主性品) 여래무생결정성(如來無生結定性)
법계 法界	일체초월, 절대성, 법인법계(一切超越, 絕對性, 法印法界) 불성여래장법계(佛性如來藏法界)
법위 法位	일체초월, 불지혜세계(一切超越, 佛智慧世界) 일체초월, 절대성, 불성세계(一切超越, 絕對性, 佛性世界)
법지 法智	무생결정성, 무생법인지(無生結定性, 無生法印智) 일체초월, 불성무유정법, 무생지혜성품세계(一切超越, 佛性無有定法, 無生智慧性品世界) 일체초월, 무생여래장, 불성법인지(一切超越, 無生如來藏, 佛性法印智)

발원품(發願品)

일상발원문(日常發願文)

세상을 살아가는

어느

하루 속에서도

나와 남을

행복하게 하는

사람이 되겠습니다.

공양발원문(供養發願文)

이공양물 배를채워 삼독심을 발한다면
무간지옥 떨어지는 공양물이 될것이며,
이공양물 배를채워 보리도를 구한다면
무상불도 성취하는 공양물이 될것이니,
천지유정 정성으로 이육근을 보양함에
인과법을 스승삼는 수행정진 불자로써
식충중에 무연중생 아귀모습 하겠는가.
이공양물 공덕입어 무상불도 발원하며
무진업장 참회속에 일체중생 회향하니,
회향공덕 가피력에 일체중생 고통벗어
복과지혜 구족하여 구경성불 하여지길
시방법계 부처님전 공양발원 하옵니다.

공양전:
이공양물 공덕으로 무상불도 이뤄지다.

공양후:
공양공덕 중생회향 일체해탈 이뤄지다.

발원문(發願文)

시방법계 불보살님 무량광명 대법륜에
지극정성 일념모아 일향공양 올리오며
지심귀명 정례하여 축원발원 하옵니다
탐애속에 뿌리박은 무명풀을 뜯어먹고
불길같이 타오르는 중생심에 유혹되어
무진욕망 갈증으로 목이타는 아귀로써
태산같이 지은업장 시절인연 돌아오니
인연과보 거센바람 일점티끌 생명되어
무진법계 헤매이며 고통받는 일체유정
미진같은 이중생의 고해음성 들으시고
구원중생 큰원력에 자비광명 비추시는
시방법계 불보살님 자비손길 주옵소서
밝고밝아 신령스런 걸림없는 나의성품
세세생생 습기속에 청청자성 가리워져
중생류를 달리하여 여러생을 넘나들며

삼독십악　행하면서　짓고쌓은　무진업장
불보살님　자비전에　지심참회　하옵나니
거룩하신　부처님의　자비가피　내리시어
마른풀을　불태우듯　모든업장　소멸하고
악한마음　조복받아　선한마음　일어나며
세세생생　맺은원한　연기처럼　사라지고
미운인연　돌이키어　고운인연　맺어주며
불길같은　진심거둬　자비마음　피어나고
무명식심　소멸하여　지혜마음　일어나며
중생씨앗　변화하여　보리종자　되어지고
생각생각　구도일념　보리마음　견고하며
하심인욕　정진함의　끊임없는　수행속에
무명마음　씻고씻어　청정자성　드러나고
상구보리　하화중생　보살마음　피어나며
상구보리　그마음에　한생명을　불사르고
하화중생　그마음에　세세생생　다바치길
시방법계　부처님전　기원발원　하옵나니
불보살님　호법성중　지혜광명　대신통에
중생구제　대법력의　영험가피　입고입어

무진법계 헤매이며 고통받는 일체유정
모든고통 씻어주는 불보살님 일신되어
나의눈길 닿는곳에 자비바람 일어나고
나의손길 닿는곳에 일체병고 사라지며
나의음성 들리는곳 중생심이 쉬어지고
나의모습 비치는곳 불보살님 상주하며
나의정진 하는곳에 구도심이 절로나고
나의이름 있는곳에 부처님법 항상하며
나의발길 닿는곳에 불국정토 이뤄지고
나의옷깃 스치는곳 중생기갈 해소되며
나의기원 있는곳에 태산업장 무르녹고
나의원력 미치는곳 일체중생 해탈하며
시방삼세 무진법계 삼계고해 일체중생
불보살님 가피력에 일체해탈 이루어서
한량없이 맑고밝은 청정자성 두루밝혀
극락세계 이루기를 발원발원 하옵니다.

나무 청정법신여래불(南無 淸淨法身如來佛)
나무 광명보신여래불(南無 光明報身如來佛)
나무 자비화신여래불(南無 慈悲化身如來佛)

金剛 大 發願文
금강 대 발원문

시방삼세 十方三世	제불보살 諸佛菩薩	무상지혜 無上智慧	대법륜보 大法輪寶
법계실상 法界實相	청정법륜 淸淨法輪	열반대각 涅槃大覺	법인정도 法印正道
원통광명 圓通光明	해탈각성 解脫覺性	여여실상 如如實相	본각대해 本覺大海
무아무상 無我無相	청정본성 淸淨本性	실상광명 實相光明	일심법계 一心法界
법계일여 法界一如	자비일화 慈悲一和	법보화신 法報化身	원만국토 圓滿國土
일체생명 一切生命	장엄법계 莊嚴法界	공덕충만 功德充滿	불국토여 佛國土여

제행무상	제법무아	청정열반	삼법인도
諸行無常	諸法無我	淸淨涅槃	三法印道

시방법계	이사무애	청정조화	화엄법계
十方法界	理事無碍	淸淨造化	華嚴法界

원융무애	자성청정	법계금강	대법륜보
圓融無礙	自性淸淨	法界金剛	大法輪寶

법보화신	공덕충만	청정원력	장엄원만
法報化身	功德充滿	淸淨願力	莊嚴圓滿

청정무아	대해탈도	구경대각	팔정대도
淸淨無我	大解脫道	究竟大覺	八正大道

물심청정	해탈각성	수행금강	대법륜보
物心淸淨	解脫覺性	修行金剛	大法輪寶

여래십호	공덕장엄	삼계대사	여래존불
如來十號	功德莊嚴	三界大師	如來尊佛

복덕정혜	구족원만	해탈장엄	수승한법
福德定慧	具足圓滿	解脫莊嚴	殊勝한法

정법정도	청정수행	법인정도	귀의행자
正法正道	淸淨修行	法印正道	歸依行者

삼세명근 성도인연 법계장엄 삼보광명
三世命根 聖道因緣 法界莊嚴 三寶光明

동서남북 사유상하 시방법계 선근권속
東西南北 四維上下 十方法界 善根卷屬

귀일불이 연화장엄 대인금강 대법륜보
歸一不二 連華莊嚴 大因金剛 大法輪寶

법인정도 일심법계 불국광명 법계장엄
法印正道 一心法界 佛國光明 法界莊嚴

무량광명 대법륜보 시방법계 광명놓아
無量光明 大法輪寶 十方法界 光明놓아

시방법계 제망찰해 삼세일체 무진법계
十方法界 帝網刹海 三世一切 無盡法界

유정무정 일체생명 일체업장 파괴되어
有情無情 一切生命 一切業障 破壞되어

원통각성 통철하여 불지혜가 열리어서
圓通覺性 通撤하여 佛智慧가 열리어서

일체종지 구족하고 일체해탈 이루어져
一切種智 具足하고 一切解脫 이루어져

법인정도 일심법계 불국대원 충만하리
法印正道 一心法界 佛國大願 充滿하리

무상대각 제불님께 지심귀의 하옵니다
無上大覺 諸佛님께 至心歸依 하옵니다

미혹벗는 대법륜에 지심귀의 하옵니다
迷惑벗는 大法輪에 至心歸依 하옵니다

대지대행 보살님께 지심귀의 하옵니다
大智大行 菩薩님께 至心歸依 하옵니다.

나무 청정법신여래불(南無 淸淨法身如來佛)
나무 광명보신여래불(南無 光明報身如來佛)
나무 자비화신여래불(南無 慈悲化身如來佛)

10대원(十大願)

불법佛法을 정수正修하여 법법의 실상實相 상주常住하며,
일체종지一切種智 구족具足하고 지혜덕상智慧德相 고루 갖춰,
대원대행大願大行 무진자비無盡慈悲 신통묘용神通妙用 광명光明놓아,
일체중생一切衆生 구제救濟하길 지극정성至極精誠 서원誓願하니,
시방법계十方法界 제불보살諸佛菩薩 8만4천八萬四千 제대성중諸大聖衆,
무량자비無量慈悲 대가피력大加被力으로 하루 속히 이루어지이다.

1. 일체중생一切衆生이 3보三寶에 귀의歸依하여,
   3보三寶를 비방誹謗하는 자者 없기를 원願합니다.
2. 일체중생一切衆生이 보리도菩提道를 구求하여,
   무상정각無上正覺 얻기를 원願합니다.
3. 일체중생一切衆生이 정定과 혜慧를 바로 닦아,
   세세생생世世生生 쌓은 습기習氣 여의기를 원願합니다.
4. 일체중생一切衆生이 지혜덕상智慧德相 구족具足하기를 원願합니다.
5. 일체중생一切衆生이 모든 고통苦痛 벗어나기를 원願합니다.
6. 일체중생一切衆生이 탐진치貪瞋癡 3독심三毒心 여의기를 원願합니다.
7. 일체중생一切衆生이 악도惡道에서 벗어나기를 원願합니다.
8. 일체중생一切衆生이 의식주衣食住 풍족豊足하기를 원願합니다.
9. 일체중생一切衆生이 착善한 소원所願 구족具足하기를 원願합니다.
10. 일체중생一切衆生이 부처님 만나기를 원願합니다.

맹세盟誓코 10대원十大願을 이루겠으며,
이 서원誓願이 이루어질 때까지
세세생생世世生生 원행願行을 쉬지 않겠음을,
시방법계十方法界 제불보살諸佛菩薩님께 맹세盟誓하옵니다.

세웅(世雄) 10대원(十大願)

1982년 내서삼계리토굴(內西三溪里土窟)
보리원(菩提院)에서 발심(發心).

금강대법륜보 해설
金剛大法輪寶 解說

金剛大法輪寶
금강대법륜보

금강대법륜보(金剛大法輪寶)의 형상

금강대법륜보(金剛大法輪寶)의 형상은, 연꽃[蓮華]이 활짝 핀 모습을 도형화(圖形化)한 것이다. 연꽃[蓮華]은, 불법(佛法)에서 청정시방법계상(淸淨十方法界相)과 제불보살(諸佛菩薩) 청정불법세계(淸淨佛法世界)와 청정불심세계(淸淨佛心世界)를 의미(意味)한다. 금강대법륜보(金剛大法輪寶)의 이름을 줄여서, 법륜보(法輪寶)라고 한다. 금강대법륜보(金剛大法輪寶)는 대(大) 우주(宇宙) 법계(法界)의 운행(運行)과 법계(法界)의 실상(實相), 그리고, 시방법계(十方法界) 제불보살(諸佛菩薩)의 법륜상전(法輪常轉) 청정법륜법계(淸淨法輪法界)와 시방(十方) 불법승(佛法僧) 삼보(三寶)와 시방(十方) 일체생명세계(一切生命世界)를 도형화(圖形化)한 것이다.

내3점(內三點)과 내륜(內輪)의 해설

　연꽃[蓮華]의 열매 내연실(內蓮實)에 해당하는 내3점(內三點)은, 우주(宇宙) 법계(法界)의 법리(法理) 3법인(三法印)인, 제행무상인(諸行無常印)과 제법무아인(諸法無我印)과 열반적정인(涅槃寂靜印)이며, 또, 불(佛)의 3신(三身)인, 법신불(法身佛)과 보신불(報身佛)과 화신불(化身佛)이며, 또, 불법승(佛法僧) 3보(三寶)이다. 내륜(內輪) 법륜길상(法輪吉相)은 본성(本性)인 근원(根源)으로부터 무한창조(無限創造) 생성운행(生成運行)의 뜻으로, 내륜(內輪)의 회전방향(回轉方向)은 오른쪽[右行] 시계운행방향(時計運行方向)으로 회전(回轉)하며, 내륜(內輪)은 내3점(內三點)의 청정법륜상전(淸淨法輪常轉)을 뜻한다.

외8점(外八點)과 외륜(外輪)의 해설

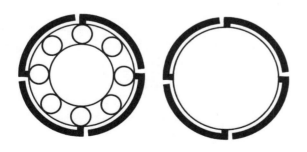

연꽃[蓮華]의 열매 외연실(外蓮實)인 외8점(外八點)과 외륜(外輪)이다. 외8점(外八點)은, 광활(廣闊)한 우주법계(宇宙法界)인 8방(八方), 시방법륜생명법계(十方法輪生命法界)와 그리고, 우주(宇宙)의 법리(法理) 불지혜(佛智慧)의 3법인,수순행(三法印,隨順行)인, 8정도(八正道)의 법륜상전법계(法輪常轉法界)로, 일체생명(一切生命)과 일체중생(一切衆生), 그리고, 상중하(上中下) 일체수행자(一切修行者)가 어우른, 성도인연,법륜상전,시방광명,성도법계(聖道因緣,法輪常轉,十方光明,聖道法界)이다.

외륜(外輪) 법륜길상(法輪吉相)은, 만물(萬物)과 제법(諸法)의 섭리(攝理), 시방우주(十方宇宙)의 운행(運行)이, 근원(根源)의 본성(本性)을 벗어나지 않는 시방법계(十方法界) 본성섭리(本性攝理)의 운행(運行)과 무상진실,청정법륜(無上眞實,淸淨法輪) 3법인(三法印) 법계불지혜(法界佛智慧)의 수순행(隨順行)인 8정도행(八正道行)의 법륜상전(法輪常轉)이다. 외륜(外輪)의 회전방향(回轉方向)은 근원(根源)인 본성(本性)을 향(向)한 운행(運行)으로, 시계운행(時計運行)의 반대(反對) 방향(方向)인 왼쪽[左行]으로 회전(回轉)한다. 이는, 제법(諸法)과 제행(諸行)이 본성(本性)을 수순(隨順)하는 법성수순행(法性隨順行)으로, 제법(諸法)과 제행(諸行)이 무아무상(無我無相)인 제법종본래(諸法從本來)의 모습이며, 행(行)이다.

연꽃 잎 외8엽(外八葉) 해설

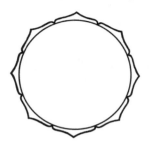

　외8엽(外八葉)은, 내3점(內三點)인 시방법계(十方法界)의 법리(法理) 3법인(三法印)인, 제행무상인(諸行無常印)과 제법무아인(諸法無我印)과 열반적정인(涅槃寂靜印), 그리고, 불(佛)의 3신(三身)인 법신불(法身佛)과 보신불(報身佛)과 화신불(化身佛), 그리고, 불법승(佛法僧) 3보(三寶)와 외연실(外蓮實)의 외8점계(外八點界)인 시방일체,생명법계(十方一切,生命法界)의 원융무애(圓融無礙) 법륜상전(法輪常轉)으로 활짝 핀 법계실상(法界實相), 청정법연,연화법계(淸淨法蓮,蓮華法界)의 법륜상전세계(法輪常轉世界)이다.

금강대발원문(金剛大發願文) 구성(構成)

　금강대발원문(金剛大發願文)은, 금강대법륜법계(金剛大法輪法界)의 발원문(發願文)이다. 금강대법륜보(金剛大法輪寶)와 금강대발원문(金剛大發願文)은, 시방무량청정(十方無量淸淨) 법성장엄,연화법계(法性莊嚴,蓮華法界)와 시방제불보살법계(十方諸佛菩薩法界)와 시방청정,불법대법륜법계(十方淸淨,佛法大法輪法界)의 세계(世界)이다. 금강대법륜보(金剛大法輪寶)의 세계(世界)는 금강대발원문(金剛大發願文) 속에 있으며, 금강대법륜보(金剛

大法輪寶)의 도형적(圖形的) 세부(細部) 의미(意味)는, 금강대발원문(金剛大發願文) 속에 있다.

금강대법륜보(金剛大法輪寶)의 세계를 드러내는 금강대발원문(金剛大發願文)의 구성(構成)은, 총 6품(六品)으로 구성(構成)되어 있다.

제1품(第一品) 불국토품(佛國土品)
제2품(第二品) 법계금강대법륜보품(法界金剛大法輪寶品)
제3품(第三品) 수행금강대법륜보품(修行金剛大法輪寶品)
제4품(第四品) 대인금강대법륜보품(大因金剛大法輪寶品)
제5품(第五品) 금강대발원품(金剛大發願品)
제6품(第六品) 귀의품(歸依品)으로 이루어져 있다.

제1품(第一品) 불국토품(佛國土品)

| 시방법계 | 제불보살 | 무상지혜 | 대법륜보 |
| 十方法界 | 諸佛菩薩 | 無上智慧 | 大法輪寶 |

| 법계실상 | 청정법륜 | 열반대각 | 법인정도 |
| 法界實相 | 淸淨法輪 | 涅槃大覺 | 法印正道 |

| 원통광명 | 해탈각성 | 여여실상 | 본각대해 |
| 圓通光明 | 解脫覺性 | 如如實相 | 本覺大海 |

| 무아무상 | 청정본성 | 실상광명 | 일심법계 |
| 無我無相 | 淸淨本性 | 實相光明 | 一心法界 |

| 법계일여 | 자비일화 | 법보화신 | 원만국토 |
| 法界一如 | 慈悲一和 | 法寶化身 | 圓滿國土 |

일체생명 장엄법계 공덕충만 불국토여
一切生命 莊嚴法界 功德充滿 佛國土여

제2품(第二品)
법계금강대법륜보품(法界金剛大法輪寶品)

제행무상 제법무아 청정열반 삼법인도
諸行無相 諸法無我 清淨涅槃 三法印道

시방법계 이사무애 청정조화 화엄법계
十方法界 理事無礙 清淨造化 華嚴法界

원융무애 자성청정 법계금강 대법륜보
圓融無礙 自性清淨 法界金剛 大法輪寶

제3품(第三品)
수행금강대법륜보품(修行金剛大法輪寶品)

법보화신 공덕충만 청정원력 장엄원만
法寶化身 功德充滿 清淨願力 莊嚴圓滿

청정무아 대해탈도 구경대각 팔정대도
清淨無我 大解脫道 究竟大覺 八正大道

물심청정 해탈각성 수행금강 대법륜보
物心清淨 解脫覺性 修行金剛 大法輪寶

제4품(第四品)
대인금강대법륜보품(大因金剛大法輪寶品)

| 여래십호 | 공덕장엄 | 삼계대사 | 여래존불 |
| 如來十號 | 功德莊嚴 | 三界大師 | 如來尊佛 |

| 복덕정혜 | 구족원만 | 해탈장엄 | 수승한법 |
| 福德定慧 | 具足圓滿 | 解脫莊嚴 | 殊勝한法 |

| 정법정도 | 청정수행 | 법인정도 | 귀의행자 |
| 正法正道 | 淸淨修行 | 法印正道 | 歸依行者 |

| 삼세명근 | 성도인연 | 법계장엄 | 삼보광명 |
| 三世命根 | 聖道因緣 | 法界莊嚴 | 三寶光明 |

| 동서남북 | 사유상하 | 시방법계 | 선근권속 |
| 東西南北 | 四維上下 | 十方法界 | 善根卷屬 |

| 귀일불이 | 연화장엄 | 대인금강 | 대법륜보 |
| 歸一不二 | 連華莊嚴 | 大因金剛 | 大法輪寶 |

제5품(第五品) 금강대발원품(金剛大發願品)

| 법인정도 | 일심법계 | 불국광명 | 법계장엄 |
| 法印正道 | 一心法界 | 佛國光明 | 法界莊嚴 |

| 무량광명 | 대법륜보 | 시방법계 | 광명놓아 |
| 無量光明 | 大法輪寶 | 十方法界 | 光明놓아 |

| 시방법계 | 제망찰해 | 삼세일체 | 무진법계 |
| 十方法界 | 帝網刹海 | 三世一切 | 無盡法界 |

유정무정 일체생명 일체업장 파괴되어
有情無情 一切生命 一切業障 破壞되어

원통각성 통철하여 불지혜가 열리어서
圓通覺性 通撤하여 佛智慧가 열리어서

일체종지 구족하고 일체해탈 이루어져
一切種智 具足하고 一切解脫 이루어져

법인정도 일심법계 불국대원 충만하리
法印正道 一心法界 佛國大願 充滿하리

제6품(第六品) 귀의품(歸依品)

무상대각 제불님께 지심귀의 하옵니다
無上大覺 諸佛님께 至心歸依 하옵니다

미혹벗는 대법륜에 지심귀의 하옵니다
迷惑벗는 大法輪에 至心歸依 하옵니다

대지대행 보살님께 지심귀의 하옵니다
大智大行 普薩님께 至心歸依 하옵니다

나무금강대법륜보 (3)
南無金剛大法輪寶

염불품(念佛品)

대광명불(大光明佛)

시방삼세	무진법계	공덕충만	대광명불
일체제불	해탈장엄	본각대해	대본존불
수승광명	무궁조화	무량공덕	대장엄불
나무법계	대광명불	무량광명	대법륜에
일체마장	파괴되고	일체악근	무르녹아
심성광명	열리어서	실상지혜	길을열어
제불각성	통철하여	불지혜가	충만하고
일체종지	두루하여	해탈장엄	충만하길
나무법계	대광명불	대비법력	내리소서

나무 대광명불…念佛……

비로자나불 광명진언
옴 아모가 바이로차나 마하무드라 마니
파드마 스바라 프라바를 타야 훔 (3)

대비광명	대법력에	일체업장	무르녹아
선근복덕	지혜소원	만사형통	이루옵길
일념으로	원하오며	귀명정례	하옵니다.

아미타불(阿彌陀佛)

지혜광명　충만하여　찬란하신　아미타불
무량공덕　원만하여　거룩하신　분이시여
공덕장엄　충만하사　일체광명　나투시어
삼계육도　윤회속에　고통받는　중생들의
한량없는　생명이요　한량없는　광명이신
서방정토　극락세계　미타불전　원력빌어
일심중에　진실한원　성취하기　원합니다

나무 아미타불…念佛……

아미타불 본심 미묘 진언
다냐타 옴 아리다라 사바하 (3)

극락세계　연화보궁　사바국토　장엄속에
사십팔원　대원력의　구원손길　주시기를
일념으로　원하오며　귀명정례　하옵니다.

약사여래불(藥師如來佛)

동방세계 약사법계 일체병고 다스리는
대의왕불 약사여래 일광월광 양대보살
약왕보살 약상보살 약사성중 십이신장
영험가피 내리시어 삼세업장 과보속에
업력장애 나타나는 영과육의 모든병고
동방법계 약사여래 미묘법력 내리시어
일체병고 씻어지길 약사불전 원력빌어
일심중의 진실한원 성취하기 원합니다

약사여래불…念佛……

약사여래 진언
옴 호로호로 센터리 마등기 사바하 (3)

대의왕불 약사여래 약사법계 보살성중
고해음성 들으시고 구원손길 주시기를
일념으로 원하오며 귀명정례 하옵니다.

석가모니불(釋迦牟尼佛)

상구보리　하화중생　대원력의　수행으로
삼십이상　팔십종호　지혜덕상　고루갖춰
무상대각　장엄하신　석가모니　불이시여
삼계도사　사생자부　대비원력　나투시어
바른수행　길을열어　정법지혜　열리어서
일체해탈　공덕장엄　바라밀다　성취하길
비로자나　화장세계　석가불전　원력빌어
일심중의　진실한원　성취하기　원합니다

석가모니불…念佛……

석가여래 진언
나무 사만다 붇다 나함 바하 (3)

일심법계　청정국토　구족원만　장엄속에
무생법인　증득하여　일체해탈　이루기를
일념으로　원하오며　귀명정례　하옵니다

관세음보살(觀世音菩薩)

걸림없는　신통한힘　지혜방편　갖추시어
중생구제　대원력에　사바세계　두루하사
자비화신　나투시는　거룩하신　관음보살
일천눈의　지혜관음　대지혜를　주옵시며
일천손의　자비관음　대자비를　내리시어
만중생의　어머니요　고해속의　등불이신
대자대비　거룩하신　관세음전　원력빌어
일심중의　진실한원　성취하기　원합니다

관세음보살…念佛……

관세음보살 멸업장 진언
옴 아르늑께 사바하 (3)

사바세계　이중생의　고해음성　들으시고
거룩하신　자비대성　구원손길　주시기를
일념으로　원하오며　귀명정례　하옵니다

대세지보살(大勢至菩薩)

지혜광명 대신통에 자재법력 나투시어
삼천세계 마군중을 조복받는 분이시여
지혜광명 위신력에 지혜법력 주옵시며
마군중을 항복받는 항마법력 내리시어
사바세계 일체장애 모두소멸 하옵시며
삶에대한 지혜주며 고난속에 용기주는
거룩하신 지혜대성 대세지전 원력빌어
일심중의 진실한원 성취하기 원합니다

대세지보살…念佛……

대세지보살 진언
옴 삼 잠잠 사하 사바하 (3)

지혜등불 밝히시어 일체장애 조복하는
거룩하신 지혜대성 구원손길 주시기를
일념으로 원하오며 귀명정례 하옵니다

지장보살(地藏菩薩)

크신원력 자재하여 일체중생 구제하는
거룩하신 무량대성 지장대성 위신력에
여러생을 넘나들며 짓고쌓은 일체업장
지장원력 가피내려 씻은듯이 맑히어서
사바인연 업력장애 일체원결 풀어지고
윤회중생 건져주는 지장님전 원력빌어
일심중의 진실한원 성취하기 원합니다

지장보살…念佛……

지장보살 멸업장 진언
옴 바라 마니 다니 사바하 (3)

중생구제 큰원력에 일체업장 소멸하는
대원본존 지장대성 구원손길 주시기를
일념으로 원하오며 귀명정례 하옵니다

제대성중(諸大聖衆)

신통묘용 두루갖춰 부처님법 수호하는
무진법계 제망찰해 중중무진 제대성중
법계비법 음양조화 영통자재 수승한법
정법수호 호법성중 영험가피 내리시어
천마외도 사마세력 일체장애 조복받아
사바고해 재앙재난 성중님전 원력빌어
일심중의 진실한원 성취하기 원합니다

제대성중…念佛……

소청 삼계 제천 진언
옴 삼만다 아가리 바리 보라리 다가다가
훔 바탁 (3)

삶에대한 모든고통 일체소멸 되어지는
호법성중 지혜법력 구원손길 주시기를
일념으로 원하오며 지심정례 하옵니다

염불(念佛) 10종공덕 (十種功德)

1. 염불(念佛)이 불보살(佛菩薩)님을 염원(念願)하고, 불보살(佛菩薩)님의 명호(名號)를 부르는 것이므로, 나쁜 업(業)이 소멸(消滅)되고, 좋은 공덕(功德)을 쌓음이다.

2. 염불(念佛)이 불보살(佛菩薩)님과 인연공덕(因緣功德)을 맺는 것이다.

3. 염불(念佛)하는 소리의 기운(氣運)과 염불(念佛)하는 염(念)의 기운(氣運)이, 나의 운명(運命)을 나쁘게 하는, 내 몸[身]과 마음의 나쁜 업력(業力)과 기운(氣運)을 정화(淨化)하고, 치료(治療)한다.

5. 염불(念佛)이 불보살(佛菩薩)님과 인연공덕(因緣功德)으로, 불보살(佛菩薩)님의 불가사의(不可思議) 법(法)의 공덕가피(功德加被)를 얻게 한다.

6. 염불(念佛)이 시방법계(十方法界)에 두루 계시는 불보살(佛菩薩)님 공덕세계(功德世界)와 인연(因緣)을 갖게 한다.

7. 염불(念佛)함으로 불보살(佛菩薩)님과 성중성신(聖衆聖神)이 옹호(擁護)하고, 마음과 몸[身]에 선(善)한 기운(氣運)이 생성(生成)되어, 주위에 나쁜 기운(氣運)과 잡귀(雜鬼)가 퇴치(退治)된다.

8. 염불(念佛)이 곧, 불법세계(佛法世界)에 인연(因緣)의 공덕탑(功德塔)을 쌓는 것이다.

9. 염불(念佛)의 공덕(功德)으로, 현생(現生)에 몸[身]과 마음이 청정신(淸淨身)으로 바뀌고, 사후(死後)에는 좋은 곳에 태어난다.

10. 염불(念佛)의 공덕(功德)으로, 세세생생(世世生生) 불보살(佛菩薩)님 세계(世界)를 벗어나지 않는다.

의지품(意志品)

향로(香爐)

서원(誓願)은,
마음을 더욱 일념(一念)이 되게 하고
그 정신(精神)의 힘은 시공(時空)을 넘어서
원력(願力)의 삶을 살게 하는
생(生)을 앞당기는 인연이 되게 하였다.

10대 말(末), 수행자의 길, 출가(出家)를 하려 하였으나
부모님의 상황상 출가를 하지 못하고
세속(世俗)에서 신행과 수행의 생활을 하다가
십여 년이 흐른 후 부모님께서 다 돌아가시고
나는 출가 수행의 길을 선택하게 되었다.

부모님, 두 분이 살아계실 때에도
나는 부처님을 모시고 신행과 수행생활을 하였다.
부처님은, 나의 정신생활을 지켜보시던 어머님께옵서
몸소 농사(農事)로 한 푼 두 푼 모으신 돈으로
아들의 삶을 위해, 모셔주신 부처님이시다.

출가(出家) 전, 속가(俗家)를

나의 수행처(修行處), 토굴(土窟) 사찰(寺刹)로 만들고
출가(出家) 3년이란 세월 동안, 토굴(土窟) 수행처(修行處)에서
수행좌복(修行坐服) 눈앞에 관(棺)을 두고 지내며,
많은 우여곡절도 있었다.

남에게 괜한 호기심과 관심을 끊기 위해
내가 죽으면 사용할 관(棺)과 내 수행에 대해 알지 못하게
아무도 들어오지 못하도록, 수행 방에 담을 치고
철저히 막았다.

지금도 생각하면 잊혀지지 않는 날이다.

하루는, 여름에 태풍으로 비가 많이 왔다.

한밤중에 갑자기, 정전(停電)이 되었다.

관(棺)을 놔둔 쪽에, 창호지 창살 쌍여닫이 문이 있었다.

비가 많이 와 비바람에 창문 창호지까지 젖어
관(棺)까지 비가 치게 되었다.

나는, 비가 방으로 들어오지 않게 하려고
어둠 속에 비를 맞으며
관(棺)이, 비에 젖을 까봐 비닐로 창호지 문을 가리며
옷이 비에 다 젖는 날이 있었다.

옷을 갈아입고 초를 찾아
촛불을 밝혀, 관(棺) 위에다 올려놓고

좌복에 앉자, 요란한 번개와 줄기찬 빗소리를 들으며
관(棺) 위의 촛불을 보며 수행한 날도 있었다.

관(棺)의 뚜껑을 열어 놓고 드나들며
자유롭게 수행에 전념(專念)하며 지낸
진지한 수행, 그 삶의 시간에 대해
지금도 생각하면, 혼자 참 호젓함에
좋은 수행의 시간이었으며,
지금으로부터 40여 년 전이라
삶의 기억(記憶), 가슴 속에
아련히 남은 선(善)한 추억임을 느끼게 한다.

얼마 되지 않은 그 수행의 시간이
내 삶의 정신에 항상 자리하고 있다.

그리고, 3년이 되어
그 토굴(土窟) 수행처를 떠나게 되었다.

수행처를 떠나게 되면서
사람들의 이목(耳目)이 있어서, 그 관(棺)의 처리가 곤란했다.

사람들 몰래 수행의 방에 넣어두고 생활했는데
이제 떠나자니 주위 일반인들이 이상하게 보거나
괜히, 좋지 않은 소문만 날 것 같아
내가 죽으면 내 몸을 넣으려고 했는데
가지고 나갈 수도 없고, 곤란한 문제였다.

나는 그 관(棺)을 남몰래 태우기로 했다.

이웃들이 다 잠든 밤중 12시가 넘어서 그 관(棺)을 태웠다.

나의 수행 시간을 같이했던 관(棺)의 재를 모아
새로운 수행처, 불국정토의 불전향로(佛前香爐)에 담았다.

관(棺)을 태운 그 재를 담은 향로(香爐)는
지금 내 수행처(修行處),
나의 정신승화(精神昇華)를 위한 중요한 장소에 두고
시방(十方) 제불법계(諸佛法界)를 향해
시방(十方) 세계와 모든 생명들이 행복하기를 발원(發願)하고
기원(祈願)의 향(香)을 사르며
모든 이들의 마음과 삶에 아픔이 없기를 간절히 바란다.

생명의 이음,
이 생명 한 호흡, 생명 호흡의 이음인 지금
이 순간에도 그 향로(香爐)에는
모든 이들의 행복을 위해, 한 수행자의 혼(魂)을 다한
간절한 발원(發願)과 기도(祈禱)의 향(香)이
타오르고 있다.

몸을 태우는 불꽃

대중(大衆) 수행처(修行處)에서 수행하다
문득, 이런 생각을 하게 되었다.

삶을 다한 그 모습이 어떤 것인지
이 세상 마지막 그 모습, 삶의 실상을 내 눈으로
똑똑히 봐야겠다는 생각을 하게 되었다.

생(生)의 마지막 그것,
내가 가야 할 길, 가지 않으면 안 되는 길
누구나 가는 길
죽음,

그리고 이 세상 마지막 한 줌의 재,
그 순간, 내가 가야 할 그 진면목을 직접 보고 싶었다.

내가 죽으면,
이 세상 마지막 순간을 내 눈으로 볼 수가 없어
살아 있는 이 눈으로 내 마지막 모습을
봐야겠다는 생각을 했다.

그것을 보는 것이
또한, 수행심(修行心)에 도움이 될 것 같았다.

그래서,
생각한 것이 화장(火葬)터였다.

내 삶의 마지막 순간의 모습을
지금, 살아 있는 눈으로 직접 봐야겠다는 생각을 했다.

버스를 타고,
부산(釜山)에서 유명한 화장(火葬)터로 갔다.

화장장(火葬場)에 도착하니
화장장에는 여러 대의 장의(葬儀) 차가 있었고
장의(葬儀) 차에서 관(棺)을 내려 화장대(火葬臺)에 옮기며
마지막, 생사(生死) 이별의 아픔을 슬퍼하며 통곡하는 가족과

화장(火葬)을 마치고 유골(遺骨)을 가지고 나오며
삶의 애한(哀恨)과 이별의 아픔으로 통곡하고 있었다.

여러 집 상주(喪主)들이 시신(屍身)을 태우는 동안
시신(屍身)을 화장(火葬)하는 입구 쪽에서
사랑하는 사람을 보내는 아픔에 울부짖고
통곡하는 모습이, 무슨 지옥(地獄)을 보는 것만 같았다.

나는, 시신(屍身)에 불을 지피는 쪽으로 뒤로 돌아갔다.
그곳에는 관계자 외는 못 들어오게 하였다.

그곳은 시신(屍身)에 불을 붙이고
시신이 타는 것을 눈으로 직접 확인하며
시신이 타는 것을 관리하는 곳이었다.

그 화장장(火葬場)은
지금으로부터 40여 년 전(前)이라
기름을 이용해 시신(屍身)을 태우고 있었다.

나는 화장을 관리하는 분들에게 이야기하여
화장을 담당하는 분들의 시신 화장 처리 과정을 보며
그분들과 같이 시신이 타는 전 과정을
바로 눈앞에서 시신이 불길에 타는 모습을 보며
옆에 있는 또 다른 여러 곳의 시신이 타는 것도 같이 보며
생(生)의 존재가 사라지는 마지막 모습을 보며
인생무상(人生無常)을 눈으로 실감하게 되었다.

상주(喪主)들이 있는 화장장 앞쪽에서
관을 올려놓는 화장 받침대에 시신이 든 관을 올려놓으면
관을 밀어 화장실의 문을 닫게 된다.

그러면 상주(喪主)들은 시신(屍身)에 불을 붙이기 전
영혼(靈魂)이 죽은 몸에서 빠져 나오도록
죽은 자의 이름을 부르며 불 들어감을 알리고
사랑하는 이를 보내는 아픔에 통곡하며 울음바다가 된다.

화장을 관장하는 뒤쪽에는
시신 화장의 전 과정을 바로 눈으로 확인하며
화장의 상태를 조절하게 된다.

그것은 시신이 불에 타는 상태를 확인하는
10cm 정도의 동그란 구멍을 통해 이루어진다.

동그란 구멍으로
불에 타는 시신을 확인하기도 하지만
그 구멍으로, 긴 철근(鐵筋)으로 된 갈고리를 넣어
타는 시신이 잘 타도록, 시신을 기름 불길 앞으로 끌어당기며
시신(屍身)이 잘 타기를 조절하기도 한다.

나는 그 구멍을 통해
시신이 화장실(火葬室)에 밀어 넣는 과정부터
타는 과정과 화장(火葬)이 끝나 뼈 몇 조각이 남는
전 과정을 지켜볼 수가 있었다.

그 화장장에는 시신을 화장하는 화장실(火葬室)이
몇 개가 붙어 있었다.

그 몇 개의 화장실을 두루 다니며
어른에서 아이에 이르기까지
남녀노소(男女老少)의 시신(屍身)을 화장(火葬)하는 전 과정
관(棺)에 불을 붙이는 과정부터 큰 뼈만 몇 조각 남는
마지막 과정까지 자세히
바로 눈앞에서 볼 수가 있었다.

관(棺)이 타고, 살과 뼈가 타고
시신(屍身)이 타는 전 과정을 보고
또, 옆에 있는 여러 화장실의 시신이 타는 것을 보며
하루 자유 정진의 시간을 그곳에서 보냈다.

하루에 여러 시신(屍身)이
이생의 마지막 한 줌의 재로 남는 과정을
보게 된 것이다.

이생 삶의 마지막 길
누구나 가야 할 길, 가지 않으면 안 되는 길이며
또한, 내가 가야 할 길이다.

나는 일주일에 한 번씩
한 달쯤을 화장장(火葬場)에 갔다.

그런데, 생(生)의 마지막 모습,
허무한 삶의 실상을 나 혼자 보고 느끼기에는
아깝다는 생각을 하게 되었다.

왜냐면, 수행자는 반드시
생(生)에 대한 애착과 집착을 놓아야 하며,
삶의 집착에 이끌림이 없어야 하기 때문이다.

그래서 나는
옆에 같이 참선(參禪) 수행하는 스님,
해인사(海印寺)에서 같이 생활한 도반(道伴) 스님에게
좋은 곳이 있으니 나와 같이 가보자고 했다.

그 스님은, 내가 일주일마다
어디를 다녀옴을 보고 묻기도 하였으나
나는 단지 좋은 곳에 갔다 온다는 말만 했었다.

그러니 그 스님도
내가 일주일마다 가는 좋은 곳이라는 말에
좋은 곳이면, 왜 혼자 가냐고 하길래
그럼, 이번 일요일, 자유정진 시간에 같이 가자고 했다.

그 스님은, 좋은 곳이란 말에
호기심을 가지고 영문도 모르고 같이 가기로 했다.

일요일 자유정진 일이라
그 스님과 나는, 수행처(修行處) 선원(禪院)에서 나와
시내버스에 같이 올랐다.

부산시(釜山市)의 끝자락, 먼 곳에 화장장이 있어서
버스를 타고, 1시간 넘게 한참이나 가니
그 스님은 어디를 가느냐고 물으며 궁금해했다.

가 보시면 안다며,
화장장에 도착할 때까지 나는 목적지를 말하지 않으니
그 스님은 잔뜩, 호기심에 어떤 곳인가 궁금해하며
묵묵히 따라오기만 했다.

그 스님과 도착한 곳은,
죽은 자를 보내는 산 자의 아픔과 애한(哀恨)에
눈물과 통곡으로 울부짖으며
죽은 자의 이름을 부르며 눈물 바다인 화장장이었다.

그 스님은 좋은 곳이라 하여
무척, 호기심을 가지고 생각 없이 따라왔다가

그 곳에 도착하니
참으로 황당하고 의아해했다.

나는 화장을 관장하는 뒤쪽에 가서 작업하시는 분에게
오늘은 다른 분과 같이 왔다고 하니 허락을 하였다.

그 스님도,
여러 개의 여기저기의 화장대(火葬臺)에서
시신(屍身)이 타는 여러 모습들을 바로 눈앞에서
전 과정, 뼈와 살이 불길에 타는 것을 자세히 살피고
확인하게 되었다.

관(棺)이 타고, 시신(屍身)에 불길이 붙으며
살이 불길에 이글거리며 타고
해골과 어깨뼈가 타버리고
살 없는 척추 뼈가 화장대(火葬臺) 밑으로 굽어 쳐지며
각종 뼈와 살이 같이 불에 이글거리며 타는 전 과정의 모습과
마지막 큰 뼈 조각 몇 점만 남는 과정을
바로 눈앞에서 확인한 것이다.

화장장(火葬場)에서 대중(大衆) 처소로 돌아오며
그 스님에게 좋은 것을 보았으니
어떠냐고 물었다.

그 스님은 별말이 없었다.
뭔가 느꼈는지, 충격을 받았는지 모를 일이다.

그리고 일주일이 지나 그 스님에게

나와 같이 또 가자고 했다.

그랬더니 그 스님은 그곳에 다녀온 후론
참선을 하고자 좌복에 앉으면
불길에 살과 뼈가 타는 시신(屍身)의 생생한 모습이 떠올라
한참 동안이나 참선(參禪) 수행이 어려웠고
밥 먹기도 어려웠다고 했다.

시신(屍身)에 불이 붙어 뼈와 살이 타며
척추뼈가 살이 없어 쳐지고, 살점에 불이 붙어 떨어지고
시신(屍身)이 불이 붙어 이글거리며 타는 모습이
눈에 아른거리고 선하기 때문이라고 했다.

자기는 안 가겠으니
보고 싶으면 혼자 가라고 했다.

나는 또 나 혼자 그곳을 다녀왔다.

나는, 그 화장장(火葬場)을 다녀온 후론
이런 생각을 했다.

어쩌면 내가 죽어 들어갈 관(棺)을 옆에 두고
수행하는 것이 좋을 것 같다는 생각을 하게 되었다.

사람의 수행 도반(道伴)도 좋지만
관(棺)은, 삶의 모든 집착이 끊어지는 물건이니
관(棺)이 수행에 좋은 도반(道伴)이 되겠다는 생각에
이 대중처소(大衆處所)에서 수행기간이 끝나면

내가 죽으면 들어갈 관(棺)을 앞에 두고
삶과 생명에 대한 애착과 티끌 같은 미련도 없이
수행에 전념해야겠다는 마음을 먹었다.

수행기간이 끝나고, 그 대중 수행처(修行處)에서 나와
장의(葬儀) 가게에 가서
내가 죽으면 들어갈 목관(木棺) 하나를 구입했다.

장의(葬儀) 가게 주인은
관(棺) 말고는 다른 것은 필요 없느냐고 물었다.

사람이 죽었으면 장의(葬儀) 물건 여러 가지가
필요하기 때문이다.

그런데,
관(棺) 하나만 달랑 구입하니, 주인이 이상한 모양이었다.
나는 관(棺) 하나면 된다고 했다.

내가 수행할 토굴 주위의 사람들이 관(棺)을 보면
사람이 죽었는지 이상하게 생각하거나
또한, 터무니없는 이상한 소문이 날까 봐
남으로부터 좋지 않은 이목(耳目)을 받는 것도
바람직하지 않기에, 저녁이 되어 어둠을 틈타
관(棺)을 내 토굴의 수행 방안으로 가져와
관(棺)의 변형을 막고자, 관(棺) 밑에 나무를 고이고
수행의 좌복(坐服) 3미터 정도 앞에 관(棺)을 놓았다.

그렇게 혼자, 3년의 수행을 관(棺)을 앞에 놓고

수행을 했다.

수행에 관(棺)을 도반(道伴)으로 선택한 것은
삶의 어떤 욕망도, 그 관(棺)을 넘을 수 없기 때문이다.

관(棺)과 자궁(子宮)은
어떤 일면(一面)에서는 같을 역할을 한다.

자궁(子宮)은 이 세상에 올 때에 내 몸이 의탁(依託)한 곳이며
관(棺)은 내가 저 세상에 갈 때에 내 몸을 의탁할 물건이다.

자궁(子宮)은, 이 세상 시초(始初)의 집이지만
관(棺)은, 이 세상 종착(終着)의 집이다.

관(棺)에 대한 생각은 출가(出家) 전에도 내 삶을 위해
진지하게 깊게 생각한 적이 있었다.

나는 10대 후반부터 도(道)에 대한 생각이 깊어졌고
누더기 옷을 걸치고 수행하며
이 생(生)을 수행(修行) 속에 자유로이 살고 싶었다.

몇 번, 출가(出家) 수행 길을 생각했으나
부모님으로 인하여 출가가 어렵겠다는 생각을 했다.

이 생(生)에는 출가 수행의 삶이 어려우니
다음 생(生)에는 필히 출가하여 수행의 삶을 살아야겠다는
결심을 하게 되었다.

그런데 사람이 죽으면
이 생(生)의 생각을 잃어버릴 수가 있으니
다음 생(生)에 출가(出家)하려면
이 생(生)의 원력(願力)을 잊지 않기 위해, 어떻게 해야 할까를
골똘히 며칠을 심도 있게 생각을 했다.

그 결론은, 내가 죽어 관(棺)에 들어갈 때에
수행자(修行者)의 옷인 승복(僧服)을 입고
들어가야겠다는 결론을 내렸다.

죽은 영혼이라도
승복(僧服)을 입은 이 생(生)의 내 모습을 보면
영혼이라도 출가 수행의 원력(願力)을 잊지 않을 것이라는
생각을 하게 되었다.

죽어, 내가 입을 승복(僧服)을 구해야겠다는
결론을 내렸다.

20대 후반에 들면서, 일 년에 몇 번 시간을 내어
작은 암자(庵子)에 혼자 계시는 노(老)스님을 찾아가
불법(佛法)의 이야기를 나누곤 했다.

하루는 그 스님을 찾아가
나의 이야기를 했다.

이 생(生)에는 출가(出家)하기 어려우니
다음 생에는 꼭 출가하여 수행 길을 가고자 하나
죽음 길에서, 내 영혼이 그 일념의 원력을 잊을까 싶어

죽은 영혼이어도 그 원력(願力)을 잊지 않도록
죽어 관(棺)에 내 시신(屍身)을 넣을 때에
내 시신(屍身)이 입고 갈 승복(僧服)이 필요하다는
이야기를 했다.

승복(僧服)은, 이 생(生)에 살아서 입을 것도 아니고
죽은 자인 내 시신(屍身)이 입을 영가(靈駕)를 위한 옷이었다.

어떻게 생각하면 그 스님으로서는
참으로 황당한 이야기일 수도 있다.

서로 만나면 도(道)에 대한 진지한 시간을 보내었기에
내 이야기가 그냥 예사로운 이야기로 치부하기엔
예사롭지 않았는지도 모른다.

그 스님은 망설임 없이, 신도가 해준 새 옷이라며
각반으로부터 두루마기에 이르기까지
모든 옷을 갖추어 나에게 내 놓으며,
다른 사람이면 모르나
나는 이 옷을 입어도 된다는 말씀을 하시며
진심으로 나에게 새 옷을 갖추어 주었다.

그 스님을 처음 만났을 때에
어떤 수행을 하는 가를, 나는 물어보았다.

그 스님께서는
성철(性徹)스님에게, 마삼근(麻三斤) 화두(話頭)를 받아
참구(參究)한다고 했다.

그 수행(修行)이 잘 되시냐고 나는 물었다.

그 스님께서는 오랫동안 그 화두(話頭)를 참구(參究)하였는데
수행이 잘되지 않는다고 하였다.

잘되지 않는 수행을 억지로 하려고 하면
여러 가지 수행의 어려움에 봉착(逢着)하게 된다.
그래서, 나는, 억지 수행의 여러 병통을 이야기하며,
만약, 그 수행이 어려우시다면
내가 시키는 관법(觀法)을 해볼 생각이 있느냐고 물었다.

그 스님께서는,
지금, 화두수행(話頭修行)이 잘되지 않고 있으니,
만약, 관법(觀法)을 이야기해 주면
한번 해보겠다고 했다.

나는, 그 스님에게 관법(觀法)에 대해 자세히 일러주고,
그다음, 몇 달이 흘러 추운 겨울이 되어
그 스님을 찾아뵙게 되었다.
그런데, 방에 불을 지피지 않아
스님 방과 거실이 차디찬 냉골이었다.

그 스님의 방은, 나무로 불을 지피는 방이었다.
나는, 참으로 의아(疑訝)해, 왜, 방에 불을 지피지 않으며,
차디찬 냉골이 되었는지를 물었다.

그 스님께서 하시는 말씀이,
자기는 나이가 많아, 추우면 견디지 못한다고 했다.

그러나, 내가 가르쳐주는 그 관법(觀法)을 하니,
추위도 모르겠고, 또, 추위를 못 느낀다고 했다.

나는, 그 스님의 말을 들으며,
스님께서, 수행의 열망이 있으셔서, 참으로 열심히 하셨구나
생각을 했다.

그 스님께서, 나에게 주신 그 옷은
내가 이생을 떠날 때에
영혼(靈魂)이 승복(僧服)을 입은 자신의 모습을 보며
이 생(生)의 수행일념(修行一念)을 잊지 않고 각인(刻印) 시키기 위한
내 영가(靈駕)를 위한 옷이다.

나는 그 옷을 받으며 참으로 기뻤고 감사했다.
그때가 20대 후반이었다.

그 때부터 나는, 십대원(十大願)을 세우고,
정법지혜(正法智慧)를 발원(發願)하며, 서원(誓願)을 세우고
수행(修行)의 정신(精神)을 놓지 않고 살려고 노력했다.

그 원력(願力)이 간절한 인연행(因緣行)으로,
다음 생(生)에, 출가(出家) 수행(修行)하려던 그 꿈이
이 생(生)에 출가(出家) 인연(因緣)이 주어져
한 생(生)을 앞당겨, 출가(出家) 수행(修行) 길의 삶을 살고 있다.

출가(出家) 수행자(修行者)인 지금도,
출가(出家) 전(前), 20대에 발심(發心)하고 발원(發願)한,
10대원(十大願)의 서원(誓願)을 잊지 않고

불전(佛前)에, 간절한 발원(發願)의 향(香)을 올리며
일체(一切) 중생(衆生)의 행복과 해탈(解脫)을 발원(發願)하는
또, 생명의 하루, 수행 일념(一念)의 길,
간절한 발원(發願) 나의 생명(生命) 길이며,
무한(無限) 궁극(窮極)을 향(向)한
혼(魂) 길의 삶을 살고 있다.

발심(發心)

수행자는 일념속에 구도의원 세울지니
修行者　　一念　　求道　願

계정혜법 정진속에 여래청정 범행닦아
戒定慧法　精進　　如來淸淨　梵行

무진법계 헤매이며 고통받는 일체유정
無盡法界　　　　苦痛　　　一切有情

모든고통 씻어주는 자비행자 되오리다.
　　苦痛　　　　慈悲行者

무상지혜 증득하여 일체해탈 이루오리.
無上智慧　證得　　一切解脫

지극정성 발원하며 수행정진 해나가니
至極精誠　發願　　修行精進

인과응보 정한이치 시절인연 돌아오면
因果應報　定　理致　時節因緣

불국토를 장엄하여 고통중생 건지리라.
佛國土　　莊嚴　　苦痛衆生

삼세모든 불보살님 원을세운 수행으로
三世　　佛菩薩　願　　修行

불국토를 건설하여 불국세계 장엄함도
佛國土　建設　　佛國世界 莊嚴

상구보리 하화중생 원력수행 공덕이다.
上求菩提 下化衆生 願力修行 功德

일념정진 해나가도 발원없는 수행정진
一念精進　　　發願　　修行精進

의지약한 수행되어 스스로의 나태속에
意志弱　修行　　　　懶怠

육근공양 보살피며 입으로만 정진하니
六根供養　　　口　　精進

생사윤회 몽중이나 꿈을깨야 인식하듯
生死輪廻 夢中　夢　　認識

미혹함을 벗는날이 잠깨는날 되련만은
迷惑　　　　夢

숙세가도 벗지못할 업장만이 쌓게되니
宿世　　　業障

하화중생 외면하고 상구보리 멀어지네.
下化衆生 外面　　上求菩提

남의구제 어려움에 마음쓰지 못하면은
他　救濟

자신구제 해보려고 발원정진 하여보세.
自身救濟　　發願精進

죽음직전 임박하여 두려움에 허겁지겁
死　　直前 臨迫

생명애착 불붙으나 마음만이 답답하고
生命愛着

중음세계 들어갈길 공포심만 더해지네.
中陰世界　　　　　恐怖心

죽음직전 혼침하면 지은업력 이끌리어
死　　直前 昏沈　　　　業力

어디갈지 모르오니 밝고밝은 일념모아
一念

마음한곳 집중하여 가는길을 살피어서
心　一處 集中

숫한갈래 윤회길에 고통세계 들지마라.
輪廻　　 苦痛世界

일심중에 망상일면 무명심에 정신잃어
一心中　 妄想　 無明心　精神

업의바다 흘러가다 애욕불길 일어나면
業　海　　　　 愛慾火焰

고통받는 삼악도를 생명처로 삼게된다.
苦痛　 三惡道　 生命處

이세상에 지은 것이 자신만이 이익되는
是世上　　　　　 自身　 利益

욕심많은 일체행위 하루이틀 백년인데
慾心　　 一切行爲　　　 百年

지옥아귀 축생계의 삼악도를 벗겠는가!
地獄餓鬼 畜生界　三惡道

거센업풍 휘말리어 일념집중 잃는다면
　　業風　　　　　一念集中

바람속에 먼지일듯 거센업의 바람속에
風　　　塵　　　　業　　風

이름없는 티끌되어 정처없이 흘러간다.
無名　　塵　　　定處

이한세상 살았을제 내죽음이 지금오랴
是一世上　　　　我死

안일함의 허송세월 순식간에 흘러가니
安逸　　虛送歲月 瞬息間

어제같이 지은업장 지금순간 받게되네.
　　　業障 只今瞬間

대자대비 부처님이 높고깊은 인과응보
大慈大悲　　　　　　因果應報

윤회의법 설했는데 강건너의 불을보듯
輪廻　法說　　江　　　火

남의일로 외면한채 이한세상 살았더니
他　　外面　　是一世上

팔만사천 모든법이 나를위해 설했음을
八萬四千 諸　法　我　　　說

이제서야 깨달으나 무진업장 바위되어
　　　　　　無盡業障 岩

이한몸을 짓누르니 생명애착 불길솟아
是 一 身　　生命愛着 火焰

지난나날 모든잘못 이내영혼 고통주네.
　　　　　　是我靈魂 苦痛

살아생전 앞날위해 복이라도 지었으면
生 前 後日　　福

다음생을 모르오나 복된생을 받을것을,
　生　　　　　福　生

꿈과같은 지난나날 삼독심을 채우는데
夢　　　　　　三毒心

순간순간 급급한것 이제와서 생각하니
瞬間瞬間 急急

후회후회 막급하여 방울방울 눈물일세.
後悔後悔 莫及

소유욕에 눈이멀은 이세상의 사람들이
所有慾　眼　　　是世上

찢어질듯 아픈이맘 어느누가 알겠는가!

지난삶을 돌아보고 미래생을 생각하니
　生　　　　未來生

이몸떠나 새몸받을 다음생이 두렵구나.
　　　　　　　後　生

쓰리고도 아픈이맘 피눈물을 흘리면서

거룩하신 자비대성 부처님법 생각하니
慈悲大聖　　　　法

자리함이 이타이며 이타함이 자리이니,
自利　　　利他　　　利他　　　自利

부처님의 가르침에 전생인을 알려거든
佛　　　　說　　　前生因

삶의만사 인연과보 현생과를 돌아보고,
生　萬事　因緣果報　現生果

내생과를 알려거든 현생인을 돌아보라.
來生果　　　　　　現生因

일거수와 일투족이 하나하나 씨앗되어
一擧手　一投足　　　　　　因

시절인연 돌아오면 싹이트고 무성하여
時節因緣　　　　　　　　茂盛

어떤이는 인과따라 부귀영화 잘사는데
　　　因果　　　富貴榮華

지질이도 못난자는 가난중에 가난이라
　　　　　者　貧賤中　　貧賤

부처님의 인과법에 부유빈곤 없건만은
佛　　　因果法　富裕貧困

좋은과보 이름하여 잘산다고 말을하고
果報　　　　富貴

나쁜과보 받을적에 가난이라 이름하네.
果報　　　　貧賤

빈부귀천 이모두가 지은인연 받음인데
貧富貴賤　　　　　　　因緣

인과법을 믿는자가 전생에서 심은씨앗
因果法　　者　　前生

현생에는 연을맺어 좋은과보 받지않고,
現生　　緣　　　　果報

사주팔자 타령하며 허송세월 하다보니
四柱八字　　　　虛送歲月

욕심망상 이끌리어 나쁜연을 맺어주네.
慾心妄想　　　　　　緣

삼세제불 출현하여 법계진리 설했으니,
三世諸佛 出現　　法界眞理 說

과거의인 현재의과 현재의인 미래의과
過去　因 現在　果 現在　因 未來　果

인과법을 믿는자는 무진고난 시련에도
因果法　　　　　無盡苦難 試鍊

부처님법 귀의하여 참회하고 받으오며,
佛　　法歸依　　懺悔

좋은기쁨 안겨져도 탐착하지 아니하고
　　　　　　　　貪着

궂은일이 닦쳐와도 부처님법 힘을입어
　　　　　　　　佛　　法

인과응보 가르침에 싫어하는 기색없다.
因果應報　　　　　　　氣色

중생들을 인연하여 살아감이 세상인데
衆生　　因緣　　　　　　世上

남의일을 내일같이 정성다해 도와줌이
他　　　自　　　精誠

사생자부 스승삼은 일불제자 삶이라네.
四生慈父　師　　　一佛弟子

윤회중에 어려운길 사람으로 태어나서
輪廻中　　　　　　人道　　還生

그중에도 어려운건 우주진리 인생진리
　中　　　　　　　宇宙眞理 人生眞理

인연법을 밝게밝힌 부처님법 만나는것
因緣法　　　　　　佛　　法

인도환생 하였을때 이한생을 다바쳐서
人道還生　　　　　是一生

불법지혜 구할것을 생각하고 생각하나
佛法智慧　求　　　念念　　　念念

고귀하신 삼보믿어 이도리를 알면서도
高貴　　　三寶　　是道理

인욕정진 외면하고 육신편함 보살피며
認辱精進 外面　　　肉身安樂

이날저날 허송세월 게으름만 피우다가
此日彼日 虛送歲月 放逸

육도중에 사람되어 또한세상 저물구나.
六道中　　人　　　　　世上

이한세상 떠나가면 어느생에 인연닿아
是 一 世 上　　　　　生　　因 緣

인간몸을 다시받아 수만갈래 인연의삶
人 間 身　　　　數 萬　　　因 緣

그중에도 어려운길 불법인연 만나올까!
　中　　　　　佛 法 因 緣

고통받는 유정이여 사후세계 엄습해도
苦 痛　　有 情　　死 後 世 界 掩 襲

생각생각 간절한맘 부처님법 놓지않고
念 念 念 念 懇 切　　佛　　法

일심중에 불보살님 지성염불 하다보면
一 心 中　　佛 菩 薩　　至 誠 念 佛

지은업장 윤회바다 그림보듯 스쳐지나
　　業 障 輪 廻 海

지성염불 공덕으로 불보살님 가피내려
至 誠 念 佛 功 德　　佛 菩 薩　　加 被

불법인연 있는곳에 생명으로 소생하여
佛 法 因 緣　　　處　　生 命　　所 生

무량겁의 윤회수레 멈추는생 되오리라.
無 量 劫　　輪 廻　　　　生

전생불법 인연따라 현생불법 만났어도
前 生 佛 法 因 緣　　現 生 佛 法

발심수행 없으면은 불법인연 멀어지니
發 心 修 行　　　　佛 法 因 緣

작은불심 일으키어 원력발원 하다보면
小　　佛心　　　　　　願力發願

상구보리 하화중생 구도심이 간절해져
上求菩提　下化衆生　求道心　　懇切

방일한맘 조복되어 발심수행 하게되니
放逸　　心 調伏　　　發心修行

생사해탈 성불길에 원력발원 생명일세.
生死解脫　成佛道　　願力發願　生命

생사해탈 구도자가 원력발원 잃게되면
生死解脫 求道者　　願力發願　喪失

불법인연 지중해도 자타구제 어려우니
佛法因緣　至重　　　自他救濟

원력발원 없는수행 세세생생 하더라도
願力發願　　　修行 世世生生

고통받는 한중생도 구제하기 어려우니
苦痛　　　一衆生　救濟

무진법계 헤매이며 고통받는 일체유정
無盡法界　　　　　苦痛　　　一切有情

일체고통 건져주는 원력발원 하여보세.
一切苦痛　　　　　願力發願

나무 청정법신여래불(南無 淸淨法身如來佛)

나무 광명보신여래불(南無 光明報身如來佛)

나무 자비화신여래불(南無 慈悲化身如來佛)

발심장(發心章)

저강물이 흘러흘러 다시오지 못하듯이
사람목숨 한번가면 다시오지 못한다네.
무량겁의 생사윤회 사람되기 어려우니
이한생에 이몸받아 제도하지 못하면은
어느생에 다시이몸 제도하기 기약하랴.
이한생을 공양한몸 한아침의 이슬이라
내일이면 이몸썩어 육근존재 무상한데
삼독심을 채우는데 허송세월 하겠느냐!
무상살귀 침노하여 내죽음을 재촉하니
한호흡이 끊어진곳 그자리가 저승인데,
생사해탈 정진함에 게으름을 두겠는가,
혈육인연 수없어도 내죽음에 임박하여
저승사자 시달림을 대신할자 누구이랴,
이름모를 산기슭에 백골되어 썩기전에

화장장의 불길속에 이내육신 타기전에
나와남을 구제하는 발원원력 쌓아가며
생사해탈 정진함에 게으름을 두지마라.
이한세상 떠나가면 다시올길 아득한데
저승사자 오는데도 잠만자고 있겠는가.
잠못이뤄 괴로울때 밤은더욱 길고길며
두다리가 피곤할때 길은더욱 멀고멀듯,
바른법을 알지못해 어리석음 있으면은
생사고통 그밤길은 아득히도 길고멀다.
하여서는 안되는일 생각없이 지어놓고
무진번뇌 가시덤불 괴로움에 헤매이네.
가질일만 가지고서 버릴일은 버릴지니
그언제나 바른생각 굳게지켜 나가면은
즐거웁고 복이되어 뉘우침이 없으리라.
악한이가 복받음은 악의열매 익기전일,
착한이가 재앙만남 선의열매 익기전일,
티끌같은 작은악도 가벼웁데 생각말며
티끌같은 작은선도 가벼웁게 생각말라.
방울방을 모인물이 큰그릇을 채우듯이
이한생의 큰재앙이 작은악을 쌓은바요,

이한생의 큰행복이 작은선을 쌓은바다.
모든액운 짐승잡아 귀신에게 제사해도
단한번의 자비행을 행한것만 못하다네.
전단나무 짙은향기 홍련화의 고운향기
이세상에 무엇보다 고귀하고 더높지만,
마음닦는 그향기에 어찌비겨 따르리요.
수행자여 어느때나 오온개공 수행일념
노력하고 살피는행 일순간도 쉬지마라.
자세히도 깊이깊이 수행하는 이것만이
거룩하신 부처님법 일심귀의 삶이라네.

나무 청정법신여래불(南無 淸淨法身如來佛)
나무 광명보신여래불(南無 光明報身如來佛)
나무 자비화신여래불(南無 慈悲化身如來佛)

극락(極樂)가는 길

극락정토 가려는자 왼쪽발은 지의신을
極樂淨土　　　　　　　　　止

오른발은 관의신을 지와관의 신을신고
　　　　觀　　　　止　觀

생사윤회 고통세계 사바땅을 밟으오니
生死輪廻 苦痛　　娑婆土

한발자욱 한발자욱 지와관의 행함이네.
一足　　一足　　止　觀　行

이한걸음 한걸음에 사바땅끝 이르오니
一步　　一步　　娑婆土

사바국토 극락사이 생사물결 출렁이네.
娑婆國土 極樂　　生死

하늘닿은 윤회바다 정의배를 띄워놓고
天　　　輪廻　　定　船

사대육근 물결따라 지혜노를 저어오니
四大六根 波浪　　智慧

애욕물결 치성하고 원증바위 가로막네.
愛慾波浪 熾盛   怨憎岩

굽이치는 물결속에 인욕정진 감로수로
認辱精進 甘露水

굶주림에 말라붙은 허기진배 채우오니

초점잃은 눈동자는 감로수에 생기돋아
焦點   瞳子   甘露水   生氣

이슬맞은 풀잎마냥 생명력이 되살아나
露   草葉   生命力

섣달그믐 암흑속에 시방향을 가름하네.
暗黑   十方向

인욕정진 잃지않고 노를저어 가다보니
認辱精進

동녘하늘 밝아오며 짙은어둠 사라지네.
東方天

어두움이 다하면은 날샐것은 정한이치
定   理致

이도리는 만고불변 이름하여 진리라네.
是道理   萬古不變   眞理

찬란한빛 햇살속에 시방법계 밝아지니
燦爛   光 日光   十方法界

어둠속의 모든일들 일장춘몽 아닐런가!
無明   萬事   一場春夢

영롱한빛 햇살받아 청정의꽃 피어나니
玲瓏 光 日光 　 清淨 蓮花

신비하고 거룩하여 나도몰래 합장했네.
神秘 聖 　 合掌

장엄더한 꽃잎속에 황금물결 출렁이며
莊嚴 蓮花 黃金波浪

관음세지 보좌하여 아미타불 출현하니
觀音勢至 補佐 　 阿彌陀佛 出現

이곳일러 극락세계 연화보궁 아닐런가.
極樂世界 蓮花寶宮

아미타불 연화궁에 과거세상 물어오니
阿彌陀佛 蓮花宮 過去世上

걸음걸음 지난세월 쇠약해진 이내육신
一足一步 過去歲月 衰弱 　 我肉身

계의약을 복용하고 허한기력 회복하여
戒 藥 服用 虛 氣力 回復

지와관의 신을신고 정처없이 방랑하며
止 觀 　 定處 放浪

이한세상 살다보니 삶의본질 알것같아,
是一世上 生 本質

젊은날의 애욕불길 늙음속에 사라지고
愛慾

노쇠해진 몸을끌고 북망산을 쳐다보니,
老衰 身 北邙山

낮에갈까 밤에갈까 저승사자 나를찾아
晝　　　夜　　　閻羅使者

윤회중생 숫한갈래 생명록을 뒤적이며
輪廻衆生　　　　　生命錄

육도윤회 영혼중에 이내이름 찾아내어
六道輪廻　靈魂中

이한생에 지은과보 업의사슬 끌어내니
是一生　　　果報　業

무서웁고 두려울사 발걸음이 얼어붙네.

철퇴들은 저승사자 얼음같은 눈길로써
鐵槌　　　閻羅使者

죽음시각 재촉하며 나를보고 다가오네.
死　時刻

기왕지사 죽는목숨 한시각이 바쁜지라
旣往之事　　　　一時刻

하던만사 제쳐놓고 옆눈길을 팔길없네.

젊은세월 허비한것 죽음직전 뉘우치니
　歲月虛費　　死　直前

참회하고 뉘우친들 지난날이 올것인가,
懺悔

생각하고 생각하니 한호흡도 아까워서
念念　　　念念　　一呼吸

들이쉬며 인욕하고 내쉬면서 정진하여
認辱 精進

문밖에선 저승사자 데려갈틈 주지않고
門 閻羅使者

인욕정진 일념속에 순간순간 쌓아가니,
認辱精進 一念 瞬間瞬間

주린창자 끊어져도 먹을생각 아니하고

목이타는 갈증에도 물생각이 전혀없네.
渴症

이순간만 놓치며는 저승사자 데려가니
閻羅使者

영혼없는 나의시체 육근감각 죽었는데
靈魂 我 屍體 六根感覺

그아무리 허기져도 밥한톨을 못씹으며
虛飢

그아무리 목이타도 물한방울 먹겠는가!

이도리를 모르고서 시시때때 정신없이
是 道理 時時 精神

이한생을 이놈위해 종노릇을 하다보니
是 一生 奴

죽음시각 왔는데도 나위할줄 모르구나.
死 時刻

이몸뚱이 내아님을 지금에사 느껴봐도
是 肉體

이한세상 끝점인데 무슨소용 있겠는가.
是一世上　終點

법계진리 모르고서 다지나온 이한세상
法界眞理　　　　　　　　　是一世上

허겁지겁 바쁜나날 이육신의 종이되어,
　　　　　　　是肉身　　奴

눈의욕망 들어주랴 귀의욕망 들어주랴
眼　慾望　　　　　耳　慾望

코의욕망 들어주랴 혀의욕망 들어주랴
鼻　慾望　　　　　舌　慾望

몸의욕망 들어주랴 생각생각 일어나는
身　慾望　　　　　念念念念

헛된망상 이끌리어 동서남북 우왕좌왕,
虛　妄想　　　　　東西南北　右往左往

정신나간 미친사람 혼이빠진 모습같이
精神　　狂亂人　魂

내헐벗고 굶주리며 이리뛰고 저리뛰며,

마음없는 웃음주고 마음없는 울음주며
　　　　笑笑　　　　　　　泣泣

맛도없는 물이라도 갈증난듯 마시면서
無味　　水　　　渴症

주기싫은 단음식을 얼굴펴며 나눠주고,
　　甘 飮 食

사시사철 밤낮없이 눈이오나 비가오나
春夏秋冬 晝夜　　雪　　　雨

일편단심 바친정성 하루인가 일년인가,
一片丹心　　精誠 一日　　一年

순간순간 긴긴나날 한평생을 하루같이
瞬間瞬間　　　　一平生　一日

공경정성 일념다해 지극정성 하였어도,
恭敬精誠 一念　至極精誠

한호흡이 끊어지는 죽음시각 왔는데도
一呼吸　斷　　死 時刻

생과사가 무엇인지 느끼지도 못하고서
生　死

눈만껌벅 거리면서 밥을달라 물을달라
　　　　食　　水

끝도없는 육근욕망 주와객이 전도되어
　　六根慾望 主　客　顚倒

청정본심 종을삼아 주인행세 하는구나.
淸淨本心 奴　　主人行勢

처자불러 쳐다보니 세세생생 맺은인연
妻子　　　世世生生　因緣

처자권속 눈망울에 눈물눈물 방울지네.
妻子眷屬

지금이제 떠나가면 무진법계 헤매이며
只 今　　　離別　　無盡法界

끝도없는 윤회길에 언제다시 만날련고,
　　輪廻

인과응보 육도윤회 업의바다 휩쓸리어
因果應報 六道輪廻 業　海

서로업장 받다보면 중생류를 달리하여
　業障　　　　衆生類

어느생에 인연닿아 한중생계 태어나서
　生　因緣　　一衆生界 生

다시한번 만나봐도 서로형상 다르므로
　　　　　　　　形象

처자권속 다시봐도 얼굴조차 알겠는가.
妻子眷屬

가련하고 애닯구나 생사고해 중생살이
可憐　　　　生死苦海 衆生

애별이고 괴로움이 이다지도 서러운가,
愛別離苦

혈육정도 못끊어서 가슴속에 한이되어
血肉情　　　　　　　恨

생각생각 눈물되어 방울방울 맺히는데,
念念念念

태중에서 무덤까지 너의욕망 제물되어
胎中　　墓　　肉　慾望 祭物

크고작은 태산업장 서슴없이 지었는데,
大大小小 泰山業障

죽음순간 왔는데도 이것달라 저것달라
死　瞬間

너의욕망 채워주는 헛된종이 되겠느냐.
肉　慾望　　　　　　　奴

내갈길이 바쁘므로 일념정신 집중하여
一念精神　集中

주린창자 끊어져도 밥줄생각 전혀없고
食

타는목이 불이나도 물줄생각 전혀없네.
水

간절한맘 일념되어 꺼져가는 생명등불
懇切　　一念　　　　　生命燈火

남은생명 순간까지 지극정성 다하여서
生命　瞬間　　至極精誠

참회인욕 정진속에 찰나찰나 빈틈없이
懺悔認辱　精進　　刹那刹那

불법귀의 일심지극 용맹정진 해나가니,
佛法歸依　一心至極　勇猛精進

극락세계 멀다해도 정의등에 혜를밝혀
極樂世界　　　定　燈　　慧

한순간에 다달으니 북망산에 가야할몸
一瞬間　　　　北邙山

아미타불 연화보궁 극락왕생 하였으니,
阿彌陀佛 蓮花寶宮 極樂往生

관음세지 양대보살 무량수불 무량광불
觀音勢至 兩大菩薩 無量壽佛 無量光佛

불가사의 아미타불 무량자비 광명속에
不可思議 阿彌陀佛 無量慈悲 光明

선신들이 찬탄하길 희유하고 수승한법
善神 讚嘆 稀有 殊勝 法

무상심심 미묘속에 삼세제불 탄생했네.
無上甚深 微妙 三世諸佛 誕生

나무 청정법신여래불(南無 淸淨法身如來佛)

나무 광명보신여래불(南無 光明報身如來佛)

나무 자비화신여래불(南無 慈悲化身如來佛)

일념(一念)

　홀연히 피어나는 한생각을 다스리며
청정자성 관조하며 일념정진 해나가니
모래로써 밥을짓고 허공에다 씨뿌린들
천태만상 남의일에 시비심이 일지않고
사대육신 인연다해 이순간에 죽음온들
목숨던진 정진속에 내알바가 어딨으며
일념티끌 일지않고 신명다한 정진속에
하늘땅이 무너진들 내알바가 없어라.

1986년 6월 해인사(海印寺) 행자실에서 아침소임 마치고

생(生)의 도(道)

인(因)을 지음에
과(果)를 생각하고

지(止)를 알아
행(行)을 다하며

허(虛)를 알아
실(實)을 충만(充滿)케 하고

망(妄)을 알아
진(眞)을 위하며

사(邪)를 알아
정(正)을 행(行)하고

졸(拙)을 버리고
의(義)를 다하며

소(小)를 알아
대(大)를 행하고

하(下)를 알아
상(上)을 향하며

천(賤)을 알아
귀(貴)를 받들고

원(遠)보다
근(近)을 다스리며

내(內)와
외(外)를 융통(融通)하고

저(低)와
고(高)를 같이보며

출(出)과
입(入)을 잘 다스리고

악(惡)을 알아
선(善)을 행(行)하며

염(染)을 알아
정(淨)을 위하고

사(死)를 알아
생(生)을 다하며

미(迷)를 자각(自覺)하여
지(智)를 일깨우고

언(言)을 위해
묵(默)을 지킨다.

평(平)은 대인(大人)이고
정(正)은 중인(中人)이며

산(山)은 소인(小人)이다.

범(凡)은 독(毒)을 좋아하고
성(聖)은 약(藥)을 가까이 한다.

사유품(思惟品)

물어볼 것이 있다

이
순간까지
삶을 살며
잘못한 아픔이 있다면,

앞으로
남은 생(生)에
그 아픔을 먹이로
너 존재, 어떤 향기(香氣)의 삶을
살 것인고?

정도(正道)

자업(自業)

자득(自得)이 정도(正道)다.

전염(傳染)

생각이
병(病)든 자(者)와
같이 있으면,

나도
그 병(病)에
오염(汚染)이 되고,

생각이
건강(健康)한 자(者)와
같이 있으면,

나도
건강(健康)해 진다.

독(毒)과 병(病)

버릴
것
은
독(毒)이요,

버리지
못
함은
병(病)이다.

안목(眼目)

현명(賢明)하지

못하면

지울 수 없는

아픔의 흔적(痕跡)을

남길 수 있다.

무엇인고?

그대가

남
에게

줄
수 있는

향기(香氣)
는
무엇인고?

씨

업보(業報)의

씨는

생각이다.

문(門)과 문(門)

복(福)의 문(門)은

열고

재앙(災殃)의 문(門)은

닫아라.

인과(因果)

하루에 한가지씩
좋은 행(行)을 지으면

날이 갈수록 복(福)이 쌓여
흥(興)할 자(者)가 되고,

하루에 한가지씩
악행(惡行)을 지으면

날이 갈수록 죄업(罪業)이 쌓여
망(亡)할 자(者)가 된다.

꿈

꿈을

가지는 것은

나를

새롭게 개선(改善)하겠다는

실천적 다짐이다.

행인(行人)

목적(目的)이

분명(分明)한 자(者)는

나태(懶怠)할 리(理)가

없다.

상(相)

아(我)
있음이
곧, 상(相)이다.

모든 것은,

아(我)
있음에 의한 상(相)이다.

쉽고 어려움

남을 버리기는

쉽다.

그러나

나를 버리기는

어렵다.

눈

천(賤)한 것을
천(賤)하게 보고

귀(貴)한 것을
귀(貴)하게 보는 것은

아무나 할 수
있는 것이 아니다.

반드시 그곳에는
경륜(經綸)과
현명(賢明)함을 갖춘
지혜(智慧)의 눈이 있다.

여닫는 자

운명(運命),
천복(天福)의 문(門)을

열고
닫는 자(者)는

하늘이 아니라
자기(自己)
자신(自身)이다.

탓

세상을

탓하는 자(者)는 많아도

자신(自身)을 탓하는 자(者)는

찾기가 어렵다.

방일(放逸)과 소인(小人)

행(行)치

않음은

방일(放逸)이요,

행(行)치

못함은

소인(小人)이다.

무아(無我)

무아(無我)는
나 없음이 아니다.

너
나 없음이 무아(無我)다.

무엇이 나이고
무엇이 너인가?

너 인지하는 것 나라 하고
나 인지하는 것 너라 한다.

나, 너로 인해 나 있음을 인지하고
너, 나로 인해 너 있음을 인지한다.

나, 존재는 너로부터 비롯하며
너, 존재는 나로부터 비롯한다.

나, 비치는 거울이 너며
너, 비치는 거울이 나다.

나는, 너의 거울 속에 있고
너는, 나의 거울 속에 있어
나는, 너 거울에 비치는 환영(幻影)이며
너는, 나 거울에 비치는 환영(幻影)이다.

무아(無我)는
나 없음이 아니라

너
나 없음이다.

너
나 없는 그 자체(自體)
두 모습 없는

한(一)
생명(生命) 이름하여!

무아(無我)라
이름한다.

무심(無心)

무심(無心)은

마음 없음이 아니고

깨어있는 마음

각심(覺心)이다.

종교(宗敎)

종교(宗敎)는
진리(眞理)가 아니다.

종교(宗敎)는
인간(人間)의 것이고

진리(眞理)는
존재(存在)의 생명(生命)이다.

진정한 행복

진정한
행복(幸福)은 감사(感謝)에 있다.

진정한
감사(感謝)는
삶의 아름다움과
마음 행복(幸福)의
무한(無限) 평안(平安)을 준다.

또 다른 세계

심안(心眼),
마음의 눈을 뜨라.

나,
존재(存在)의 생명을
생각하며
진실이 살아 숨쉬는 생명
가슴 깊숙이
생명의 진실(眞實), 그곳을 주시(注視)하라.

그
곳에
또 다른 세계가
있다.

해꽃(日華)

생명(生命),
황금(黃金) 빛 출렁이는
생명 혼(魂), 깊고 깊은 가슴에
사랑의 불꽃이 피어올라
생명(生命) 깊은 곳, 잠자던 의식(意識) 혼(魂)에
불이 붙어,
육신(肉身)의 피와 살과 뼈가 불꽃에 휩싸이고
불꽃이 영혼(靈魂)의 씨 샘(泉)까지 파고들어
혼령(魂靈)의 씨알, 생명의 씨 샘(泉)까지 불이 붙어
육(肉)과 영(靈)이 불길에 휩싸여 불꽃 광명(光明)이 치솟아
꺼지지 않는 한 덩이 불꽃 광명(光明),
우주(宇宙) 사랑에 눈을 뜨고
생명(生命) 건곤(乾坤)의 시원(始原)에 눈을 뜨고
어둠 뚫은 혼(魂)의 불길, 사랑 실상(實相)에 눈을 뜨고
사랑사랑생명사랑 사랑 화신(火神) 불꽃이 되어,
허령청정(虛靈淸淨) 광명보주(光明寶珠)
걸림 없는 무한우주(無限宇宙),

허공(虛空) 무한(無限) 열린 동공(瞳孔)은

무염(無染) 무한(無限) 불꽃 광명(光明)을 쏟으며

혼(魂)이 무한(無限) 열린 초월(超越), 불꽃 춤(舞)을 추니

허공(虛空)에 불꽃 닿아 허공(虛空) 가득 불꽃이며,

흙(土)에 불꽃 닿아 온 대지(大地)가 불꽃이며,

바람(風)에 불꽃 닿아 천리만리(千里萬里) 불꽃이며,

물(水)에 불꽃 닿아 동서남북(東西南北) 강(江)과 바다(海)

흐르는 물길마다 불꽃이며,

생명(生命)에 불꽃 닿아

생명생명(生命生命) 가슴마다 사랑 불꽃 피어올라

냉(冷)한 가슴 무르녹고, 미움 씨알 무르녹아

가슴가슴가슴마다 사랑 불꽃 피어나고,

영혼영혼영혼마다 사랑사랑 꿈을 꾸며

생명생명생명마다 행복행복행복하고

삶아삶아삶아삶아 축복축복축복내려,

신성(神性)한 생명(生命), 천룡(天龍)의 입에 머금은

영롱(玲瓏)한 한 여의주(如意珠) 우주광명(宇宙光明) 구슬이

안과 밖이 두루 밝아 무한광명(無限光明) 상통(相通)하고

광명(光明) 불길 사랑 꽃 속에

생명(生命) 씨알이 되어

우주(宇宙) 신비(神秘)의 환(幻)

시공(時空)의 일각(一覺) 속에

무한(無限) 영겁(永劫)으로

영원(永遠)하라.

그랬었구나!

내가
무심코 던진 말 한마디가

너에게
그렇게 아픔이었는지
나는 몰랐다.

그랬었구나! 미안하다.

내가
무심코 한, 작은 행동이

너에게
그렇게 상처(傷處)가 되었는지
나는 몰랐다.

그랬었구나! 참으로 미안하다.

내
너에게 잠시 무심(無心)함이

너에게
그렇게 아픔이었는지
나는 몰랐다.

그랬었구나! 미안하다.

너의
작은 물음에 답하지 않고

내가
묵묵부답(默默不答)한 것이

그렇게
너를 방황(彷徨)하게 한 것인 줄
나는 몰랐다.

그랬었구나! 참으로 미안하다.

내가

진심(眞心)으로 너를 생각하는

나의,
말 한마디가

그렇게
너에게 기쁨이었는지를
나는 몰랐다.

그랬었구나! 참으로 미안하다.

내가
진심(眞心)으로 너를 생각하는
작은 행동이

너에게
그렇게 큰 기쁨이었는지
나는 몰랐다.

그랬었구나! 미안하다.

내가

너의 이름을 부를 때에

너의
존재(存在)가 살아있음을 확인(確認)하는

그,
무엇보다 소중한 행복(幸福)이었는지
나는 미처 몰랐다.

그랬었구나! 미안하다.

내가
작은 쪽지에

너를
생각하며 적은 몇 글자 말이

너에게
그렇게 많은 의미(意味)였는지
나는 몰랐다.

그랬었구나! 참으로 미안하다.

내가
너의 속삭이는 귓속말을
경청(傾聽)하며

소중(所重)히
들어주는 것이

너에게
그렇게 기쁨이었는지를
미처 몰랐다.

그랬었구나! 미안하다.

너
마음 아픔 있을 때

말없이
손잡아 준 것이

그렇게
마음의 무한 평안(平安)이었는지를
나는 미처 몰랐다.

그랬었구나! 미안하다.

너
기쁨 있을 때에

너에게
말 없이 건넨 하얀 꽃
두 송이가

그토록
순수의 행복(幸福)이었는지를
나는 몰랐다.

그랬었구나! 미안하다.

나의
따뜻한 눈길이

너
삶의 기쁨이며

너

삶의 소중한 의미(意味)였는지를
나는 몰랐다.

그랬었구나! 참으로 미안하다.

너
세상 삶,
아픔 있어 힘겨울 때에

너는
잘 할 수 있어

나의
이 말 한마디가

너의
지친 마음에

나
존재(存在)가

너에게
큰 용기(勇氣)와 힘이 됨임을

나는 미처 몰랐다.

그랬었구나! 미안하다.

나
존재(存在)가

너 삶에
소중한 행복(幸福)의 의미(意味)인지를
나는 미처 몰랐다.

그랬었구나! 미안하다.

너
그러했듯

나
또한, 그러했다.

심향품(心香品)

꽃가마

아이야
울지마라

무주처(無住處) 나귀 등에 태워
옛 고향 어미 품에
포근히 안겨주리.

아이야
울지마라

눈물자국 설움 없이
티끌 한 점 괴로움 없이
무지개 가마 태워

구중궁궐(九重宮闕) 천중천(天中天)에
황제(皇帝) 품에 안겨주리.

아이야
울지마라

때때옷 꼬까 입혀
어여삐 단장(丹粧)하여

긴 머리 곱게 빗어
예쁜 꽃 머리 얹어
고운 물에 비춰주리.

아이야
울지마라

때 묻은 조막손을
맑은 물에 곱게 씻어
토끼풀꽃 두 송이로
예쁜 반지 만들어서
풀꽃반지 끼워주리.

아이야(苦惱衆生)
울지마라

맑은 눈 마주하여
보리피리 꺾어 불고
서산(西山)에 해지기 전
넓은 산야(山野) 소(牛)등 타고
오두막집 데려주리.

어화둥둥
두리둥실

티끌 없는 맑은 웃음
맑고 밝은 달덩어리
마음의 거울(鏡)이라
천진(天眞)함이
곱고 곱네.

사립문을
열어놓으니

해와 달이 친구 되고
티끌 없이 잠든 모습
그 자체(自體)로
만다라(曼茶羅)네.

애(愛)와 자(慈)

소유(所有)를
근본(根本)하는 사랑을 애(愛)라고 하며

무소유(無所有)를
근본(根本)하는 사랑을 자(慈)라고 한다.

애(愛)는 범부심(凡夫心)의 사랑이요
자(慈)는 성인심(聖人心)의 자비(慈悲)이다.

사랑의 근본은 나에게 있고
자비의 근본은 너에게 있으며

사랑은 나의 소유이어야 마음이 편하고
자비는 너에게 베풀어야 마음이 편하며

사랑은 나만의 것이어야 하고

자비는 너를 위함만이 있을 뿐이며

사랑은 너의 마음속에 나뿐이어야 하고
자비는 나의 마음속에 너를 위함 뿐이며

사랑은 나의 사랑을 너에게 확인해야 하고
자비는 나의 사랑이 너에게 풍요로워야 하며

사랑은 너와 내가 분명하여 둘이고
자비는 너와 내가 없으므로 하나이며

사랑은 내가 받음으로 기쁨이 있고
자비는 내가 줌으로 기쁨이 있으며

사랑은 나를 위하여 너를 속박하고
자비는 너를 위하여 나를 다하며

사랑은 내 마음 같지 않아 싸움이 일어나고
자비는 내 마음 다하므로 싸움이 없으며

사랑은 나를 위하여 눈물 흘리고
자비는 너를 위하여 눈물 흘리며

사랑은 나만 안아야 하고
자비는 내가 안아줘야 하며

사랑은 너를 다 가져야 하고
자비는 나를 다 줘야 하며

사랑은 오직 나뿐이고
자비는 오직 너뿐이며

사랑은 받음이 적으면 서운하고
자비는 줌이 적으면 서운하며

사랑은 하늘과 땅을 다 가져야 하고
자비는 하늘과 땅을 다 줘야 하며

사랑은 나를 위하여 꽃을 꺾는 자이고
자비는 꽃을 위하여 물을 주는 자이며

사랑은 탐심으로 가꾸어 나가고
자비는 베풂으로 가꾸어 나가며

사랑은 욕망(慾望)을 바탕하고
자비는 지혜(智慧)를 바탕하며

사랑은 시작이 있고 끝이 있고
자비는 시작이 없고 끝이 없으며

사랑은 독재자(獨裁者)가 되게 하고
자비는 어머니(慈悲母)가 되게 하며

사랑은 중생(衆生)의 시초점(始初點)이고
자비는 보살(菩薩)의 시초점(始初點)이며

사랑은 윤회(輪廻)에 들게 하고
자비는 윤회(輪廻)를 벗어나게 하며

사랑은 속박(束縛)되어 들어가고
자비는 해탈(解脫)되어 나오며

사랑은 중생(衆生)의 마음 전부이고
자비는 보살(菩薩)의 마음 전부이며

사랑은 중생계(衆生界)의 생명이고
자비는 보살계(菩薩界)의 생명이며

사랑은 중생계(衆生界)를 창조하고
자비는 보살계(菩薩界)를 창조하며

사랑은 중생(衆生)이 앓는 병(病)이고
자비는 보살(菩薩)이 앓는 병(病)이다.

이는,
너가 병(病)이 듦은
나의 병(病)이 됨이니

너가 활짝 웃는 날에
나도 활짝 웃으리라.

중요한 것

나
있음의
중요(重要)함보다,

너
있음의
중요(重要)함보다,

너와 나에게
오직
사랑이 있음이

더욱
소중(所重)하고
더욱 중요(重要)하다.

四香心願(사향심원)

우리는
마음을 깨끗하게
생각을 향기롭게
세상을 아름답게
이웃을 소중하게
四香心(사향심)으로

나를 사랑하며
이웃을 사랑하며
모든 생명을 사랑하며
세상을 아름답게 하겠습니다.

― 佛法香氣의 삶 ―

깨달음, 구경성불 과정의
깨달음 지혜를 모두 밝혔다.

여래결정경계 원각삼종자성 수행의 실상,
심오한 각성세계를 밝히며, 대승, 일승, 불승보살
각성차별과 깨달음 각성과정을 모두 밝혔다.

♣ 본기청정 인지법행 삼종자성 각성지혜를 두루 밝혔다.
♣ 깨달음 상승과정 세밀한 각성체험 세계를 두루 밝혔다.
♣ 사마타 삼마발제 선나의 수행실체와 각성세계를 밝혔다.
♣ 생주멸념 분제두수 심오한 원융각성의 비밀을 밝혔다.
♣ 반야 법화 화엄경과 보살 3승과 사법계의 각성관계를 밝혔다.

원각경요해 / 세웅스님 역저 / 644쪽 / 정가 33,000원

깨달음의 궁극,
원융일심 화엄실상 법성지혜를 밝힌 책

원융불이 이사원융 사사무애 실상법계 일심의
깨달음세계를 이 책에 밝혔다.

♠ 화엄실상, 원융일지(圓融一智) 일심요의(一心了義) 각성의
  실상을 밝게 드러내어 밝혔다.
♠ 깨달음 지혜로 일심, 일성, 일각의 실상을 정의하며,
  일심원융세계를 밝혔다.
♠ 각종 차별개념과 중용, 중도의 실상과 그 차별차원을 밝혔다.

법성요해 / 세웅스님 역저 / 464쪽 / 정가 25,000원

허공천(虛空天)
향운계(香雲界)에서
향수(香水)의 비가 내려
바다에 떨어지니
바다가 향수대해(香水大海)를 이룬다.

향1권 기품, 승화, 사유, 이성(理性)의 향기
향2권 지혜, 정신, 마음, 지성(知性)의 향기
향3권 생명, 차(茶), 초월, 꽃잎의 향기를 담았다.

香(향) / 박명숙(德慧林)저 / 1권 336쪽 / 2권 328쪽 / 3권 320쪽 / 정가 각 23,000원

최상 깨달음 지혜 과정이
이보다 더 상세할 수는 없다.

5, 6, 7, 8, 9식(識) 전변 깨달음세계와
완전한 깨달음 6종각(六種覺)인

5각, 6각, 7각, 8각, 9각, 10각(十覺) 성불

과정의 경계와 지혜의 길을 상세히 완전히 밝혔다.
밀법 태장계와 금강계, 옴마니반메훔, 광명진언 등의
실상세계를 자세히 밝혔다.

密(밀) / 박명숙(德慧林)저 / 1권 500쪽 / 2권 584쪽 / 정가 각 35,000원

삶의 순수 지혜와 승화된
이상의 진리가 책 4권에 있다.

순수정신이 열린 특유의 사유와 지혜로 삶의 순수 정신의 승화,
자연의 섭리와 순리, 만물의 흐르는 도(道), 궁극이 열린 천성(天性)의
심오한 섭리의 세계를 4권의 책 속에 고스란히 담았다.

『사유를 담은 가야금 1』
삶의 순수정신과 생명감각이 열린
특유의 감각과 빛깔을 가진 사유는
보편적 인간의 가치를 넘어선 아름다운
신선한 깨달음과 생명력을 갖게 한다.

『사유를 담은 가야금 2』
의식승화의 사유는 삶을 자각하는
지혜와 새로운 감각을 열어주며,
정신승화의 향기는 삶을 새롭게
발견하고 눈을 뜨는, 내면의 깊은
감명과 감동을 전한다.

『달빛 담은 가야금 1』
심오한 정신세계 다도예경과 다도5물,
다도5심, 천성 섭리의 이상(理想)
예와 도, 진리3대(眞理三大)와
도심5행(道心五行)의 섭리세계를 담았다.

『달빛 담은 가야금 2』
선(善)의 세계, 홍익의 섭리, 성인과 군자와
왕의 도, 만물의 섭리와 순리,
도와 덕과 심, 무위, 궁극이 열린 근본지,
성(性)의 세계 등을 담았다.

사유를 담은 가야금 / 박명숙(德慧林)저
1권 316쪽 / 2권 324쪽 / 정가 각 20,000원

달빛 담은 가야금 / 박명숙(德慧林)저
1권 288쪽 / 2권 340쪽 / 정가 각 23,000원